Die EU-Verordnung zum Europäischen Vollstreckungstitel
für unbestrittene Forderungen

Europäische Hochschulschriften
Publications Universitaires Européennes
European University Studies

**Reihe II**
**Rechtswissenschaft**

Série II Series II
Droit
Law

**Bd./Vol. 5257**

PETER LANG
Frankfurt am Main · Berlin · Bern · Bruxelles · New York · Oxford · Wien

Rima Hannemann-Kacik

# Die EU-Verordnung zum Europäischen Vollstreckungstitel für unbestrittene Forderungen

## Ein weiterer Schritt in Richtung „Europäisierung" des Zivilprozesses

PETER LANG
Internationaler Verlag der Wissenschaften

**Bibliografische Information der Deutschen Nationalbibliothek**
Die Deutsche Nationalbibliothek verzeichnet diese Publikation in der Deutschen Nationalbibliografie; detaillierte bibliografische Daten sind im Internet über http://dnb.d-nb.de abrufbar.

Zugl.: Münster (Westfalen), Univ., Diss., 2009

Bei dieser Arbeit handelt es sich um eine Dissertation der Rechtswissenschaftlichen Fakultät der WWU Münster (Westfalen).

Gedruckt auf alterungsbeständigem, säurefreiem Papier.

D 6
ISSN 0531-7312
ISBN 978-3-631-61989-6



www.peterlang.de

# Vorwort

Die vorliegende Arbeit wurde im September 2009 von der Rechtswissenschaftlichen Fakultät Münster als Dissertation angenommen. Literatur, Rechtsprechung und Gesetzgebung habe ich bis Ende 2010/Anfang 2011 weitgehend berücksichtigt.

Mein herzlichster Dank gilt an erster Stelle meinem Doktorvater und Erstgutachter Herrn Prof. Dr. Johann Kindl. Er hat mir die Anfertigung der Arbeit ermöglicht und in vielen Gesprächen zum Gelingen der Arbeit beigetragen. Danken möchte ich auch Herrn Prof. Dr. Heinrich Dörner für die freundliche Übernahme des Zweitgutachtens und für die wertvollen Anregungen.

Besonderer Dank gilt meinem Ehemann Gabriel für die kostbaren Vorschläge, meinem Vater Ibrahim und meinen Brüdern Rimon, Elias und Julius, die ebenfalls großen Anteil an der Fertigstellung dieser Arbeit haben.

Der größte und tiefste Dank geht jedoch an meine Mutter Sabiha, die leider zu früh von uns gegangen ist. Sie hat immer an mich und meine Vorhaben geglaubt und mich stets in jeder Hinsicht unterstützt. Ohne sie wäre ich nicht da, wo ich jetzt bin und nicht der Mensch, der ich heute bin.

*Für dich.*

*Ich werde dich stets in meinem Herzen tragen.*

Rima Hannemann-Kacik — Münster, im Juli 2011

# Inhaltsübersicht

# Inhaltsverzeichnis

# Abkürzungsverzeichnis

## A

| | |
|---|---|
| a. A. | anderer Ansicht |
| ABl. EG | Amtsblatt der Europäischen Gemeinschaften |
| ABl. EU | Amtsblatt der Europäischen Union |
| Abs. | Absatz |
| AcP | Archiv für die civilistische Praxis |
| a. F. | alte Fassung |
| Anm. | Anmerkung |
| arg. ex. | argumentum aus |
| Art. | Artikel |
| AVAG | Gesetz zur Ausführung zwischenstaatlicher Verträge und zur Durchführung von Verordnungen der Europäischen Gemeinschaft auf dem Gebiet der Anerkennung und Vollstreckung in Zivil- und Handelssachen (Anerkennung- und Vollstreckungsgesetz) vom 19.2.2001 (BGBl. I, S. 288, 436) |
| Az. | Aktenzeichen |

## B

| | |
|---|---|
| BauR | Zeitschrift für das gesamte öffentliche und private Baurecht |
| BeurkG | Beurkundungsgesetz vom 28.8.1969 (BGBl. I, S. 1513 ff.) |
| BGB | Bürgerliches Gesetzbuch in der Fassung der Bekanntmachung vom 2.1.2002 (BGBl. I, S. 42 ff.) |
| BGBl. | Bundesgesetzblatt |
| BGH | Bundesgerichtshof |
| BGHZ | Amtliche Sammlung der Entscheidungen des Bundesgerichtshofs in Zivilsachen |
| BR-Drucks. | Drucksachen des Deutschen Bundesrates |
| BT-Drucks. | Drucksachen des Deutschen Bundestages |
| BVerfGE | Amtliche Sammlung der Entscheidungen des Bundesverfassungsgerichts |

## C

| | |
|---|---|
| CMLR | Common Market Law Report |

# D

| | |
|---|---|
| ders. | derselbe |
| dies. | dieselbe(n) |
| dt. | deutsches |

# E

| | |
|---|---|
| EFTA | European Free Trade Association |
| EG | Europäische Gemeinschaft(en) |
| EGV | Vertrag zur Gründung der Europäischen Gemeinschaft in der Fassung durch den Amsterdamer Vertrag vom 2.10.1997 (BGBl. II, S. 387 ff.) |
| Einl. | Einleitung |
| EMRK | Konvention zum Schutze der Menschenrechte und Grundfreiheiten vom 4.11.1950 (BGBl. II, S. 685 ff.) |
| endg. | endgültig |
| EU | Europäische Union |
| EuEheVO | Verordnung (EG) Nr. 1347/2000 des Rates über die Zuständigkeit und die Anerkennung und Vollstreckung von Entscheidungen in Ehesachen und Verfahren betreffend die elterliche Verantwortung der gemeinsamen Kinder der Ehegatten vom 29.5. 2000 (ABl. EG v. 30.6.2000, Nr. L 160, S. 19 ff.) |
| EuGFVO | Verordnung (EG) Nr. 861/2007 des Europäischen Parlaments und des Rates vom 11.7.2007 zur Einführung eines europäischen Verfahrens für geringfügige Forderungen (ABl. EU v. 31.7.2007, Nr. L 199, S. 1 ff.) |
| EuGH | Gerichtshof der Europäischen Gemeinschaften |
| EuGHE | Amtliche Sammlung der Entscheidungen des Gerichtshofs der Europäischen Gemeinschaften |
| EuGVÜ | Brüsseler EWG-Übereinkommen über die gerichtliche Zuständigkeit und die Vollstreckung gerichtlicher Entscheidungen in Zivil- und Handelssachen vom 27.9.1968 (BGBl. II., S. 774 ff.) |
| EuGVVO | Verordnung (EG) Nr. 44/2001 des Rates vom 22.12.2000 über die gerichtliche Zuständigkeit und die Anerkennung und Vollstreckung von Entscheidungen in Zivil- und Handelssachen (ABl. EG v. 16.1.2001, Nr. L 12, S. 1 ff.) |

| | |
|---|---|
| EuMahnVO | Verordnung (EG) Nr. 1896/2006 des Europäischen Parlaments und des Rates vom 12. 12.2006 zur Einführung eines Europäischen Mahnverfahrens (ABl. EU v. 30.12.2006, Nr. L 399, S. 1 ff.) |
| EuVT | Europäischer Vollstreckungstitel |
| EuVTVO | Verordnung (EG) Nr. 805/2004 zur Einführung eines Europäischen Vollstreckungstitels für unbestrittene Forderungen in Zivil- und Handelssachen (ABl. EU v. 30.4.2004, Nr. L 143, S. 15 ff.) |
| EWG | Europäische Wirtschaftsgemeinschaft |
| EuZPR | Europäisches Zivilprozessrecht |
| EuZustVO | Verordnung (EG) Nr. 1348/2000 des Rates vom 29.5.2000 über die Zustellung gerichtlicher und außergerichtlicher Schriftstücke in Zivil- oder Handelssachen in den Mitgliedstaaten (ABl. EG v. 30.06.2000, Nr. L 160, S. 37 ff.) |
| EuZW | Europäische Zeitschrift für Wirtschaftsrecht |

## F

| | |
|---|---|
| f., ff. | folgende |
| FamRZ | Ehe und Familie im privaten und öffentlichen Recht. Zeitschrift für das gesamte Familienrecht |
| frz. | französisch |
| Fs. | Festschrift |
| FuR | Familie und Recht |

## G

| | |
|---|---|
| GG | Grundgesetz für die Bundesrepublik Deutschland vom 23.5.1949 (BGBl. I, S. 1 ff.) |
| GVG | Gerichtsverfassungsgesetz in der Fassung der Bekanntmachung vom 9.5.1975 (BGBl. I, S. 1077 ff.) |

## H

| | |
|---|---|
| h. M. | herrschende Meinung |
| Hrsg. | Herausgeber |
| HZÜ | Haager Übereinkommen über die Zustellung gerichtlicher und außergerichtlicher Schriftstücke im Ausland in Zivil- oder Handelssachen vom 15.11.1965 (BGBl. II, S. 1452 ff.) |

## I

| | |
|---|---|
| IPR | Internationales Privatrecht |
| IPRax | Praxis des Internationalen Privat- und Verfahrensrechts |
| i. E. | im Ergebnis |
| i. S. d. | im Sinne des |
| i. V. m. | in Verbindung mit |
| IZPR | Internationales Zivilprozessrecht |
| IZVR | Internationales Zivilverfahrensrecht |

## J

| | |
|---|---|
| Jura | Juristische Ausbildung |
| JuS | Juristische Schulung |
| JZ | Juristenzeitung |

## K

| | |
|---|---|
| Kap. | Kapitel |
| KG | Kammergericht |

## L

| | |
|---|---|
| lat. | lateinisch |
| lit. | litera |
| LugÜ | Luganer Übereinkommen über die gerichtliche Zuständigkeit und die Vollstreckung gerichtlicher Entscheidungen in Zivil- und Handelssachen vom 16.9.1988 (BGBl. II, S. 2658 ff.) |

## M

| | |
|---|---|
| MüKo | Münchener Kommentar zum Bürgerlichen Gesetzbuch |

## N

| | |
|---|---|
| n. F. | neue Fassung |
| Nr. | Nummer |
| NJW | Neue juristische Wochenschrift |
| NJW-RR | Neue juristische Wochenschrift Rechtsprechungsreport Zivilrecht |

## O

| | |
|---|---|
| öBGBl. | österreichisches Bundesgesetzblatt |
| OLG | Oberlandesgericht |

| | |
|---|---|
| OLGRspr. | Die Rechtsprechung der Oberlandesgerichte auf dem Gebiet des Zivilrechts |

## R

| | |
|---|---|
| RabelsZ | Zeitschrift für ausländisches und internationales Privatrecht |
| RGZ | Amtliche Sammlung der Entscheidungen des Reichsgerichts in Zivilsachen |
| RIW | Recht der Internationalen Wirtschaft |
| Rn. | Randnummer |
| RPflG | Rechtspflegergesetz vom 5.11.1969 (BGBl. I, S. 2065 ff.) |
| Rpfleger | Der deutsche Rechtspfleger |
| RVG | Gesetz über die Vergütung der Rechtsanwältinnen und Rechtsanwälte (Rechtsanwaltsvergütungsgesetz) vom 5.5.2004 (BGBl. I, S. 718 ff.) |

## S

| | |
|---|---|
| S. | Seite, Satz |

## U

| | |
|---|---|
| UNÜ | (New Yorker UN-)Übereinkommen über die Anerkennung und Vollstreckung ausländischer Schiedssprüche vom 10.6.1958 (BGBl. II, S. 122 ff.) |

## V

| | |
|---|---|
| Vgl. | Vergleiche |

## W

| | |
|---|---|
| WM | Zeitschrift für Wirtschafts- und Bankrecht |

## Z

| | |
|---|---|
| z. B. | zum Beispiel |
| ZEuP | Zeitschrift für Europäisches Privatrecht |
| ZGS | Zeitschrift für das gesamte Schuldrecht |
| ZPO | Zivilprozessordnung in der Fassung der Bekanntmachung vom 5.12.2005 (BGBl. I, S. 3202 ff.) |
| ZPR | Zivilprozessrecht |
| ZZP | Zeitschrift für Zivilprozess |

# Einführung

# A. Einleitung

Die Gewährleistung von Rechtssicherheit und Rechtsschutz im Verhältnis der Mitgliedstaaten der Europäischen Union und ihrer Bürger macht es unabdingbar, einen Raum des Rechts zu schaffen, in dem die Bürger und Unternehmen in jedem Land einen so leichten und vertrauensvollen Zugang zu den Gerichten und Behörden haben wie in ihrem eigenen Land.

Durch das Anwachsen des grenzüberschreitenden Handels und Verkehrs werden Zivilgerichte wegen auslandsbezogenen Streitigkeiten nicht selten in Anspruch genommen. Die Auseinandersetzung mit fremden Rechtssystemen wird zu einer Alltagserscheinung in der gerichtlichen Praxis. Damit gewinnt das internationale Zivilprozessrecht mit seinen Zuständigkeits-, Zustellungs-, Beweis-, sowie Anerkennungs- und Vollstreckungsregeln immer größere Bedeutung. Mit der Erweiterung der Europäischen Union im Mai 2004 und Januar 2007 hat der Verkehr im europäischen Alltag und Binnenmarkt weiter zugenommen.

„Der freie Verkehr von Waren, Personen, Dienstleistungen und Kapital innerhalb des europäischen Binnenmarktes ist nur dann gewährleistet, wenn auch die Hindernisse für den freien Rechtsverkehr beseitigt werden“[1]. Diese Worte *Heldrichs* aus dem Jahre 1994 verdeutlichen, was heute zur Tatsache wird: die stetige Zunahme von Maßnahmen zur Vereinheitlichung des Rechts.

Im Zuge der Harmonisierung des Justizraums für Zivilsachen innerhalb der Europäischen Union ist nicht allein die Schaffung eines einheitlichen Zugangs zu den Gerichten von besonderem Gewicht. Es kommt auch wesentlich darauf an, die Durchsetzung gerichtlicher Entscheidungen in anderen Staaten nach gemeinsamen, einheitlichen Regeln zu gewährleisten. Um die Zwangsvollstreckung aus einem Titel, der im Ausland erlangt worden ist, in einem anderen Land einleiten zu können, musste nach bisher geltendem Recht die ausländische Entscheidung zwingend durch ein besonderes Verfahren auf den Vollstreckungsstaat ausgedehnt werden. Sie musste für vollstreckbar erklärt werden. Das Verfahren der Vollstreckbarerklärung ist unterschiedlich ausgestaltet, je nachdem ob das Verfahren nach autonomem deutschem Recht oder auf staatsvertraglicher bzw. gemeinschaftsrechtlicher Ebene geführt wird. Auf diese Verfahren wird im Verlauf der Arbeit näher eingegangen werden.

Am 21. Januar 2005 ist auf EU-Ebene die Verordnung (EG) Nr. 805/2004 zur Einführung eines Europäischen Vollstreckungstitels für unbestrittene Forde-

1 Heldrich, in: Heldrich/Toshiyuki, Herausforderungen des Internationalen Zivilverfahrensrechts, S. 1, 3.

rungen in Zivil- und Handelssachen (nachfolgend: EuVTVO) in Kraft getreten[2], die dieses Vollstreckbarerklärungsverfahren entbehrlich macht. Nunmehr können bestimmte zivilrechtliche Titel aus den Mitgliedstaaten der Europäischen Union in anderen Mitgliedstaaten ohne vorherige Vollstreckbarerklärung vollstreckt werden. Diese neue Verordnung ist die erste einer Reihe noch folgender Maßnahmen, die dieses als hinderlich angesehene Verfahren im Vollstreckungsmitgliedstaat entfallen lassen.

Die wesentliche Neuerung für die Unionsbürger sowie für die Unternehmen in der Europäischen Union besteht darin, dass sie sich in dem Staat, in dem der Titel geschaffen wurde, einen *Europäischen Vollstreckungstitel* ausstellen lassen können. Mit diesem können sie sich in dem Staat, in dem die Zwangsvollstreckung betrieben werden soll, direkt an das zuständige Zwangsvollstreckungsorgan wenden und unmittelbar die Vollstreckung so einleiten, als wäre er ein im jeweiligen Vollstreckungsstaat ergangener Titel. Damit wird erstmals nach dem Grundsatz verfahren, dass die Mitgliedstaaten die von den Gerichten anderer Mitgliedstaaten erlassenen Entscheidungen in gleicher Weise behandeln müssen wie die Entscheidungen eigener Gerichte. Gläubigern wird so eine zusätzliche unverbindliche Möglichkeit geschaffen, die Vollstreckung auf einfacherem Wege zu erwirken.

# B. Gang der Untersuchung

Dieser Bereich bildet den Schwerpunkt der Arbeit. Zunächst wird im ersten Teil der Blick auf die Grundlagen der Anerkennung und Vollstreckung ausländischer Entscheidungen gelenkt. Im zweiten Teil wird sich die Arbeit nach einer Darstellung des bisher notwendigen Vollstreckbarerklärungsverfahren nach deutschem und nach EU-Recht (A.) hauptsächlich der neuen Verordnung widmen und sie in all ihren Facetten vorstellen (B.) Zunächst wird es im ersten Abschnitt (I.) darum gehen, den Begriff „Europäischer Vollstreckungstitel“ zu hinterfragen sowie die Ziele und den geschichtlichen Hintergrund der Verordnung zu beleuchten. In diesem Abschnitt wird ferner der Frage nach der richtigen Kompetenznorm für den Erlass der Verordnung sowie nach ihrem Verhältnis zu anderen Rechtsakten nachgegangen. Nach einem kurzen Überblick über die Vorschriften der neuen Verordnung (II.) wird die Anwendung des neuen Rechtsinstituts dargestellt (III.). Von besonderem Interesse wird hier die Frage sein, welche Art von Entscheidungen der Bestätigung als Europäischer Vollstreckungstitel zugänglich ist. Besondere Aufmerksamkeit verdient das eigentliche Bestätigungsverfahren (IV.). Hier entscheidet sich letztlich, ob die Bestätigung erteilt

2 ABl. EU v. 30.4.2004, Nr. L 143, S. 15.

wird oder nicht. Maßgeblich sind die besonderen Voraussetzungen, die die neue Verordnung aufstellt, insbesondere die Einhaltung der sogenannten Mindestvorschriften für Säumnisentscheidungen. Die EuVTVO führt zu einem beschleunigten Verfahren. Grund hierfür ist unter anderem die fehlende Kontroll- und Eingriffsmöglichkeit durch den Vollstreckungsmitgliedstaat, die nach der EuGVVO noch besteht. Hiernach kann der Vollstreckungsmitgliedstaat Versagungsgründe, wie sie in Art. 34 und 35 Abs. 1 EuGVVO verankert sind, selbst prüfen. Die Folgen dieses Systemwechsels werden anhand des nunmehr fehlenden *ordre public*-Einwandes ebenfalls in diesem Abschnitt erläutert. Auf einige Besonderheiten der Verordnung wird in dem nachfolgenden Abschnitt (V.) eingegangen werden. Für den Schuldner ist die Frage nach dem Rechtsschutz von großer Bedeutung. Was kann er im Urteils-, was im Vollstreckungsmitgliedstaat gegen den Erlass des Europäischen Vollstreckungstitels unternehmen? Diese Frage wird in einem weiteren Abschnitt (VI.) erörtert. Schließlich soll auch ein Blick auf die deutschen Durchführungsbestimmungen geworfen werden, die die neue Verordnung für die Bundesrepublik Deutschland regeln (VII.). Zusammenfassend werden im dritten Teil zunächst die EuVTVO einer kritischen Würdigung unterzogen und die Konsequenzen ihrer Anwendung dargestellt (A.). Danach soll abschließend ein Blick in die Zukunft geworfen und auf neue Verordnungen aufmerksam gemacht werden (B.).

# Teil 1:
# Grundlagen der Anerkennung und Vollstreckung ausländischer Entscheidungen

# A. Der Säulenwechsel durch den Vertrag von Amsterdam

Das europäische Zivilprozessrecht umfasst die zivilprozessualen Normen in den Mitgliedstaaten der Europäischen Union, die als Staatsvertrag oder sekundäres Gemeinschaftsrecht vereinheitlicht worden sind.

Durch den Vertrag von Amsterdam (nachfolgend: EGV) vom 2. Oktober 1997[3] hat die „Europäisierung" des internationalen Zivilprozessrechts einen gewaltigen Antrieb erhalten und ist seither in lebhafter Bewegung. Er hat zu einem Säulenwechsel geführt: die ursprünglich in Art. K des Vertrages über die Europäische Union (Maastrichter Vertrag) vom 7. Februar 1992 vereinbarte justizielle Zusammenarbeit in Zivilsachen wurde von der dritten Säule in die erste, von der intergouvernementalen in die unmittelbare Zuständigkeit der Europäischen Gemeinschaft transponiert. Bisher konnte dieser Bereich nur durch Übereinkommen der Mitgliedstaaten geregelt werden. Heute gibt Art. 61 lit. c) EGV in Verbindung mit Art. 65 EGV die Rechtsgrundlage zur einheitlichen Normierung als sekundäres Gemeinschaftsrecht. Art. 65 EGV ermächtigt die Europäische Union im Rahmen des schrittweisen Aufbaus eines Raumes der Freiheit, der Sicherheit und des Rechts (Art. 61 EGV) zum Erlass von Maßnahmen im Bereich der justiziellen Zusammenarbeit in Zivilsachen mit grenzüberschreitenden Bezügen, soweit sie für das Funktionieren des Binnenmarktes erforderlich sind[4]. Nach Art. 65 lit. a), 3. Spiegelstrich EGV gehört hierzu auch die Verbesserung und Vereinfachung der Anerkennung und Vollstreckung gerichtlicher und außergerichtlicher Entscheidungen in Zivil- und Handelssachen.

Seitdem zielt die Europäische Union auf die Herstellung eines einheitlichen Justizraums für Zivilsachen im Binnenmarkt ab. Die „Europäisierung" des Zivilprozessrechts geht fortan mit durchschlagender Kraft und rasender Geschwindigkeit voran.

---

3 BGBl. 1998 II., S. 387, in Kraft seit 1.5.1999.

4 Hierzu ausführlich Heß, NJW 2000, S. 23, 27.

# B. Bisher ergangene Rechtsakte zur Anerkennung und Vollstreckung ausländischer Entscheidungen in Zivil- und Handelssachen

Unter Ausnutzung des neu geschaffenen Kompetenztitels und im Bemühen um einen einheitlichen europäischen Justizraum hat der Rat der Europäischen Union binnen kurzer Zeit mehrere Verordnungen zur Regelung des internationalen Zivilverfahrensrechts erlassen. Im Bereich der Anerkennung und Vollstreckung einer ausländischen Entscheidung in Zivil- und Handelssachen[5] ist die Verordnung (EG) Nr. 44/2001 des Rates über die gerichtliche Zuständigkeit und die Anerkennung und Vollstreckung von Entscheidungen in Zivil- und Handelssachen (nachfolgend: EuGVVO) vom 22. Dezember 2000[6] die wichtigste. Sie gilt seit dem 1. März 2002 in allen Mitgliedstaaten der Europäischen Union, inzwischen auch in Dänemark – wie im Folgenden aufgezeigt wird. Hinzu gekommen ist die bereits erwähnte Verordnung zur Einführung eines Europäischen Vollstreckungstitels.

Als staatsvertragliche Regelungen für den Rechtsverkehr hatte das Brüsseler EWG-Übereinkommen über die gerichtliche Zuständigkeit und die Vollstreckung gerichtlicher Entscheidungen in Zivil- und Handelssachen (nachfolgend: EuGVÜ) in seiner ursprünglichen Fassung vom 27. September 1968[7] zwischen den damaligen Mitgliedstaaten der Europäischen Wirtschaftsgemeinschaft[8] lange Zeit herausragende Bedeutung. Es schuf ein transparentes und einfaches Verfahren zur Anerkennung und Vollstreckung gerichtlicher Entscheidungen. Seit seinem Inkrafttreten am 1. Februar 1973 wurde es anlässlich des Beitritts neuer Staaten gemäß Art. 63 EuGVÜ mehrfach modifiziert[9]. Seit dem 1. Januar 1999

5 Für die Anerkennung und Vollstreckung ausländischer Entscheidungen in Ehe- und Elternsachen gilt in allen EU-Ländern die Verordnung (EG) Nr. 1347/2000 des Rates über die Zuständigkeit und die Anerkennung und Vollstreckung von Entscheidungen in Ehesachen und Verfahren betreffend die elterliche Verantwortung der gemeinsamen Kinder der Ehegatten (EuEheVO) vom 29. Mai 2000 (ABl. EG v. 30.6.2000, Nr. L 160, S. 19). Diese wurde am 1. März 2005 ersetzt durch die Verordnung (EG) Nr. 2201/2003 des Rates über die Zuständigkeit und die Anerkennung und Vollstreckung von Entscheidungen in Ehesachen und in Verfahren betreffend die elterliche Verantwortung und zur Aufhebung der Verordnung (EG) Nr. 1347/2000 vom 27. November 2003 (ABl. EU v. 23.12.2003, Nr. 338, S.1).

6 ABl. EG v. 16.1.2001, Nr. L 12, S. 1.

7 BGBl. 1972 II., S. 774.

8 Deutschland, Belgien, Frankreich, Italien, Luxemburg und die Niederlande.

9 Die Beitrittsübereinkommen haben bekanntlich nicht nur dazu gedient, den Beitritt neuer Staaten zu regeln, sondern auch inhaltliche Änderungen der Ursprungsfassung des

galt es für Deutschland in der Fassung des vierten Beitrittsübereinkommens. Der Erfolg des EuGVÜ weckte den Wunsch anderer europäischer Länder, diesem System beizutreten, ohne zugleich Mitglied in der Europäischen Gemeinschaft zu werden. Ergebnis dieser Bestrebungen war das Luganer Übereinkommen über die gerichtliche Zuständigkeit und die Vollstreckung gerichtlicher Entscheidungen in Zivil- und Handelssachen (nachfolgend: LugÜ) vom 16. September 1988[10].

Das LugÜ stellt ein Parallelübereinkommen zum EuGVÜ dar. Zwischen diesen Staatsverträgen besteht nahezu sachliche und textliche Identität. Vertragsstaaten waren damals die Mitgliedstaaten und die sechs EFTA-Staaten Finnland, Island, Norwegen, Österreich, Schweden und die Schweiz. Während das EuGVÜ und die Verordnungen das Verhältnis der Mitgliedstaaten untereinander betreffen, gilt das LugÜ im Verhältnis der EFTA-Staaten untereinander und im Verhältnis zwischen den Mitgliedstaaten und den EFTA-Staaten, Art. 54 b) LugÜ. Gemäß Art. 62 LugÜ steht das LugÜ weiteren Staaten auf Einladung eines Vertragsstaates offen. In seinem Anwendungsbereich gilt es zwar unverändert fort. Es hat aber durch die rasante Erweiterung des Kreises der Mitgliedstaaten der Europäischen Union an Bedeutung verloren. Es beschränkt sich nur noch auf Verfahren mit Bezug zu Island, Norwegen und der Schweiz. Dennoch sind zum LugÜ zahlreiche höchstrichterliche Entscheidungen ergangen[11]. Um die Parallelen zur EuGVVO wieder herzustellen, ist das LugÜ inzwischen revidiert worden. Am 30. Oktober 2007 wurde in Lugano das Übereinkommen über die gerichtliche Zuständigkeit und die Anerkennung und Vollstreckung gerichtlicher Entscheidungen in Zivil- und Handelssachen (nachfolgend: LugÜ II) geschlossen[12]. Das Konkurrenzverhältnis zur EuGVVO regelt Art. 64 LugÜ II. Für die Europäische Union (mit Ausnahme von Dänemark) und Norwegen ist das Übereinkommen am 1. Januar 2010 in Kraft getreten.

Im Gegensatz zum EuGVÜ gelten die Verordnungen gemäß Art. 249 Abs. 2 EGV unmittelbar in allen Mitgliedstaaten der Union gleichermaßen, ohne dass es eines Umsetzungsaktes durch die nationalen Legislativorgane bedarf. Sie er-

EuGVÜ vorzunehmen. Auf diese Übereinkommen ist jedoch nicht näher einzugehen, da sie in Bezug auf die Vorschriften zur Anerkennung und Vollstreckung von Entscheidungen keine erheblichen Veränderungen gebracht haben; zum Geltungsbereich der Beitrittsübereinkommen: Geimer/Schütze/Geimer, Einl. EuGVVO, Rn. 31 ff..

10 BGBl. 1994 II., S. 2658.

11 Vgl. hierzu z. B. Mansel/Thorn/Wagner, IPRax 2009, S. 1, 15.

12 ABL. EU v. 21.12.2007, Nr. L 339, S. 3; Einzelheiten hierzu bei Mansel/Thorn/Wagner, IPRax 2009, S. 1, 10.

strecken sich als *acquis communautaire*[13] automatisch auf neue Mitgliedstaaten. Nach Art. 69 EGV gelten allerdings für das Vereinigte Königreich, Irland und Dänemark hinsichtlich des Titels IV des EGV – der unter anderem auch die justizielle Zusammenarbeit in Zivilsachen erfasst – Sonderregelungen. Diese Staaten haben hinsichtlich der EG-Verordnungen Vorbehalte erklärt, so dass diese für sie zunächst keine Geltung hatten[14]. Jedoch haben das Vereinigte Königreich und Irland von ihrem Recht, den genannten Verordnungen beizutreten (*to opt in*) Gebrauch gemacht[15]. Dieser Weg stand Dänemark nicht offen, so dass die Verordnungen für Dänemark nicht anwendbar waren[16]. Insoweit galt im Verhältnis der übrigen Mitgliedstaaten zu Dänemark weiterhin das EuGVÜ, ein bisher wohl unerfreuliches Defizit des Binnenmarktes.

Dies war rechtlich gesehen eine nicht zufrieden stellende Situation, ist es doch immer der Wunsch gewesen, die Vorschriften zu vereinheitlichen und die Formalitäten hinsichtlich einer raschen und unkomplizierten Anerkennung und Vollstreckung von Entscheidungen innerhalb der Europäischen Union zu vereinfachen. Aus diesem Grund hat der Rat der Europäischen Union am 20. September 2005 beschlossen, im Namen der Europäischen Union ein Abkommen zwischen ihr und dem Königreich Dänemark zur Ausdehnung der EuGVVO zu unterzeichnen[17].

Nach Art. 1 Abs. 1 dieses Abkommens ist es dessen Ziel, die EuGVVO und ihre Durchführungsbestimmungen gemäß Art. 2 Abs. 1 des Abkommens auf die Beziehungen zwischen der Gemeinschaft und Dänemark anzuwenden. Soweit Dänemark betroffen ist, ist die EuGVVO entsprechend geändert worden. So findet beispielsweise Art. 1 Abs. 3 EuGVVO, wonach der Begriff *Mitgliedstaat* jeden Mitgliedstaat mit Ausnahme des Königreichs Dänemarks meint, keine Anwendung mehr. Entsprechend wurden die Anhänge zur EuGVVO erweitert.

13 Als acquis communautaire (frz., wörtlich: „gemeinschaftlich Erreichtes") bezeichnet man den Gesamtbestand an Rechten und Pflichten, der für die Mitgliedstaaten der EU verbindlich ist. Er besteht aus dem Primärrecht der Verträge, dem Sekundärrecht, den von den EG-Organen erlassenen Rechtsakten, den Entscheidungen des EuGH, Erklärungen, Entschließungen und bestimmten Abkommen. Der acquis communautaire muss von einem Staat, der der EU beitritt, in seinem kompletten Umfang übernommen werden.

14 Vgl. Art. 69 EGV i. V. m. den Bestimmungen des Protokolls über die Position des Vereinigten Königreichs und Irlands und des Protokolls über die Position Dänemarks im Anhang zum Vertrag über die Europäische Union und zum Vertrag zur Gründung der Europäischen Gemeinschaft.

15 Vgl. Nr. 20 der Präambel zur EuGVVO, Nr. 24 der Präambel zur EuVTVO.

16 Vgl. Nr. 21, 22 der Präambel zu EuGVVO und Art. 1 III EuGVVO; Schütze, Dt. IZPR, Rn. 10; Nr. 25 der Präambel zur EuVTVO und Art. 2 III EuVTVO.

17 ABl. EU v. 16.11.2005, Nr. L 299, S. 61.

Für die EuVTVO besteht ein solches Abkommen noch nicht. Im Sinne eines reibungslos funktionierenden Binnenmarktes wäre eine solche Vereinbarung durchaus wünschenswert. Von der Ausdehnung sämtlicher Rechtsakte im Sinne des Art. 61 lit. c) EGV in Verbindung mit Art. 65 EGV auf Dänemark wird abgesehen. Dies würde auf eine unzulässige Umgehung der Regelungen über den Sonderstatus Dänemarks hinauslaufen.

Die weiteren bilateralen Staatsverträge mit der Bundesrepublik Deutschland zu Vollstreckungsfragen in Zivil- und Handelssachen innerhalb der Europäischen Union sind durch das EuGVÜ sowie durch das LugÜ und den europarechtlichen Verordnungen weitgehend obsolet geworden, weshalb diesen im Rahmen dieser Arbeit keine weitere Aufmerksamkeit geschenkt werden soll[18].

18 Eine Aufzählung der bei Inkrafttreten des EuGVÜ geltenden bilateralen Abkommen der Europäischen Gemeinschaft enthält Art. 55 EuGVÜ; vgl. auch Art. 69 EuGVVO.

# Teil 2:
# Vollstreckung ausländischer Entscheidungen

# A. Das bisher notwendige Vollstreckbarerklärungsverfahren

Bevor nun auf die neue Verordnung zur Einführung eines Europäischen Vollstreckungstitels eingegangen wird, soll an dieser Stelle veranschaulicht werden, wie bisher der Gläubiger einer Forderung aus einer zivil- oder handelsrechtlichen Entscheidung zwingend vorgehen musste, um aus dem Titel in einem anderen Mitgliedstaat die Vollstreckung betreiben zu können. Dabei sollen das Verfahren nach autonomem deutschem Recht sowie das Verfahren nach der EuGVVO in ihren wesentlichen Grundzügen dargestellt werden. Dadurch soll ein Vergleich zur EuVTVO ermöglicht und verdeutlicht werden, ob und welchen Fortschritt die neue Verordnung bringt.

## I. Allgemeines

Wie bereits in der Einleitung erwähnt, musste eine ausländische Entscheidung, die im Inland vollstreckt werden sollte, zunächst für vollstreckbar erklärt werden. Die Vollstreckungswirkung wurde nicht ohne weiteres auf das Inland erstreckt, sondern musste durch einen inländischen Hoheitsakt gesondert verliehen werden[19]. Wenn das Inland bei der Vollziehung einer ausländischen Entscheidung mitwirkt, wird die inländische Staatsgewalt dem Befehl der ausländischen Staatsgewalt eher nachkommen können. Schließlich geht der Auftrag in diesem Fall – wie noch zu zeigen sein wird – von der durch das inländische Gericht erlassenen Entscheidung aus. Die Vorstellung, dass inländische Organe bei der Vollstreckung ausländischer Entscheidungen mitwirken, ist auf diese Weise nicht so befremdlich[20]. Folglich benötigte der Gläubiger eines ausländischen Titels zur Zwangsvollstreckung aus dem Titel im Inland zwingend die Erteilung der Vollstreckbarkeit.

Gegen die Anerkennung der Vollstreckbarkeit einer ausländischen Entscheidung im Inland sprechen zwei Gründe. Zum einen ist die Souveränität fremder Staaten zu respektieren[21]. Kein Staat kann gezwungen werden, ausländische Entscheidungen, die ohne sein Zutun ergangen sind, zu vollstrecken. Die dem ausländischen Titel innewohnende Anweisung an die Vollstreckungsorgane, Ansprüche durch staatlichen Zwang zu verwirklichen oder zu sichern, ist nur

19 Wolff, in: Handbuch IZVR III/2, S. 322; Geimer, Anerkennung ausländischer Entscheidungen, S. 163; Zöller/Geimer, § 722 ZPO Rn. 3; Wagner, IPRax 2002, S. 75, 81.

20 So auch Kohler, in: Baur/Mansel, Systemwechsel im europäischen Kollisionsrecht, S. 147, 159.

21 Wolff, in: Handbuch IZVR III/2, S. 322; Zöller/Geimer, § 722 ZPO Rn. 2.

an die Hoheitsträger des Urteilsstaates gerichtet, nicht aber an die Zwangsvollstreckungsorgane eines fremden Staates. Zum anderen kann von den inländischen Zwangsvollstreckungsorganen nicht erwartet werden, das ausländische Vollstreckungsrecht zu kennen und zu beherrschen. Denn der Umfang der Vollstreckung einschließlich der Frage nach Einstellungsvoraussetzungen und ähnliches richtet sich nach dem Recht des Staates, der die zu vollstreckende Entscheidung gefällt hat[22].

## II. Begriff der Vollstreckbarerklärung

Das Vollstreckbarerklärungsverfahren steht systematisch zwischen dem Erkenntnisverfahren zur Erreichung des Titels und dem eigentlichen Zwangsvollstreckungsverfahren im Vollstreckungsstaat.

In Anlehnung an die französische Terminologie wird die Vollstreckbarerklärung auch als *Exequatur* (lat.: „er vollziehe") bezeichnet. Teilweise wird auch von der *Vollstreckung ausländischer Entscheidungen*[23] gesprochen. Dieser Begriff ist jedoch irreführend, da er mit der Zwangsvollstreckung als einem Verfahren zur Verwirklichung oder Sicherung von Ansprüchen durch staatlichen Zwang assoziiert wird. Hiermit hat die Vollstreckbarerklärung jedoch nichts zu tun. Sie dient vielmehr dazu, den ausländischen Titel zur Grundlage der Zwangsvollstreckung im Inland zu machen und den Zugang zu den inländischen Organen der Zwangsvollstreckung zu eröffnen. Die Vollstreckbarerklärung ist auch nicht Teil des internationalen Zwangsvollstreckungsrechts. Dieses behandelt vielmehr die Probleme, die im Rahmen der Zwangsvollstreckung dadurch entstehen, dass es sich um einen Sachverhalt mit Auslandsbezug handelt. Nun stellt auch die ausländische Entscheidung diesen Auslandsbezug her. Gleichwohl betrifft die Vollstreckbarerklärung nicht die Durchführung der Zwangsvollstreckung als solche. Ihr Gegenstand ist die Verleihung der Vollstreckungswirkung als Voraussetzung für die Zwangsvollstreckung.

## III. Abgrenzung

Von der Vollstreckbarerklärung abzugrenzen ist die *Anerkennung* einer ausländischen Entscheidung. Während die Vollstreckbarkeit einer ausländischen Entscheidung durch einen inländischen Hoheitsakt gesondert verliehen wird, erfolgt deren Anerkennung automatisch[24]. Dem Territorialitätsgrundsatz zufolge wirken

22 OLG Düsseldorf, IPRax 1999, S. 478 zum EuGVÜ; Zöller/Geimer, § 722 ZPO Rn. 2; Riezler, IZPR, S. 563.

23 v. Hoffmann/Thorn, IPR, S. 118.

24 Vgl. Schack, IZVR, Rn. 1024.

Gerichtsentscheidungen als Akte hoheitlicher Gewalt nicht über die Grenzen des Staates hinaus, in dem die Entscheidung erlassen wurde, sondern sind auf das Hoheitsgebiet des Erlassstaates beschränkt[25]. Daher können ausländische Entscheidungen in anderen Staaten nur dann Wirkung entfalten, wenn diese sie anerkennen. Durch die Anerkennung werden die Urteilswirkungen wie zum Beispiel die Rechtskraftwirkung und die Tatbestandswirkung auf das Inland *ipso iure* erstreckt[26]. Hiervon ausgenommen ist die Vollstreckungswirkung[27].

Eines besonderen Verfahrens für die Anerkennung bedarf es nicht[28]. Das Vorliegen der Anerkennungsvoraussetzungen wird sowohl nach dem autonomen deutschen Recht als auch nach den internationalen Staatsverträgen beziehungsweise europarechtlichen Verordnungen von den Behörden, bei denen der ausländische Titel geltend gemacht wird, inzidenter geprüft[29]. Rechtsquelle des autonomen deutschen Rechts für die Anerkennung einer ausländischen Entscheidung ist § 328 ZPO.

Obwohl keine allgemeine völkerrechtliche Verpflichtung zur Berücksichtigung ausländischer Entscheidungen besteht, entspricht die Anerkennung der internationalen Praxis[30]. Der Grund hierfür ist darin zu sehen, dass eine konsequente Nichtbeachtung ausländischer Entscheidungen zur Hemmung des internationalen Rechtsverkehrs führen würde und hiermit eine Rechtlosstellung des Gläubigers verbunden wäre.

Anerkennung und Vollstreckbarerklärung sind folglich grundsätzlich voneinander zu trennen. Gleichwohl verbindet sie der Umstand, dass der Antrag auf Vollstreckbarerklärung abgewiesen wird, soweit der ausländischen Entscheidung die Anerkennung zu versagen ist[31].

Die Anerkennung birgt grundsätzlich keine nennenswerten Schwierigkeiten. Aus diesem Grund soll dieser Bereich im Wesentlichen ausgeklammert bleiben und die Untersuchung schwerpunktmäßig die Vollstreckbarerklärung behandeln. Soweit zum Verständnis vollstreckungsrechtlicher Fragen auf die Anerkennungsproblematik einzugehen ist, wird dies an entsprechender Stelle geschehen.

---

25 v. Hoffmann/Thorn, IPR, S. 109; Schack, IZVR, Rn. 865.

26 Wolff, in: Handbuch IZVR III/2, S. 322; MüKo/Gottwald, § 722 ZPO Rn. 3; Musielak/Lackmann, § 722 ZPO Rn. 1; Geimer/Schütze/Geimer, Einl. EuGVVO, Rn. 82.

27 Vgl. zu den Gründen die Ausführungen zu A. I.; so auch Wolff, in: Handbuch IZVR III/2, S. 323.

28 Vgl. Art. 26 I EuGVÜ, Art. 33 I EuGVVO; § 328 ZPO.

29 MüKo/Gottwald, § 722 ZPO Rn. 3; Schack, IZVR, Rn. 971.

30 v. Hoffmann/Thorn, IPR, S. 109.

31 Vgl. § 723 II 2 ZPO, Art. 34 II EuGVÜ; nach der EuGVVO sind die Anerkennungsvoraussetzungen abweichend von Art. 34 II EuGVÜ erst im Rechtsbehelfsverfahren gemäß Art. 45 I EuGVVO zu prüfen, nicht schon im Vollstreckbarerklärungsverfahren.

## IV. Das Vollstreckbarerklärungsverfahren nach autonomen deutschem Recht

Nach deutschem Recht ist dem Richter eine gewisse Überprüfung der ausländischen Entscheidung vorbehalten, bevor er die Erklärung abgibt, dass er auch für diese, auf fremder Autorität beruhende Entscheidung seine staatlichen Zwangsmittel zur Zwangsvollstreckung zur Verfügung stellt und damit die ausländische Entscheidung für vollstreckbar erklärt. Dieser Vorbehalt ergibt sich aus den Vorschriften zum Vollstreckbarerklärungsverfahren nach §§ 722, 723 ZPO. An dieser Stelle sollen die wesentlichen Grundzüge dieses Verfahrens dargestellt werden, um das Verlangen nach einem vereinfachten, einheitlichen Verfahren innerhalb der Europäischen Union zu verdeutlichen[32].

### 1. Grundlagen des Verfahrens

Das Vollstreckbarerklärungsverfahren nach §§ 722, 723 ZPO erfolgt in einem ordentlichen Prozess, der durch Erhebung der *Vollstreckungsklage* in die Wege geleitet und mit Erlass eines Urteils abgeschlossen wird.

Es handelt sich um ein beschränktes Erkenntnisverfahren, für das die allgemeinen Regeln gelten[33]. Nach § 723 Abs. 1 ZPO ist eine *révision au fond*, d. h. eine umfassende Nachprüfung des Urteils in rechtlicher und tatsächlicher Hinsicht unzulässig. Jedoch sind gemäß § 723 Abs. 2 S. 2 ZPO die Anerkennungsvoraussetzungen nach § 328 ZPO zu prüfen. Wegen § 723 Abs. 2 S. 2 ZPO ist die Dispositionsbefugnis der Parteien eingeschränkt. Es gilt hier der Untersuchungsgrundsatz, so dass zum Beispiel kein Anerkenntnisurteil im Sinne des § 307 ZPO ergehen kann[34].

Die Vollstreckungsklage ist eine prozessuale Gestaltungsklage[35]. Durch Urteil wird eine Wirkung, die bisher noch nicht eingetreten war – die Wirkung der Vollstreckbarkeit im Inland – herbeigeführt[36]. Die Vollstreckungsklage hat 1879 die *actio iudicati* ersetzt. Gegenstand der *actio iudicati* war wie bei der englischen *action upon the foreign judgement* die in der ausländischen Entschei-

---

32 Zur Frage, ob das Verfahren nach §§ 722, 723 ZPO ausschließlich ist oder der Gläubiger auch auf Leistung klagen oder eine Feststellungsklage erheben kann, ausführlich: Wolff, in: Handbuch IZVR III/2, S. 192 ff..

33 BGH, NJW 1992, S. 3096, 3097.

34 Vgl. im Einzelnen dazu, welche Prozesshandlungen zulässig sind und welche nicht: Zöller/Geimer, § 722 ZPO Rn. 65 ff.; MüKo/Gottwald, § 722 ZPO Rn. 31.

35 Wolff, in: Handbuch IZVR III/2, S. 366; Riezler, IZPR, S. 566; Thomas/Putzo/Hüßtege, § 723 ZPO Rn. 7.

36 Vgl. für diese Definition: Rosenberg/Schwab/Gottwald, ZPR, S. 501.

dung festgestellte Leistungspflicht des Schuldners[37]. Heute besteht Einigkeit darüber, dass der Streitgegenstand der Vollstreckungsklage nicht mehr den titulierten schuldrechtlichen Anspruch, sondern den öffentlichen Anspruch auf Vollstreckbarerklärung der ausländischen Entscheidung betrifft[38]. Der materiellrechtliche Anspruch war bereits Gegenstand der ausländischen Entscheidung gewesen. Diese Entscheidung wird samt ihrer Wirkungen so wie die Rechtskraftwirkung nach § 328 ZPO unter der Bedingung, dass die Voraussetzungen hierfür erfüllt sind, anerkannt. Damit ist der ursprüngliche Anspruch für das Inland rechtskräftig festgestellt. Er kann daher nicht Streitgegenstand sein. Wie eben ausgeführt, verbietet § 723 Abs. 1 ZPO eine Nachprüfung des ausländischen Urteils auf seine Gesetzmäßigkeit hin. Auch aus diesem Grund kann der ursprüngliche Anspruch nicht Gegenstand der Vollstreckungsklage sein, da eine Entscheidung über ihn dessen Nachprüfung erfordern würde.

### *a) Für vollstreckbar erklärbare Entscheidungen*

Für vollstreckbar erklärt werden können Entscheidungen (nicht nur Urteile) ausländischer Gerichte, soweit sie einen vollstreckbaren Inhalt haben, also nicht Feststellungs- und Gestaltungsurteile[39].

Nach fast einhelliger Auffassung können ausländische Exequaturteile nicht für vollstreckbar erklärt werden[40]. *„L'Exequatur sur l'exequatur ne vaut"*[41]. Die Vollstreckbarerklärung hat nur Geltung in dem betreffenden Staat und verleiht nur für das Gebiet dieses Staates die Vollstreckungswirkung. Dieses Verbot des Doppelexequatur gilt ausnahmslos. So soll es auch verhindern, dass zum Beispiel ein Mitgliedstaat der Europäischen Union zugleich alle übrigen Mitgliedstaaten zur Anerkennung des Urteils verpflichten kann, indem er das

37 Martiny, in: Handbuch IZVR III/1, S. 680 f..

38 MüKo/Gottwald, § 722 ZPO Rn. 24; Zöller/Geimer, § 722 ZPO Rn. 6; Schack, IZVR, Rn. 1034; Wolff, in: Handbuch IZVR III/2, S. 369; Nagel/Gottwald, IZPR, S. 639.

39 Thomas/Putzo/Hüßtege, § 723 ZPO Rn. 5; Saenger/Kindl, § 723 ZPO Rn. 8; Nagel/Gottwald, IZPR, S. 641; eine detaillierte Zusammenstellung vollstreckungsfähiger Entscheidungen findet sich bei Zöller/Vollkommer, § 722 ZPO Rn. 8 ff..

40 MüKo/Gottwald, § 722 ZPO Rn. 22; Musielak/Lackmann, § 722 ZPO Rn. 3; Nagel/Gottwald, IZPR, S. 642; Schack, IZVR, Rn. 1029; Geimer/Schütze/Geimer, Internationale Urteilsanerkennung I/1, S. 1174; ders., Anerkennung ausländischer Entscheidungen, S. 171; a. A. nur Schütze, ZZP 77, S. 287, 288 ff., der allein auf die Rechtsnatur der Entscheidung abstellt und hierin ein anerkennungsfähiges Urteil i. S. d. § 328 ZPO sieht, das einen vollstreckbaren Inhalt habe und damit eine nach §§ 722, 723 ZPO für vollstreckbar erklärbare Entscheidung darstelle. Er verkennt jedoch, dass das Exequaturteil keine Sachentscheidung trifft, sondern nur die Exequaturzusage für den betreffenden Staat enthält.

41 Geimer, Fs. für Georgiades, S. 489, 501.

Urteil eines Drittstaates nach seinen Vorschriften anerkennt und für vollstreckbar erklärt[42]. Andernfalls bestünde die Gefahr, dass die Anerkennungsvoraussetzungen des deutschen Rechts, wie beispielsweise das Gegenseitigkeitserfordernis aus § 328 Abs. 1 Nr. 5 ZPO, umgangen werden. Da das ausländische Exequaturурteil die Vollstreckbarkeit für das Gebiet des betreffenden ausländischen Staates verleiht, fehlt es bereits an anerkennungsfähigen Urteilswirkungen.

Dieses Verbot gilt ebenso für ausländische Exequatururteile, die als Leistungsurteile, etwa als *actio iudicati* ergehen. Hierbei handelt es sich zwar nicht um eine bloße Vollstreckbarerklärung eines ausländischen Titels. Das Gericht erlässt vielmehr ein Leistungsurteil nur im Hinblick auf die Bindung an die anzuerkennende Rechtskraft des Urteils eines anderen Staates. Eine Prüfung in der Sache findet nicht statt, so dass nicht die eigene Sachverhaltsfeststellung und Subsumtion Entscheidungsgrundlage ist, sondern allein die Rechtskraft der Entscheidung eines Gerichts eines anderen Staates[43].

aa) Entscheidungen des Bundesgerichtshofes betreffend Schiedssprüche

Gegen dieses Verbot hatte der neunte Senat des Bundesgerichtshofes in seiner Entscheidung vom 27. März 1984[44] verstoßen, als er nach §§ 722 f. ZPO ein New Yorker Exequatururteil, das einen New Yorker Schiedsspruch in Form eines Leistungsurteils für vollstreckbar erklärt hatte, seinerseits für vollstreckbar erklärte. Damit hat er mit einer jahrzehntelang gefestigten Meinung in Rechtsprechung[45] und Literatur[46] gebrochen. Der erkennende Senat hat sich für den vorliegenden Fall eines nordamerikanischen Exequatururteils der Meinung *Schlossers*[47] angeschlossen, wonach es keinen Grund gebe, ausländische Bestätigungsurteile nicht anzuerkennen. Der Bundesgerichtshof vertritt die Auffassung, dass die Vollstreckbarerklärung deshalb zulässig sei, weil sich das Urteil des Obersten Gerichtshofes des Staates New York, des Supreme Courts, nicht auf eine Bestätigung oder Vollstreckbarerklärung des Schiedsspruchs beschränke, sondern vielmehr eine selbständige Verurteilung der Beklagten zur Zahlung

42 Schack, IZVR, Rn. 1029.

43 Vgl. Geimer/Schütze/Geimer, Internationale Urteilsanerkennung I/1, S. 1175; ders., Anerkennung ausländischer Entscheidungen, S. 171.

44 BGH, RIW 1984, S. 557.

45 Vgl. RGZ 5, 397 (399 f.); RGZ 30, 368 (369 f.).

46 Dolinar, Fs. für Schütze, S. 187, 195, 203; Geimer/Schütze/Geimer, Internationale Urteilsanerkennung I/1, S. 1176; ders., Anerkennung ausländischer Entscheidungen, S. 171.

47 Schlosser, Recht der internationalen privaten Schiedsgerichtsbarkeit I, Nr. 782, S. 737; Nr. 786, S. 740; so jetzt auch ohne Begründung Musielak/Lackmann, § 722 ZPO Rn. 3.

der strittigen Summe enthalte. Nach amerikanischer Doktrin, der sogenannten *doctrine of merger*, gehe in einem solchen Fall der Schiedsspruch völlig in dem gerichtlichen Bestätigungsurteil auf, woraus man auch in den USA die international-prozessrechtliche Konsequenz gezogen habe, dass nur noch das Gerichtsurteil als staatliches Urteil und nicht mehr der Schiedsspruch zu vollstrecken sei.

Daher verwundert es, dass der dritte Senat des Bundesgerichtshofes knapp sechs Wochen später in einem ähnlich gelagerten Fall einen New Yorker Schiedsspruch nach § 1044 Abs. 1 ZPO a. F., § 1061 ZPO n. F., für vollstreckbar erklärt hat, obwohl auch dieser Schiedsspruch vom Obersten Gerichtshof des Staates New York bestätigt wurde, dieser Schiedsspruch also ebenfalls in dem Bestätigungsurteil aufgegangen und eine Vollstreckbarerklärung nach §§ 722 f. ZPO demnach möglich war[48]. Der dritte Senat hält im Anschluss an *Schlosser*[49] die Vollstreckbarerklärung des Schiedsspruchs für zulässig, selbst wenn der Schiedsspruch nach der *doctrine of merger* in dem New Yorker Exequaturuteil aufgegangen ist, „da eine solche Wirkung der Entscheidung eines ausländischen staatlichen Gerichts eine Vollstreckbarerklärung des Schiedsspruchs nach § 1044 ZPO nicht ausschließen kann“[50].

bb) Folgen dieser BGH-Rechtsprechung

Die Entscheidungen des Bundesgerichtshofes verdienen die Aufmerksamkeit der am deutsch-amerikanischen Rechtsverkehr und ganz allgemein an der internationalen Handels-Schiedsgerichtsbarkeit Interessierten. Da die vorliegende Arbeit beide Bereiche nicht behandelt, soll auf die Urteile und der sogenannten *doctrine of merger* im Folgenden nur kurz eingegangen werden.

Der Bundesgerichtshof weicht von der Rechtsprechung des Reichsgerichts ab, das in solchen Fällen nur die Vollstreckbarkeit des ausländischen Schiedsspruchs zugelassen hat, „weil der Schiedsspruch dadurch, dass er bereits im Ausland exekutorische Kraft erlangt hat, nicht selbst zum Urteil geworden ist“[51]. Soweit der *merger*-Theorie die Bedeutung beigemessen wird, die sie im Grunde für sich in Anspruch nimmt, müsste man zu der Schlussfolgerung kommen, dass der Schiedsspruch einer Vollstreckung nicht mehr zugänglich ist und daher auch nicht nach § 1061 ZPO bzw. nach Art. 3 des UN-Übereinkommens über die Anerkennung und Vollstreckung ausländischer Schiedssprüche (UNÜ) vom 10. Juni 1958 für vollstreckbar erklärt werden kann. Die Zwangsvollstreckung

48 BGH, RIW 1984, S. 644.

49 Schlosser, Recht der internationalen privaten Schiedsgerichtsbarkeit I, Nr. 782 S. 737; Nr. 786 S. 740.

50 BGH, RIW 1984, S. 644, 645.

51 RGZ 5, 397 (399 f.); RGZ 30, 368, (369 f.).

könnte vielmehr nur noch nach Vollstreckbarerklärung des ausländischen ExequaturUrteils gemäß §§ 722 f. ZPO erfolgen.

Daher ist die Entscheidung des Bundesgerichtshofes, dass trotz des *mergers* auch der Schiedsspruch für vollstreckbar erklärt werden kann, nicht logisch. Dies zeigt, dass dem Bundesgerichtshof seine Theorie selbst nicht ganz klar gewesen sein muss, weshalb er in einer weiteren Entscheidung die Vollstreckbarkeit des Schiedsspruchs als Grundlage der Zwangsvollstreckung gelten ließ. Selbst wenn nach der *doctrine of merger* der Schiedsspruch in dem ausländischen Exequatururteil aufgeht und diese Doktrin Wirkung auch in Drittstaaten entfaltet, so bleibt es doch eine Exequaturentscheidung, die nur in dem betreffenden Vollstreckungsstaat Geltung beanspruchen kann[52]. Sie verleiht der Entscheidung lediglich die Vollstreckungswirkung. *Dolinar*[53] führt zu Recht aus, dass eine Entscheidung in einem Land, die einen Schiedsspruch bestätigt, nur die Grundlage für die Vollstreckung darstellt, um aus dem Schiedsspruch in dem betreffenden Staat vollstrecken zu können. Unabhängig davon, in welcher Form diese Entscheidung ergeht, liegt keine Sachentscheidung vor, sondern nur eine Exequaturbewilligung für den jeweils betreffenden Staat.

Hinzu kommt eine Beeinträchtigung des Schuldnerschutzes: Wenn neben dem Schiedsspruch auch das Exequatururteil anerkannt und für vollstreckbar erklärt wird – beide Urteile des Bundesgerichtshofes zusammengenommen bedeuten ein Wahlrecht des Gläubigers[54] –, existieren zwei, drei und vielleicht noch mehr Titel, falls der Schiedsspruch noch in weiteren Ländern für vollstreckbar erklärt wurde. Diese Titelschwemme würde den Schuldner schutzlos stellen[55]. *Kegel*[56] führt zu Recht aus, dass ein Chaos entstehen würde, hätte man einander widersprechende Entscheidungen: in einem Land wird der Schiedsspruch bestätigt, in einem anderen Land wird die Bestätigung versagt. Welche würde vorrangig gelten? Aus diesen Gründen ist an der Rechtsprechung des Reichsgerichts und der herrschenden Ansicht in der Literatur festzuhalten, wonach ein ausländischer Schiedsspruch nur als solcher in dem Ursprungs- oder einem Drittstaat für vollstreckbar erklärt werden kann.

52 So auch Müko/Gottwald, § 722 ZPO Rn. 23.

53 Dolinar, Fs. für Schütze, S. 187 ff..

54 Der Gläubiger kann die Vollstreckbarerklärung des Schiedsspruchs nach §§ 1061 ff. ZPO bzw. nach Art. 3 des Übereinkommens über die Anerkennung und Vollstreckung ausländischer Schiedssprüche (UNÜ) beantragen oder im Ausland ein den Schiedsspruch für vollstreckbar erklärendes Urteil erwirken und diesen dann im Inland nach §§ 722 f. ZPO für vollstreckbar erklären lassen.

55 So auch Kegel, Fs. für Müller-Freienfels, S. 377, 387.

56 Kegel, Fs. für Müller-Freienfels, S. 377, 387.

### b) *Allgemeine Prozessvoraussetzungen*

Da es sich um einen ordentlichen Prozess handelt, sind die allgemeinen Prozessvoraussetzungen einschließlich der Immunität der Parteien zu berücksichtigen. Grundvoraussetzung für das Verfahren ist das Vorliegen der Gerichtsbarkeit der Bundesrepublik Deutschland nach §§ 18 ff. GVG. Gegen Beklagte, die von der deutschen Gerichtsbarkeit befreit sind, darf ein Vollstreckungsurteil nicht ergehen. Soweit der zur Vollstreckbarerklärung anstehende ausländische Titel ein *actum iure gestionis*, also eine privatrechtliche Angelegenheit betrifft, ist das Verfahren zur Vollstreckbarkeit in Deutschland zulässig[57]. Dagegen ist das Verfahren unzulässig, wenn der Streitgegenstand dem hoheitlichen Bereich als *actum iure imperii* zuzuordnen ist[58]. Maßgeblich ist die Natur des den Anspruch begründenden Handelns oder des zugrunde liegenden Rechtsverhältnisses.

Aktiv legitimiert ist der aus der ausländischen Entscheidung Berechtigte, sein Rechtsnachfolger oder der nach dem Titel mit Rechtskrafterstreckung Begünstigte, passiv legitimiert sind der Verpflichtete sowie sein Rechtsnachfolger[59]. § 265 Abs. 2 ZPO findet Anwendung[60]. Die Partei- und Prozessfähigkeit muss vorliegen.

Die örtliche Zuständigkeit ergibt sich aus § 722 Abs. 1 ZPO in Verbindung mit den allgemeinen Gerichtsständen (§§ 12 – 19 ZPO). In Ermangelung eines allgemeinen Gerichtsstandes im Inland ist für vermögensrechtliche Ansprüche das Gericht des § 23 ZPO örtlich zuständig. Es ist ganz natürlich, dass dem Gläubiger dieser Gerichtsstand zur Verfügung gestellt wird, wenn der Schuldner im Inland keinen allgemeinen Gerichtsstand hat. Denn der Gläubiger hat ein legitimes Interesse daran, die Zwangsvollstreckung dort zu betreiben, wo der Schuldner Vermögen hat. Ob das Vermögen zur Befriedigung des Gläubigers ausreicht, ist dabei unerheblich[61]. Mit der örtlichen Zuständigkeit wird auch die internationale Zuständigkeit bestimmt[62]. Die sachliche Zuständigkeit richtet sich nach dem Wert des Gegenstandes, für welches die Vollstreckbarkeit begehrt

57 Zöller/Geimer, § 722 ZPO Rn. 63.

58 Zöller/Geimer, § 1061 ZPO Rn. 57.

59 Zöller/Geimer, § 722 ZPO Rn. 64; Saenger/Kindl, § 723 ZPO Rn. 11; Musielak/Lackmann, § 722 ZPO Rn. 8; andere behandeln diese Frage als einen Fall der Prozessführungsbefugnis, so z. B. MüKo/Gottwald, § 722 ZPO Rn. 32; Thomas/Putzo/Hüßtege, § 723 ZPO Rn. 11.

60 BGH, NJW 1992, S. 3096, 3097; Saenger/Kindl, § 723 ZPO Rn. 11; Musielak/Lackmann, § 722 ZPO Rn. 8.

61 BGH, RIW 1997, S. 238, 239 f. mit zustimmender Anmerkung Munz, RIW 1997, S. 240, 241; MüKo/Gottwald, § 722 ZPO Rn. 25.

62 BGH, FamRZ 1986, S. 665; BGH, RIW 1987, S. 312; BGH, RIW 1997, S. 238, 239; OLG Hamm, FamRZ 1991, S. 718.

wird[63]. Für Streitwerte bis zur Grenze des § 23 Nr. 1 GVG ist demnach das Amtsgericht zuständig, für Streitwerte, die darüber hinausgehen das Landgericht (§ 71 Abs. 1 GVG). Zu beachten ist, dass die Vollstreckbarerklärung einer ausländischen Entscheidung nicht als Handelssache angesehen wird, so dass die Zuständigkeit der Kammern für Handelssachen nie gegeben ist[64]. Wie bereits ausgeführt[65], stellt nicht der materiell-rechtliche Anspruch den Streitgegenstand der Vollstreckungsklage dar, sondern der Anspruch auf Erteilung der Vollstreckbarkeit. Hierbei handelt es sich nie um eine handelsrechtliche Angelegenheit. Aus demselben Grund werden auch Streitigkeiten aus dem Arbeitsrecht nicht vor den Arbeitsgerichten verhandelt. In allen Fällen der Vollstreckbarerklärung eines ausländischen Urteils ist folglich allein das Amts- oder Landgericht zuständig[66].

Die Zuständigkeiten sind im Hinblick auf § 802 ZPO ausschließlich.

## 2. Ziel der Vollstreckungsklage

Umstritten ist, welches Ziel die Vollstreckungsklage verfolgt: Geht es darum, der ausländischen Entscheidung die Vollstreckbarkeit originär zu verleihen oder die Vollstreckbarkeit der ausländischen Entscheidung auf das Inland zu erstrecken?

*Schütze*[67] vertritt ohne nähere Begründung die Auffassung, dass durch die Vollstreckungsklage die Vollstreckbarkeit der ausländischen Entscheidung auf das Inland erstreckt werde. Die herrschende Meinung in Rechtsprechung[68] und Literatur[69] nimmt dagegen an, dass die Vollstreckbarkeit originär verliehen wird.

Diese Meinung verdient Zustimmung. Wie bereits ausgeführt[70], hat die Anerkennung einer ausländischen Entscheidung zur Folge, dass sich die Wirkungen, die sie nach dem Recht des Ursprungsstaates entfalten, auch auf das Inland erstrecken. Wenn davon die Vollstreckungswirkung gerade ausgenommen bleibt, muss sie für das Inland originär verliehen werden. Bei anderer Bewertung

63 Saenger/Kindl, § 723 ZPO Rn. 10; MüKo/Gottwald, § 722 ZPO Rn. 26.

64 Zöller/Geimer, § 722 ZPO Rn. 47; Saenger/Kindl, § 723 ZPO Rn. 10; Musielak/Lackmann, § 722 Rn. 6.

65 Vgl. die Ausführungen zu Teil 2 A. IV. 1.

66 Zur funktionellen Zuständigkeit des Familiengerichts und der freiwilligen Gerichtsbarkeit vgl. BGH, NJW 1983, S. 2775 ff..

67 Schütze, Dt. IZPR, Rn. 379, 381.

68 Z. B. BGH, RIW 1986, S. 554, 555.

69 Schack, IZVR, Rn. 1034; Wolff, in: Handbuch IZVR III/2, S. 323; Zöller/Geimer, § 722 ZPO Rn. 3; Stein/Jonas/Münzberg, § 722 ZPO Rn. 3; Geimer, Fs. für Georgiades, S. 489, 492.

70 Vgl. die Ausführungen zu Teil 2 A. III.

hätte das Vollstreckbarerklärungsverfahren keine Bedeutung. Die einer ausländischen Entscheidung nach dem Recht des Urteilsstaates zukommende Vollstreckungswirkung könnte durch Anerkennung auf das Inland erstreckt werden. Dies würde aber dazu führen, dass die Vollstreckbarkeit die Anweisung auch an die Zwangsvollstreckungsorgane des Vollstreckungsstaates beinhalten würde, den Anspruch notfalls mit Zwang durchzusetzen. Die Folge wäre ein Verstoß gegen das völkerrechtliche Gebot der Respektierung der Souveränität fremder Staaten. Darüber hinaus wären die Zwangsvollstreckungsorgane gezwungen, das ausländische Vollstreckungsrecht zu beherrschen und anzuwenden. Dies ist praktisch jedoch unmöglich.

## 3. Entscheidung

Die Entscheidung über die Vollstreckungsklage ergeht durch ein Gestaltungsurteil.

### a) *Vollstreckungstitel*

Allein dieses Gestaltungsurteil dient als tauglicher Vollstreckungstitel[71] und nicht etwa die ausländische Entscheidung in Verbindung mit dem Vollstreckungsurteil[72]. Denn erst die inländische Entscheidung erzeugt die Vollstreckbarkeit im Inland. Wäre die ausländische Entscheidung als solche notwendiger Bestandteil des Vollstreckungstitels, so hätte dies zur Folge, dass die Vollstreckbarerklärung im Inland automatisch ihre Eigenschaft als Titel verlieren würde, wenn die ausländische Entscheidung aus welchen Gründen auch immer im Ursprungsstaat aufgehoben oder abgeändert wird. Dies widerspricht dem geltenden Rechtszustand, wonach zur Aufhebung der Vollstreckbarerklärung eine neue richterliche Entscheidung einzuholen ist[73]. Die Rechtmäßigkeit eines inländischen Vollstreckungsaktes kann folgerichtig nicht von einer Entscheidung im Ausland abhängig gemacht werden.

---

71 So die h. M.: BGH, RIW 1986, S. 554; BGH, RIW 1993, S. 588, 589; v. Hoffmann/Thorn, IPR, S. 118; Schack, IZVR, Rn. 1034; Nagel/Gottwald, IZPR, S. 638; Geimer, Anerkennung ausländischer Entscheidungen, S. 164; ders., Fs. für Georgiades, S. 489; Müko/Gottwald, § 722 ZPO Rn. 49; Stein/Jonas/Münzberg, § 722 Rn. 26; Musielak/Lackmann, § 722 Rn. 10.

72 So aber Schütze, Dt. IZPR, Rn. 381; Riezler, IZPR, S. 567; Nelle, Anspruch, Titel und Vollstreckung, S. 340.

73 Z. B. durch ordentliche Rechtsbehelfe, siehe auch §§ 27 ff. AVAG.

### *b) Voraussetzungen für die Verleihung der Vollstreckbarkeit*

Voraussetzung für die Verleihung der Vollstreckbarkeit ist zunächst gemäß § 723 Abs. 2 S. 1 ZPO die formelle Rechtskraft der ausländischen Entscheidung nach dem Recht des Staates, der sie gefällt hat. Daraus folgt, dass die vorläufige Vollstreckbarkeit der ausländischen Entscheidung nicht ausreicht.

Weiterhin darf nach § 723 Abs. 2 ZPO kein Anerkennungshindernis im Sinne des § 328 ZPO vorliegen. In der Nachprüfung der Voraussetzungen für die Anerkennung dürfte der Schwerpunkt der Klage auf Vollstreckbarerklärung liegen.

Schließlich muss die in dem ausländischen Urteil ausgesprochene Leistungspflicht hinreichend bestimmt sein[74]. Schwierigkeiten diesbezüglich bereitet häufig die Vollstreckung ausländischer Entscheidungen, die lediglich auf Zahlung der „gesetzlichen Zinsen" gerichtet sind. Nun sollte in der Praxis zur Förderung und Beschleunigung des Rechtsverkehrs bei grenzüberschreitenden Sachverhalten keine allzu strengen Anforderungen an das deutsche Bestimmtheitserfordernis (§ 253 Abs. 2 Nr. 2 ZPO) gestellt werden. Wie eben ausgeführt[75], ist es schließlich nicht der ausländische Titel, der die Grundlage der angestrebten Zwangsvollstreckung im Inland darstellt, sondern die Entscheidung über die Vollstreckbarkeit. Sofern dem Titel die Anerkennung nicht zu versagen ist, sollte ihm nach Möglichkeit auch im Inland Geltung verschafft werden. Dem Bestimmtheitserfordernis ist daher Genüge getan, wenn sich der genaue Umfang der Leistungspflicht aus den dem Exequaturrichter zugänglichen Quellen und ähnlichen Umständen sicher feststellen lässt[76].

Dies gilt indes nicht nur für den Fall der Verurteilung zur Zahlung der gesetzlichen Zinsen, sondern zum Beispiel auch für die Anknüpfung an einen Index für Lebenshaltungskosten[77]. Nur wenn eine Konkretisierung des Urteils nicht möglich ist, darf es nicht für vollstreckbar erklärt werden. Es würde der deutschen öffentlichen Ordnung (§ 328 Abs. 1 Nr. 4 ZPO) widersprechen, eine zu vollstreckende Anordnung zu erlassen, die unmöglich von den Zwangsvoll-

---

74 BGH, RIW 1990, S. 497, 498; MüKo/Gottwald, § 722 ZPO Rn. 21; Saenger/Kindl, § 723 ZPO Rn. 8; Nagel/Gottwald, IZPR, S. 643; Musielak/Lackmann, § 722 ZPO Rn. 5.

75 Vgl. die Ausführungen zu Teil 2 A. IV. 3. a).

76 BGH, NJW 1993, S. 1801, 1803; BGH, RIW 1990, S. 497, 498 f.; BGH, NJW 1986, S. 1440, 1441; OLG Celle, RIW 1988, S. 565, 566 mit Anm. Laborde, RIW 1988, S. 566; Zöller/Geimer, § 722 ZPO Rn. 58; Saenger/Kindl, § 723 ZPO Rn. 8; Musielak/Lackmann, § 722 ZPO Rn. 5.

77 BGH, NJW 1986, S. 1440, 1441; Saenger/Kindl, § 723 ZPO Rn. 8; Müko/Gottwald, § 722 ZPO Rn. 21.

streckungsorganen sinngerecht ausgeführt werden könnte[78]. Das Vollstreckungsorgan wäre überfordert, müsste es diese Feststellung selbst treffen.

### *c) Entscheidung über die Vollstreckungsklage*

In dem stattgebenden Urteil wird die zu vollstreckende Verpflichtung in deutscher Sprache abgefasst[79]. Eine Teilvollstreckbarerklärung ist möglich[80]. Über die Kosten des Verfahrens wird nach §§ 91 ff. ZPO entschieden; das Urteil ist gemäß §§ 708 ff. ZPO für vorläufig vollstreckbar zu erklären[81].

Das Urteil wird mit denselben Zwangsmitteln durchgesetzt wie jeder andere deutsche Vollstreckungstitel auch[82]. Es unterliegt auch wie jedes andere deutsche Urteil den ordentlichen Rechtsbehelfen[83].

## 4. Einwendungen gegen den dem ausländischen Vollstreckungstitel zugrunde liegenden Anspruch

Für den Schuldner stellt sich oft die Frage, ob und wie er Einwendungen gegen den materiell-rechtlichen Anspruch bereits im Vollstreckbarerklärungsverfahren geltend machen kann, um auf diesem Wege schon die Erteilung der Vollstreckbarkeit zu verhindern[84]. Er ist nicht verpflichtet, die Rechtsbehelfe im Urteilsstaat auszuschöpfen[85]. Sollte ein solches Vorgehen möglich sein, hätte dies zur Folge, dass sich der Prozess um die Erteilung der Vollstreckbarkeit weiter in die Länge zieht und weitere Kosten verursacht.

Die Beurteilung dieser Frage bereitet Schwierigkeiten. Es kommt darauf an, zu welchem Zeitpunkt die Einwendung entstanden ist. Es sind verschiedene Zeitpunkte denkbar, die im Folgenden erörtert werden sollen.

---

78 BGHZ 122, 16 (19); OLG Hamm, FamRZ 2004, S. 716, 717; Nelle, Anspruch, Titel und Vollstreckung, S. 492 f..

79 „Das Urteil des (Angabe des Gerichts, Datum, Aktenzeichen), durch das der Beklagte verurteilt wurde, (Angabe der Verpflichtung), wird für vollstreckbar erklärt".

80 MüKo/Gottwald, § 722 ZPO Rn. 35; Zöller/Geimer, § 722 ZPO Rn. 82.

81 MüKo/Gottwald, § 722 ZPO Rn. 36; Zöller/Geimer, § 722 ZPO Rn. 73, 92; Saenger/Kindl, § 723 ZPO Rn. 15.

82 Zöller/Geimer, § 722 ZPO Rn. 95; Saenger/Kindl, § 723 ZPO Rn. 15.

83 Zöller/Geimer, § 722 ZPO Rn. 92; Saenger/Kindl, § 723 ZPO Rn. 15.

84 Unstreitig sind Einwendungen gegen das Verfahren selbst zulässig. Der Schuldner kann z. B. einwenden, dass das angerufene Gericht nicht nach § 722 II ZPO zuständig sei. Er kann auch geltend machen, dass die Voraussetzungen für den Erlass des Vollstreckungsurteils nicht vorliegen.

85 Vgl. Geimer, IZPR, Rn. 3145; ders., Anerkennung ausländischer Entscheidungen, S. 180; Schack, IZVR, Rn. 1038.

*a) Entstehung der Einwendungen vor Erlass des ausländischen Urteils*

Handelt es sich um Einwendungen, die bereits vor Erlass der ausländischen Entscheidung, also vor Abschluss des Verfahrens im Ausland entstanden sind, können diese im Vollstreckbarerklärungsverfahren keine Berücksichtigung finden. Würden diese Einwendungen, die im Prozess im Ausland hätten geltend gemacht und damit im Urteil verwertet werden können, zugelassen werden, so läge ein Verstoß gegen das Verbot der *révision au fond* nach § 723 Abs. 1 ZPO auf der Hand. Die ausländische Entscheidung würde entgegen dem Verbot auf ihre Gesetzmäßigkeit hin überprüft werden[86]. Darüber hinaus ergibt sich der Ausschluss der Einwendungen aus dem allgemeinen Grundsatz, dass ein Urteil diejenigen Einwendungen, die vor seinem Erlass entstanden sind, präkludiert. Die Rechtskraft des Urteils in zeitlicher Hinsicht ist zu wahren[87]. Sie ist eine Urteilswirkung, die sich nach § 328 ZPO *ipso iure* auf das Inland erstreckt. Auch im Inland gilt das Verbot, die Rechtskraft in zeitlicher Hinsicht anzugreifen, welches in § 767 Abs. 2 ZPO statuiert und Ausdruck des eben genannten allgemeinen Grundsatzes ist[88].

Festzuhalten ist folglich, dass Einwendungen, die vor Abschluss des ausländischen Verfahrens entstanden sind, im Vollstreckbarerklärungsverfahren nicht mehr geltend gemacht werden können.

*b) Entstehung der Einwendungen nach Erlass des ausländischen Urteils*

Bei Einwendungen, die zu einem Zeitpunkt entstanden sind, zu dem sie im ausländischen Verfahren nicht mehr vorgebracht werden konnten, also nach Erlass der Entscheidung, kommen die oben beschriebenen Bedenken gegen ihre Zulässigkeit im Vollstreckbarerklärungsverfahren nicht zum Tragen. Werden die Einwendungen berücksichtigt, so wird damit nicht das ausländische Urteil in sachlicher Hinsicht geprüft. Selbst wenn die Einwendung durchgreifen würde, würde damit nicht die Richtigkeit des Urteils im Zeitpunkt seines Erlasses angezweifelt[89].

Es entspricht daher der überwiegenden Auffassung in der Rechtsprechung[90] und Literatur[91], dass der Schuldner bereits im Vollstreckbarerklärungsverfahren

86 Für diese Argumentation bereits Hellwig, System des dt. ZPR, S. 188.

87 Vgl. Hellwig, Anspruch und Klagerecht, S. 172.

88 So auch Schütze, Anerkennung und Vollstreckung ausländischer Zivilurteile, S. 67.

89 Vgl. Fischer, ZZP 43, S. 87, 91; Hellwig, System des dt. ZPR, S. 188.

90 Z. B. RGZ 13, 347 (348 f.); 114, 171 (173); BGH, IPRax 1983, S. 33, 35; OLG Hamm, FamRZ 1989, S. 1332, 1333; OLG Düsseldorf, FamRZ 1989, S. 97, 98.

91 Z. B. Saenger/Kindl, § 723 ZPO Rn. 13; Musielak/Lackmann, § 722 ZPO Rn. 8; Zöller/Geimer, § 722 ZPO Rn. 79, 80.

Einwendungen erheben kann, die zu einem Zeitpunkt entstanden sind, zu dem sie im ausländischen Prozess nicht mehr vorgebracht werden konnten.

In der Vergangenheit wurden jedoch gegen die Geltendmachung von Einwendungen im Vollstreckbarerklärungsverfahren andere Bedenken erhoben. So wurde geltend gemacht, dass § 767 Abs. 1 ZPO als zuständiges Gericht das Prozessgericht erster Instanz bestimme, so dass eine Prüfung der Einwendungen durch den deutschen Richter nicht zulässig sei[92]. Zum anderen erscheint es problematisch, dass § 767 Abs. 1 ZPO auf den Klageweg verweist, weshalb die Einwendungen im Vollstreckbarerklärungsverfahren nicht berücksichtigt werden könnten.

An dieser Stelle soll dargestellt werden, dass diese Bedenken unbegründet sind und die Zulässigkeit von Einwendungen im Verfahren nach §§ 722, 723 ZPO nicht berühren.

### aa) Zuständiges Gericht für Einwendungen

*Rintelen*[93] zieht aus der Zuständigkeitsvorschrift des § 767 Abs. 1 ZPO den Schluss, dass allein das ausländische Gericht, das über den materiellen Anspruch entschieden hat, für die Prüfung der Einwendungen zuständig sei. Daher könne das deutsche Gericht im Vollstreckbarerklärungsverfahren die Einwendung mangels Zuständigkeit nicht berücksichtigen. *Rintelen* führt im Wesentlichen zwei Argumente an: Zum einen verweist er auf den Zusammenhang der Einwendung mit dem vorausgegangenen Rechtsstreit; dieser könne nur derjenige sein, in welchem über den Anspruch entschieden worden ist[94]. Bei ausländischen Entscheidungen könne daher nicht das deutsche Gericht zuständig sein, das lediglich über die Vollstreckbarkeit entscheide. Zum anderen solle ein deutsches Gericht nicht in die Lage gebracht werden, über die Rechtmäßigkeit und Aufrechthaltung der Entscheidung eines anderen (deutschen) Gerichts, nämlich der Entscheidung über den Anspruch, zu erkennen[95].

*Rintelen* übersieht, dass seine Ansicht zu praktischen, kaum überwindbaren Schwierigkeiten führt. Nach ihr könnte der Schuldner die Einwendungen nur vor dem ausländischen Gericht geltend machen. Was passiert bis zur Entscheidung des ausländischen Gerichts in Deutschland? Das ausländische Urteil würde – vorausgesetzt die Voraussetzungen sind allesamt erfüllt – für vollstreckbar erklärt werden. Eine Aussetzung des Vollstreckbarerklärungsverfahrens nach § 148 ZPO wäre nur unter der Voraussetzung möglich, dass das Bestehen oder

92 Rintelen, ZZP 9, S. 191 ff..
93 Rintelen, ZZP 9, S. 191 ff..
94 Rintelen, ZZP 9, S. 191, 199.
95 Rintelen, ZZP 9, S. 191, 199 f..

Nichtbestehen der Einwendung Gegenstand eines anderen anhängigen Prozesses bildet oder von einer Verwaltungsbehörde festzustellen wäre. Der ausländische Rechtsstreit ist aber nicht mehr anhängig und das ausländische Gericht ist auch keine Verwaltungsbehörde. Die Zwangsvollstreckung würde also eingeleitet werden. Eine einstweilige Einstellung der Zwangsvollstreckung bis zur Entscheidung über die Einwendung im ausländischen Verfahren wäre ebenso wenig möglich. Denn das Urteil eines ausländischen Gerichts kann nicht Grundlage der Einstellung der Zwangsvollstreckung aus einem deutschen Vollstreckungsurteil sein[96]. Vielmehr kann zur Einstellung der Zwangsvollstreckung nur ein deutsches Urteil herangezogen werden. Das würde bedeuten, dass der Schuldner die Zwangsvollstreckung über sich ergehen lassen müsste. *Francke*[97] hat daraus den Schluss gezogen, dass dem Schuldner in diesem Fall nichts anderes bliebe, als sein Geld nach den Grundsätzen der ungerechtfertigten Bereicherung herauszuverlangen.

Teilweise wird in der Literatur vorgebracht, dass die Zuständigkeit des § 767 Abs. 1 ZPO nicht für ausländische Urteile gelte, da andernfalls das deutsche Recht dem ausländischen Richter Zuständigkeitsbefehle erteilen würde, was unmöglich sei[98].

Ob diese Begründung die Zulässigkeit von Einwendungen im Vollstreckbarerklärungsverfahren zu tragen vermag, kann dahingestellt bleiben[99]. Denn Prozessgericht erster Instanz im Sinne des § 767Abs. 1 ZPO ist das Gericht, das über den Streitgegenstand entscheidet. Wie bereits ausgeführt[100], ist Streitgegenstand des Verfahrens nach §§ 722, 723 ZPO nicht der ursprüngliche Anspruch, sondern der Anspruch auf Verleihung der Vollstreckbarkeit, gegen die sich die Einwendung richtet[101]. Damit ist die Zuständigkeit deutscher Gerichte gegeben. Soweit der Schuldner mit seiner Einwendung durchdringt, ist nicht das ausländische Urteil aufzuheben, sondern insoweit die Vollstreckbarkeit zu versagen[102].

---

96 So zutreffend Schütze, Anerkennung und Vollstreckung ausländischer Zivilurteile, S. 68.

97 Francke, ZZP 8, S. 83, 85.

98 So Nussbaum, Dt. IPR, S. 433; Neureuter, Vollstreckungsgegenklage gegen ausländische Urteile, S. 14.

99 Verneinend Schütze, Anerkennung und Vollstreckung ausländischer Zivilurteile, S. 69; Geimer/Schütze/Schütze; Internationale Urteilsanerkennung I/2, S. 1744.

100 Vgl. die Ausführungen zu Teil 2 A. IV. 1.

101 so auch schon: RGZ 13, 347 (349); 165, 374 (379 f.); Geimer/Schütze/Schütze, Internationale Urteilsanerkennung I/2, S. 1744 f.; Hellwig, System des dt. ZPR, S. 188; Fischer, ZZP 43, S. 87, 93 ff.; Schütze, Anerkennung und Vollstreckung ausländischer Zivilurteile, S. 69 f..

102 Geimer, Anerkennung ausländischer Entscheidungen, S. 180; Fischer, ZZP 43, S. 87, 92.

Im Ergebnis ist festzuhalten, dass der Einwand der mangelnden Zuständigkeit der deutschen Gerichte nicht durchgreift, so dass Einwendungen grundsätzlich vor dem Gericht des § 722 Abs. 2 ZPO vorgebracht werden können[103].

bb) Zulässigkeit der Einwendungen nur über den Klageweg?

Nachdem verdeutlicht wurde, dass Einwendungen grundsätzlich vor dem Gericht des § 722 ZPO geltend gemacht werden können, stellt sich die Frage, wie dies zu erfolgen hat. Eingangs wurde erwähnt, dass § 767 Abs. 1 ZPO zur Geltendmachung von Einwendungen auf den Klageweg verweist. Dies bedeutet jedoch nicht, dass der Schuldner der Verleihung der Vollstreckbarkeit zunächst tatenlos zusehen und diese erst im Anschluss an das Vollstreckungsurteil durch Klage wieder beseitigen lassen muss. Ein solches Vorgehen wäre wenig sinnvoll.

Das Vollstreckbarerklärungsverfahren soll die Vollstreckbarkeit der ausländischen Entscheidung im Inland erst schaffen, die Vollstreckungsgegenklage eine solche wieder beseitigen. Sie stellt also das Gegenstück zum Vollstreckbarerklärungsverfahren dar. Welchen Sinn würde es machen, die Vollstreckbarkeit durch Urteil erst zu verleihen, um sie in einem weiteren Verfahren durch ein weiteres Urteil wieder zu entziehen? Dass es zur Geltendmachung von Einwendungen generell der Vollstreckungsgegenklage bedarf, hat seinen Grund darin, dass die Vollstreckbarkeit grundsätzlich bereits gerichtlich festgestellt ist und auf Initiative des Schuldners beseitigt werden soll. Die Vollstreckbarkeit wird im Allgemeinen von dem erkennenden Gericht festgestellt. Bei ausländischen Entscheidungen verleiht jedoch erst das Vollstreckungsurteil des deutschen Gerichts die Vollstreckbarkeit. Im Vollstreckbarerklärungsverfahren nach §§ 722, 723 ZPO geht es also darum, zu entscheiden, ob die Vollstreckbarkeit verliehen wird oder nicht[104]. *Schütze*[105] führt diesen Gedanken weiter aus: Wenn der Staat schon dem Schuldner das Recht gibt, die Beseitigung einer vorhandenen Vollstreckbarkeit zu verlangen, wie viel mehr muss es möglich sein, die Vollstreckbarerklärungen eines erloschenen Anspruchs zu verhindern[106]? Die Einrede stellt im Verhältnis zur Vollstreckungsgegenklage ein *minus* dar[107]. Daher können Einwendungen im Vollstreckbarerklärungsverfahren auch einredeweise geltend gemacht werden.

---

103 Vgl. zu diesem Ergebnis Roth, RabelsZ 2004, S. 379, 382.

104 In diesem Sinne Hellwig, System des dt. ZPR, S. 188.

105 Geimer/Schütze/Schütze, Internationale Urteilsanerkennung I/2, S. 1745; ders., Anerkennung und Vollstreckung ausländischer Zivilurteile, S. 70.

106 So schon Fischer, ZZP 43, S. 87, 91.

107 Fischer, ZZP 43, S. 87, 93; ihm folgend Geimer/Schütze/Schütze, Internationale Urteilsanerkennung I/2, S. 1745.

Schließlich sprechen auch prozessökonomische Erwägungen für die Zulässigkeit der Einwendungen im Vollstreckbarerklärungsverfahren. Dadurch, dass bereits in diesem Verfahren über die Einwendungen entschieden wird, wird ein weiterer Prozess vermieden. Andernfalls müssten eben zwei Prozesse geführt werden, was dem Willen des Gesetzgebers kaum entsprechen dürfte.

Im Ergebnis kann also festgehalten werden, dass Einwendungen, die zu einem Zeitpunkt entstanden sind, zu dem sie im ausländischen Verfahren nicht mehr vorgebracht werden konnten, im Vollstreckbarerklärungsverfahren nach §§ 722, 723 ZPO geltend gemacht werden können.

cc) Präklusionszeitpunkt

Als Einwendungen gegen die Zwangsvollstreckung müssen sie die charakteristische Klippe der Präklusion überwinden, um berücksichtigt werden zu können. Ihr primäres Fundament bildet dabei die ausländische Entscheidung. Wie bereits erläutert, schützt das Verbot der *révision au fond* davor, Einwendungen ohne Einschränkung im Vollstreckbarerklärungsverfahren geltend zu machen. Steht dieses Verbot der Berücksichtigung aber nicht im Wege, stellt sich die Frage, wie Umfang und Grenzen der im Ausland begründeten Präklusion zu bestimmen sind. Welches Recht soll darüber entscheiden, wann eine Einwendung präkludiert ist? Als Präklusionsstatut kommen hauptsächlich die *lex fori*, also § 767 Abs. 2 ZPO oder das Prozessrecht des Urteilsstaates in Betracht[108].

Es ist nicht auszuschließen, dass die Präklusionsvorschriften des ausländischen Staates von den deutschen abweichen. Sie können milder oder strenger sein[109]. Deshalb kann die Bestimmung des anwendbaren Rechts entscheidend für die Frage sein, ob der Schuldner mit seiner Einwendung letztlich Erfolg hat oder nicht. Hierzu werden unterschiedliche Rechtsauffassungen vertreten, die im Folgenden dargestellt werden.

Die Rechtsprechung wendet auch bei ausländischen Urteilen § 767 Abs. 2 ZPO analog an, um festzustellen, welche Einwände des Schuldners präkludiert sind, allerdings ohne dies weiter zu problematisieren[110]. Erst im Zusammenhang mit Abänderungsklagen gegen ausländische Urteile wurde der Rechtsprechung das Problem der Präklusionsfrage bewusst, worauf hin sie die dem § 767 Abs. 2 ZPO entsprechende Vorschrift des § 323 Abs. 2 ZPO angewandt hat. Begründet

108 Vereinzelt findet sich die Auffassung, der Umfang der Präklusion müsse wegen der engen Verbindung zum materiellen Recht der lex causae entnommen werden, so Grunsky, ZZP 89, S. 241, 258 f.; Siehr, Fs. für Bosch, S. 927, 953 f..

109 Beispiele bei Nelle, Anspruch, Titel und Vollstreckung, S. 232 ff..

110 Z. B. RGZ 114, 171 (173); BGHZ 59, 116 (124); 84, 17 (22); BGH, NJW 1987, S. 1146, 1147; BGH, NJW 1993, S. 1270, 1271.

hat sie dies mit der durch die Anerkennung ausländischer Entscheidungen bewirkten Gleichstellung mit deutschen Urteilen. Die analoge Anwendung des § 767 Abs. 2 ZPO resultiert daraus, dass § 767 Abs. 2 ZPO nach seinem Wortlaut einen Erstprozess nach deutschem Recht voraussetzt – die Vorschrift stellt ab auf den „Schluss der letzten mündlichen Verhandlung, in der Einwendungen nach den Vorschriften *dieses Gesetzes* spätestens hätten geltend gemacht werden müssen". *Schack*[111] und *v. Hoffmann/Thorn*[112] folgen der Rechtsprechung, ebenfalls ohne nähere Begründung.

Die überwiegende Meinung in der Literatur[113] stellt dagegen hinsichtlich des Ausmaßes der Präklusionswirkung auf das Recht des Erststaates ab.

Wie es zu diesen unterschiedlichen Ansichten gekommen ist, hat *Nelle*[114] herausgearbeitet. Er hat sich mit diesem Problem ausführlich beschäftigt und zutreffend festgestellt, dass es für die Frage des anwendbaren Rechts darauf ankommt, wie die Präklusionswirkung zu qualifizieren und welche Kollisionsregel anzuwenden ist.

(1) Qualifikation

Zunächst gilt es, § 767 Abs. 2 ZPO richtig einzuordnen, das heißt zu *qualifizieren*.

Sofern es sich bei § 767 Abs. 2 ZPO um eine Bestimmung handelt, die Einzelheiten zur Durchführung der Vollstreckungsklage in Deutschland regelt, so ist sie als *lex fori* stets anwendbar, unabhängig davon, ob sich die Klage gegen ein deutsches oder ausländisches Urteil richtet. Denn das Verfahrensrecht untersteht stets der *lex fori*. Dieser Grundsatz, dass das staatliche Gericht sein eigenes Verfahrensrecht, das heißt die *lex fori* anwendet, hat sich bis heute erhalten[115]. Unterschiedlich ist lediglich die Begründung[116].

Nimmt man dagegen an, § 767 Abs. 2 ZPO regele eine Urteilswirkung – sei es den Umfang der materiellen Rechtskraft oder eine von ihr zu unterscheidende Präklusionswirkung – so ist die Anwendung dieser Vorschrift auf das ausländische Urteil nicht selbstverständlich. Denn die anzuwendende Kollisionsregel für Urteilswirkungen ist umstritten[117].

111 Schack, IZVR, Rn. 1038.

112 v. Hoffmann/Thorn, IPR, S. 119.

113 Z. B. Geimer, IZPR, Rn. 3145; Wolff, in: Handbuch IZVR III/2, S. 360; Zöller/Geimer, § 722 ZPO Rn. 79, 80; MüKo/Gottwald, § 722 ZPO Rn. 46; Roth, RabelsZ 2004, S. 379, 383.

114 Ausführlich Nelle, Anspruch, Titel und Vollstreckung, S. 232 ff..

115 v. Hoffmann/Thorn, IPR, S. 64; Schack, IZVR, Rn. 149; Geimer, IZPR, Rn. 322.

116 Vgl. hierzu die bei v. Hoffmann/Thorn, IPR, S. 64 ff. dargestellten Gründe.

117 Näher zur Kollisionsregel unter Teil 2 A. IV. 4. b) cc) (2).

Trotz der Diskussion um die Frage, ob § 767 Abs. 2 ZPO Ausdruck der materiellen Rechtskraft des Urteils des Erststaates ist[118] oder ob es sich um eine hiervon unabhängige Präklusionswirkung handelt[119], herrscht Einigkeit darüber, dass § 767 Abs. 2 ZPO eine prozessuale Urteilswirkung statuiert[120].

(2) Anzuwendende Kollisionsregel

Die Frage, ob § 767 Abs. 2 ZPO (analog) letztendlich auf ausländische Entscheidungen anwendbar ist oder nicht, hängt schließlich davon ab, welche Kollisionsregel auf Urteilswirkungen Anwendung findet – die *lex fori* oder das Recht des Urteilsstaates. Anders gesprochen: Was bewirkt die Anerkennung einer ausländischen Entscheidung in Deutschland? Stellt sie das ausländische Urteil einem deutschen gleich oder erstreckt sie die nach dem Recht des Urteilsstaates geltende Wirkung auf das Inland? Diese Frage ist umstritten.

(a) Meinung in der Rechtsprechung

Wie oben schon kurz angesprochen hat sich der Bundesgerichtshof[121] im Rahmen der Diskussion im Zusammenhang mit der Abänderung ausländischer (Unterhalts-) Urteile für eine Gleichstellung ausgesprochen und die Präklusionswirkung des ausländischen Urteils der Zivilprozessordnung (§ 323 ZPO) entnommen. Für die von ihm im Zusammenhang mit § 323 ZPO und durch die Anwendung von § 767 Abs. 2 ZPO praktizierte Gleichstellung führt der Bundesgerichtshof zur Begründung eine einfachere Handhabung an. Dem Richter werde erspart, das Recht des Urteilsstaates zu ermitteln und anzuwenden, um die Urteilswirkung zu bestimmen.

118 RGZ 24, 368 (371); BGHZ 124, 164 (172); 125, 351 (353); Thran, JuS 1995, S. 1111, 1113.

119 Habscheid, AcP 152, S. 169, 171 f..

120 Geimer, IZPR, Rn. 2812; Geimer/Schütze/Schütze, Internationale Urteilsanerkennung I/2, S. 1703; ders., Anerkennung ausländischer Entscheidungen, S. 152; Martiny, in: Handbuch IZVR III/1, S. 182; Kropholler, IPR, S. 680; Nelle, Anspruch, Titel und Vollstreckung, S. 239 f..

121 BGH, NJW 1983, S. 1976, 1977; BGH, NJW 1993, S. 514, 515; BGH, FamRZ 1990, S. 1060, 1061; eindeutig für Wirkungserstreckung dagegen OLG München, OLGRspr. 43, S. 142 und OLG Stuttgart, OLGRspr. 43, S. 143.

(b) Meinung in der Literatur

In der Literatur wird dagegen hauptsächlich die Theorie der Wirkungserstreckung vertreten[122], wobei sich auch die Literatur sichtlich nicht besonders mit den Argumenten hierfür auseinandergesetzt hat.

(c) Stellungnahme

Die Ansicht der Rechtsprechung vermag nicht zu überzeugen. Dass die *lex fori* grundsätzlich eine sachlich gebotene Anwendung fremden Rechts wegen § 293 ZPO nicht auszuschließen vermag, hat bereits *Kindl*[123] zutreffend herausgestellt. Nach § 293 ZPO ist der deutsche Richter zunächst von Amts wegen verpflichtet, den Inhalt des maßgeblichen ausländischen Rechts zu ermitteln. Zwar trifft es zu, dass es einfacher ist, die *lex fori* anzuwenden anstatt sich mit dem Recht eines fremden Staates auseinander setzen zu müssen, um die Präklusionswirkung zu ermitteln. Doch verkennt die Rechtsprechung, dass eine Gleichstellung für die Parteien des Verfahrens zu untragbaren Ergebnissen führen kann. Die Wirkungen, die der ausländischen Entscheidung zukommen, sind auf das dortige Verfahren abgestimmt. Die Parteien wären mehr als überrascht, wenn dem Urteil plötzlich durch die Gleichstellung Wirkungen verliehen werden, die bei Durchführung und Abschluss des Verfahrens im Erststaat den Parteien unbekannt waren.

*Nelle*[124] hat zu Recht ausgeführt, dass eine nachträgliche Erweiterung der Wirkungen das Recht auf rechtliches Gehör nach Art. 103 Abs. 1 GG verletze. Zu bedenken ist auch, dass in der Regel nicht absehbar ist, in welchen Staaten das Urteil anerkannt und vollstreckt werden soll, mit der Folge, dass sich die Parteien auf die Urteilswirkungen dieser Staaten nicht einstellen können. Gerade dieser Umstand führt zu einer Ungleichheit, da der ausländischen Entscheidung – je nachdem, in welchem Staat sie anerkannt wird – eigene, fremde Wirkungen beigelegt werden[125]. Diese Gründe haben wohl schließlich dazu geführt, dass

---

122 Z. B. Geimer, IZPR, Rn. 2812, ders., Internationale Urteilsanerkennung I/2, S. 1703; Leipold, Fs. für Nagel, S. 189, 192; Martiny, in: Handbuch IZVR III/1, S. 182; Rietzler, IZPR, S. 512, 520; Kropholler, IPR, S. 678 mit Einschränkung.

123 Kindl, ZZP 111, S. 177 ff..

124 Nelle, Anspruch, Titel und Vollstreckung, S. 242 f.; ähnlich Schack, IZVR, Rn. 883 f., 886, der eine Gleichstellung von ausländischen Urteilen nur hinsichtlich ihrer Vollstreckbarkeit befürwortet, für andere Urteilswirkungen eine Art „Kumulationstheorie" vertritt.

125 So auch Kropholler, IPR, S. 679.

sich einige Instanzgerichte der Theorie der Wirkungserstreckung angeschlossen haben[126].

Wie die von *Nelle* aufgeführten Beispiele[127] zeigen, kann das ausländische Recht mildere Präklusionsregeln vorsehen. Diese zu missachten wäre gegenüber dem Schuldner nicht rechtens. Diesem Umstand hat auch die Rechtsprechung Rechnung getragen: das Oberlandesgericht Stuttgart[128] hat im Exequaturverfahren solche Einwendungen zugelassen, die zwar bereits entstanden waren, aber nach ausländischen Verfahrensvorschriften einem Nachverfahren vorbehalten waren.

Schließlich bestimmen auch einige bilaterale Abkommen, dass die Anerkennung dazu führt, dass den Entscheidungen die Wirkung beigelegt wird, die ihnen in dem Staat, in dessen Hoheitsgebiet sie ergangen sind, zukommt[129].

Dies und der prozessuale Vertrauensschutz sprechen dafür, die Anerkennung als Wirkungserstreckung zu begreifen und es damit dem Recht des Urteilsstaates zu überlassen, mit welchen Einwendungen der Schuldner nach Abschluss des ausländischen Verfahrens präkludiert ist.

Interessant ist die Frage, zu welchen Ergebnissen diese unterschiedlichen Meinungen bei der Handhabung in der Praxis kommen. Diese Frage hier zu erörtern würde jedoch den Blick für das Thema der Arbeit verlieren und ihren Schwerpunkt verfehlen[130].

### *c) Entstehung der Einwendungen nach Erlass des deutschen Vollstreckungstitels*

Der Vollständigkeit halber soll mit wenigen Worten skizziert werden, wie zu verfahren ist, wenn die Einwendungen nach Erlass der Entscheidung über die Verleihung der Vollstreckbarkeit entstanden sind.

Sobald die Entscheidung gefallen ist, kann der Schuldner solche Einwendungen mit der Vollstreckungsgegenklage geltend machen. Ein Titel, der Grundlage der Zwangsvollstreckung ist, liegt nunmehr vor.

In diesem Zusammenhang bereitet die Frage, ob Einwendungen, die der Schuldner während des Vollstreckbarerklärungsverfahrens nicht geltend gemacht hat, aber hätte vorbringen können, im Rahmen der Vollstreckungsgegen-

126 So LG Hamburg, IPRax 1992, S. 251, 254; OLG Frankfurt, IPRax 1986, S. 297, allerdings mit Einschränkung.

127 Nelle, Anspruch, Titel und Vollstreckung, S. 232 ff. (Beispiele 1 – 4).

128 OLG Stuttgart, OLGRspr. 43, S. 143.

129 Z. B. Art. 1 I 3 des deutsch-belgischen Abkommens; Art. 1 I 2 des deutsch-niederländischen Abkommens.

130 Nelle hat sich hiermit ausführlich beschäftigt, so dass auf seine Ausführungen verwiesen werden soll: Nelle, Anspruch, Titel und Vollstreckung, S. 244 ff..

klage nach § 767 Abs. 2 ZPO ausgeschlossen sind, Schwierigkeiten. Diese Frage wird kontrovers behandelt.

Während *Münzberg*[131] eine Präklusion nach § 767 Abs. 2 ZPO mit dem Argument verneint, § 767 Abs. 2 ZPO beziehe sich allein auf das Ersturteil, geht die herrschende Meinung[132] dahin, den Schuldner mit Einwendungen, die bereits entstanden waren, aber nicht geltend gemacht wurden, auszuschließen.

Unter Berücksichtigung der Prozessökonomie ist dieser Auffassung zu folgen. Um unnötige Prozesse und Kosten zu vermeiden, ist der Schuldner gehalten, Einwendungen, die entstanden sind und vorgebracht werden können, so früh wie möglich, in diesem Fall im Vollstreckbarerklärungsverfahren, geltend zu machen. Unterlässt er dies, so muss er den Ausschluss hinnehmen.

## V. Das Vollstreckbarerklärungsverfahren nach der EuGVVO

Wie die vorstehenden Ausführungen gezeigt haben, ergeht das für die Zwangsvollstreckung notwendige deutsche Vollstreckungsurteil in einem zeit- und kostenintensiven kontradiktorischen Verfahren, welches durch eine Klage des Gläubigers gegen den Schuldner eingeleitet wird. Um die eigentliche Zwangsvollstreckung im Inland betreiben zu können, ist der Gläubiger genötigt, zwei Prozesse zu führen: Der erste wird im Urteilsstaat zur Erlangung eines Titels über den geltend gemachten Anspruch geführt, der zweite im Vollstreckungsstaat zur Erlangung der Vollstreckbarkeit. Der Prozess kann sich dadurch noch weiter in die Länge ziehen, wenn der Beklagte Einwendungen gegen den materiell-rechtlichen Anspruch erhebt.

In der Praxis spielen die §§ 722 f. ZPO nur eine untergeordnete Rolle. In der überwiegenden Mehrheit der Fälle richtet sich die Vollstreckbarerklärung nach den Staatsverträgen und Verordnungen bzw. den hierzu erlassenen Ausführungsbestimmungen[133]. Die Begründung ist unterschiedlich:

Teilweise wird vertreten, dass Staatsverträge generell Vorrang genießen[134]. Andere verneinen die Anwendbarkeit der §§ 722 f. ZPO mit dem Hinweis auf das fehlende Rechtsschutzbedürfnis für die Vollstreckungsklage, soweit das europäische Gemeinschaftsrecht bzw. die Ausführungsbestimmungen zu den völ-

131 Stein/Jonas/Münzberg, § 723 ZPO Rn. 7.

132 Geimer, IZPR, Rn. 3153; Geimer/Schütze/Schütze, Internationale Urteilsanerkennung I/2, S. 1745; Hellwig, Anspruch und Klagerecht, S. 172; Nagel/Gottwald, IZPR, S. 645; Musielak/Lackmann, § 722 ZPO Rn. 8.

133 Vgl. zuletzt Martiny, in: Handbuch IZVR III/1, S. 36: im Jahr 1981 über 95 % der Fälle.

134 Saenger/Kindl, § 723 ZPO Rn. 2; Musielak/Lackmann, § 722 ZPO Rn. 2; allgemein EuGH, NJW 1964, S. 2371, 2372.

kerrechtlichen Verträgen vereinfachte und beschleunigte Vollstreckbarerklärungsverfahren vorsehen[135].

Ein solches Verfahren stellt die EuGVVO, auch als Brüssel-I-Verordnung bekannt, zur Verfügung. Soweit ihr Anwendungsbereich in zeitlicher (Art. 66 EuGVVO), räumlicher (Art. 299 EGV in Verbindung mit Art. 68 EuGVVO), persönlicher (vgl. Art. 2 Abs. 1 EuGVVO) und sachlicher (Art. 1 EuGVVO) Hinsicht eröffnet ist, ersetzt sie das autonome nationale Recht.

Das Verfahren nach der EuGVVO bietet wesentliche Vereinfachungen, da hier die Vollstreckbarerklärung in einem einseitigen Beschlussverfahren ergeht. Das bedeutet, dass der Schuldner nicht gehört wird[136]. Ein solches Verfahren sah auch schon das EuGVÜ vor. Die EuGVVO trat das Erbe des EuGVÜ an und hat das Verfahren weiter gestrafft[137]. Aus diesem Grund beschränkt sich die folgende Darstellung auf das Vollstreckbarerklärungsverfahren nach der EuGVVO. Die EuGVVO regelt das Verfahren der Vollstreckbarerklärung nicht bis ins letzte Detail, sondern gewährt den Mitgliedstaaten Spielräume, um Einzelheiten des Verfahrens dem System des jeweils innerstaatlichen Prozesses anzupassen. In Deutschland wird dieses Verfahren durch das Gesetz zur Ausführung zwischenstaatlicher Anerkennungs- und Vollstreckungsverträge in Zivil- und Handelssachen (nachfolgend: AVAG) vom 19. Februar 2001[138], welches das AVAG vom 30. Mai 1988[139] ersetzt hat, ergänzt.

Die Besonderheiten der Vollstreckbarerklärung in Deutschland werden unter Heranziehung des AVAG herausgearbeitet werden, um einen Vergleich zum neuen EG-Vollstreckungstitel-Durchführungsgesetz, welches die neue Verordnung für Deutschland ausführt, zu ermöglichen. Zunächst soll jedoch ein Überblick über das Verfahren nach der EuGVVO im Allgemeinen gegeben werden, um die Gemeinsamkeiten und Unterschiede zur EuVTVO aufzuzeigen.

## 1. Verfahren nach Art. 38 ff. EuGVVO

Das Vollstreckbarerklärungsverfahren nach Art. 38 ff. EuGVVO ist zweigeteilt. Der erste Abschnitt bis zur Vollstreckbarerklärung (Art. 38 – 42 EuGVVO) ist

135 KG Berlin, RIW 1998, S. 630 f.; i.E. auch BGH, NJW 1987, S. 1146; Nagel/Gottwald, IZPR, S. 639; MüKo/Gottwald, § 722 ZPO Rn. 5; Zöller/Vollkommer, § 722 ZPO Rn. 1a, 97; Stein/Jonas/Münzberg, § 722 Rn. 10.

136 Dieses wird im Folgenden näher erläutert werden.

137 Zu den wesentlichen Änderungen, die mit dem Wechsel von dem EuGVÜ auf die EuGVVO verbunden sind, vgl. Piltz, NJW 2002, S. 789, 790 ff..

138 BGBl. 2001 I, S. 288, zuletzt geändert durch Gesetz vom 30.01.2002, BGBl. 2002 I, S. 564.

139 BGBl. 1988 I, S. 662.

ein einseitiges Verfahren, bei dem der Schuldner nicht gehört wird. Einwendungen kann er erst im Rechtsbehelfsverfahren (Art. 43 – 47 EuGVVO) geltend machen, das einheitlich für Gläubiger und Schuldner geregelt ist. Das EuGVÜ hatte noch zwischen den Rechtsbehelfen des Schuldners (Art. 36 – 39 EuGVÜ) und denen des Gläubigers (Art. 40 EuGVÜ) unterschieden.

Es handelt sich um ein einheitliches und geschlossenes System, das Änderungen durch nationale Gesetzgeber entzogen ist[140].

### *a) Einleitung des Verfahrens*

Nach Art. 38 I EuGVVO werden die in einem Mitgliedstaat ergangenen Entscheidungen, die in diesem Staat vollstreckbar sind, in einem anderen Mitgliedstaat vollstreckt, wenn sie dort auf Antrag des Berechtigten für vollstreckbar erklärt worden sind. Unter die Verordnung fallen also – in Abgrenzung zu Entscheidungen aus Drittstaaten – nur Entscheidungen aus den Mitgliedstaaten der Europäischen Union[141].

Für die Einleitung des Verfahrens ist folglich ein Antrag des Gläubigers erforderlich, der im Vollstreckungsstaat zu stellen ist. Nach Art. 40 Abs. 1 EuGVVO ist für die Antragstellung das Recht des Vollstreckungsstaates maßgeblich. Das bedeutet, dass sich die Anforderungen, die an den Antrag zu stellen sind, wie Form, Inhalt und Sprache nach dessen Recht richten[142]. An Mindestangaben sind erforderlich: die Bezeichnung der Parteien, des angerufenen Gerichts und der für vollstreckbar zu erklärenden Entscheidung. Es muss darüber hinaus zum Ausdruck gebracht werden, dass eine Vollstreckbarerklärung begehrt wird[143].

#### aa) Für vollstreckbar erklärbare Entscheidungen

Bei der Frage, welche ausländischen Entscheidungen für vollstreckbar erklärt werden können, muss der Blick auf Art. 32 EuGVVO gerichtet werden. Art. 32 EuGVVO beschreibt den Begriff der *Entscheidungen* und legt damit fest, welche Titel einer Vollstreckbarerklärung zugänglich sind. Zu beachten ist jedoch, dass die Aufzählung in Art. 32 EuGVVO nicht abschließend ist, sondern beispielhaften Charakter hat[144]. Eine Entscheidung im Sinne der Verordnung liegt

140 Zöller/Geimer, Art. 38 EuGVVO, Rn. 1a.

141 EuGH, EuZW 1994, S. 278 f..

142 Musielak/Lackmann, Art. 40 EuGVVO Rn. 1; Thomas/Putzo/Hüßtege, Art. 40 EuGVVO Rn. 1; Saenger/Dörner, Art. 40 EuGVVO Rn. 1.

143 Saenger/Dörner, Art. 40 EuGVVO Rn. 1; Geimer/Schütze/Geimer, Art. 40 EuGVVO Rn. 4, 5.

144 Thomas/Putzo/Hüßtege, Art. 32 EuGVVO, Rn. 1; Musielak/Stadler, Art. 32 EuGVVO Rn. 1; eine gute Darstellung der vollstreckungsfähigen Entscheidungen findet sich bei Geimer/Schütze/Geimer, Art. 38 EuGVVO Rn. 35 ff..

vor, wenn sie von einem Rechtsprechungsorgan eines Mitgliedstaates in einem justizförmigen Verfahren erlassen wurde[145]. Ob lediglich *Sachentscheidungen*[146] oder auch *Prozessurteile*[147] hierunter fallen, ist in der Literatur umstritten, für die vorliegende Arbeit jedoch ohne Belang, weshalb dieser Streit an dieser Stelle nicht weiter ausgeführt werden soll. Nach Art. 57 EuGVVO gehören zu den für vollstreckbar erklärbaren Titeln auch öffentliche Urkunden und nach Art. 58 EuGVVO Prozessvergleiche.

Die oben beschriebenen Grundsätze zum Verbot des Doppelexequatur gelten auch im Verfahren nach Art. 38 ff. EuGVVO. Andernfalls bestünde – wie bereits ausgeführt[148] – die Gefahr, dass ein Mitgliedstaat, der eine Entscheidung aus einem Drittstaat anerkannt und für vollstreckbar erklärt hat, die übrigen Mitgliedstaaten ebenfalls hierzu verpflichtet[149].

#### bb) Zuständigkeit

Die Zuständigkeit für die Entscheidung über den Antrag auf Vollstreckbarerklärung ist in Art. 39 EuGVVO geregelt.

Nach Art. 39 Abs. 1 EuGVVO ist sachlich zuständig das Gericht oder die sonst befugte Stelle wie in Anhang II zur Verordnung aufgeführt.

Die örtliche Zuständigkeit bestimmt sich nach Art. 39 Abs. 2 EuGVVO. Danach ist wahlweise eine Vollstreckung am Wohnsitz des Schuldners (Art. 59 EuGVVO) – bzw. bei Gesellschaften und juristischen Personen an deren Sitz (Art. 60 EuGVVO) – oder am Belegenheitsort des Vermögens möglich. Maßgeblicher Zeitpunkt für die Bestimmung des Schuldner(wohn)sitzes ist derjenige der Antragstellung. Ein späterer Wechsel berührt nicht die Zulässigkeit des beim ursprünglich örtlich zuständigen Gericht gestellten Antrages[150]. Der Sinn und Zweck besteht darin, dass der Schuldner sich durch Verlassen des Gerichtsortes nicht der Vollstreckbarerklärung soll entziehen können.

---

145 EuGH, NJW 1995, S. 38, 39 zu Art. 31 I EuGVÜ; Saenger/Dörner, Art. 32 EuGVVO Rn. 2; vgl. auch Musielak/Stadler, Art. 32 EuGVVO Rn. 6.

146 So Thomas/Putzo/Hüßtege, Art. 32 EuGVVO, Rn. 1; Zöller/Geimer, Art. 32 EuGVVO Rn. 11; Geimer/Schütze/Geimer, Art. 32 EuGVVO Rn. 16.

147 So Saenger/Dörner, Art. 32 EuGVVO Rn. 3; Martiny, in: Handbuch IZVR III/2, S. 32.

148 Vgl. die Ausführungen zu Teil 2 A. IV. 1. a).

149 Saenger/Dörner, Art. 32 EuGVVO Rn. 8; Thomas/Putzo/Hüßtege, Art. 32 EuGVVO Rn. 8; Geimer/Schütze/Geimer, Art. 38 EuGVVO Rn. 53.

150 Saenger/Dörner, Art. 39 EuGVVO Rn. 4; Musielak/Lackmann, Art. 39 EuGVVO Rn. 3.

Der Titel kann demzufolge gleichzeitig in mehreren Mitgliedstaaten für vollstreckbar erklärt werden, soweit die Voraussetzungen erfüllt sind[151]. Die Entscheidung über Einwendungen des Schuldners, die er in mehreren Staaten erhebt, binden den anderen Staat nicht, weil die Vollstreckbarerklärung in einem Staat nicht denselben Streitgegenstand wie in dem anderen Staat bildet[152]. Sofern dies dazu führt, dass gegen den Schuldner mehr vollstreckt wird, als er eigentlich schuldet, muss er sich mit den im jeweiligen Vollstreckungsstaat vorgesehen Rechtsbehelfen dagegen zur Wehr setzen[153].

cc) Begründung eines Wahldomizils

Damit es die Gerichte bei der Verfahrensleitung einfacher haben und der Schuldner ohne Schwierigkeiten gegebenenfalls einen Rechtsbehelf gegen die Vollstreckbarerklärung einlegen kann[154], verpflichtet Art. 40 Abs. 2 EuGVVO den Gläubiger, im Bezirk des angerufenen Gerichts ein Wahldomizil zu begründen oder einen Zustellungsbevollmächtigten zu benennen. Welche Folgen die Verletzung dieser Vorschrift hat, beurteilt sich vorbehaltlich der zu berücksichtigenden Ziele der Verordnung nach dem Recht des Vollstreckungsstaates[155].

dd) Beizufügende Urkunden

Dem Antrag muss der Gläubiger gemäß Art. 40 Abs. 3 EuGVVO die entsprechenden Urkunden beifügen, wie sie in Art. 53 Abs. 1, 2 EuGVVO verlangt werden. Nach Art. 53 Abs. 1 EuGVVO hat der Gläubiger eine Ausfertigung der Entscheidung, die für vollstreckbar erklärt werden soll, vorzulegen, die die für ihre Beweiskraft erforderlichen Voraussetzungen erfüllt. Das bedeutet, dass die vorgelegte Urkunde den vollen Beweis für die Echtheit und den Inhalt der Entscheidung erbringen muss. Bloße Abschriften und Kopien genügen diesen Anforderungen nicht[156]. Die Ausfertigung sollte nach erteilter Vollstreckbarerklä-

---

151 Nagel/Gottwald, IZPR, S. 618; Zöller/Geimer, Art. 38 EuGVVO Rn. 12; Musielak/Lackmann, Vor Art. 38 EuGVVO Rn. 3; Saenger/Dörner, Vor 38-52 EuGVVO Rn. 2.

152 Zöller/Geimer, Art. 38 EuGVVO Rn. 12; Musielak/Lackmann, Vor Art. 38 EuGVVO Rn. 3.

153 Schack, IZVR, Rn. 1043; Saenger/Dörner, Vor 38-52 EuGVVO Rn. 2.

154 EuGHE 1986, S. 2437, 2444 – Carron ./. Deutschland; Musielak/Lackmann, Art. 40 EuGVVO Rn. 2; Zöller/Geimer, Art. 40 EuGVVO Rn. 1.

155 Musielak/Lackmann, Art. 40 EuGVVO Rn. 3; Saenger/Dörner, Art. 40 EuGVVO Rn. 3.

156 Musielak/Lackmann, Art. 53, 54 EuGVVO Rn. 1; Thomas/Putzo/Hüßtege, Art. 53 EuGVVO Rn. 2; Saenger/Dörner, Art. 53 EuGVVO Rn. 2.

rung dem Gläubiger zurückgegeben werden[157]. Darüber hinaus muss der Gläubiger gemäß Art. 53 Abs. 2 EuGVVO die Bescheinigung über die Vollstreckbarkeit der Entscheidung nach Art. 54 EuGVVO vorlegen. Diese Bescheinigung stellt auf Antrag das Gericht oder die sonst befugte Stelle unter Verwendung des Formblatts in Anhang V der Verordnung aus. Das mit der Vollstreckbarerklärung befasste Gericht hat kein solches Antragsrecht. Sinn und Zweck dieser Bescheinigung ist es, das Gericht des Vollstreckungsstaates von der Prüfung der in Anhang V aufgeführten Formalien zu entlasten[158]. So muss das Gericht nicht feststellen, welches Gericht wann welche Entscheidung erlassen hat. Insbesondere muss es nicht die Rechtmäßigkeit und Ordnungsgemäßheit der Zustellung des verfahrenseinleitenden Schriftstücks kontrollieren, wenn die Entscheidung in einem Verfahren ergangen ist, auf das sich der Schuldner nicht eingelassen hat – im deutschen Recht zum Beispiel bei Versäumnisurteilen oder Vollstreckungsbescheiden. Wird die Bescheinigung nicht oder nicht rechtzeitig vorgelegt, stehen gemäß Art. 55 Abs. 1 EuGVVO dem Gericht (oder der sonst befugten Stelle) folgende Optionen nach freiem Ermessen zur Verfügung: Es kann (1) eine Frist zur Vorlage bestimmen, (2) auffordern, gleichwertige Urkunden, zum Beispiel Privatgutachten, einzureichen oder (3) auf die Bescheinigung verzichten, weil zum Beispiel der Sachverhalt unstreitig[159] oder die Vorlage unzumutbar ist[160]. Gemäß Art. 55 Abs. 2 EuGVVO kann es eine Übersetzung der in Art. 53 EuGVVO genannten Urkunden verlangen.

Wichtig im Zusammenhang mit den Urkunden ist Art. 56 EuGVVO, wonach die in Art. 53 EuGVVO und Art. 55 Abs. 2 EuGVVO genannten Urkunden sowie die Urkunde über die Prozessvollmacht, falls eine solche erteilt wird, weder der Legalisation noch einer ähnlichen Förmlichkeit bedürfen. Daraus folgt, dass die ausländischen Urkunden den inländischen gleichstehen. Die Echtheit einer entsprechenden Urkunde beurteilt sich nach dem Prozessrecht des Vollstreckungsstaates, in Deutschland nach den §§ 437 ff. ZPO[161].

#### *b) Entscheidung*

Nach Art. 42 EuGVVO wird die Entscheidung über den Antrag auf Vollstreckbarerklärung dem Antragsteller unverzüglich in der Form mitgeteilt, die das Recht des Vollstreckungsstaates vorsieht – unabhängig davon, ob die Entschei-

157 BGH, NJW 1980, S. 527, 528 zum EuGVÜ; Geimer/Schütze/Geimer, Art. 41 EuGVVO Rn. 40.

158 Thomas/Putzo/Hüßtege, Art. 53 EuGVVO Rn. 4.

159 Vgl. Geimer/Schütze/Geimer, Art. 55 EuGVVO Rn. 10; Saenger/Dörner, Art. 55 EuGVVO Rn. 2.

160 Musielak/Lackmann, Art. 55 EuGVVO Rn. 1.

161 Thomas/Putzo/Hüßtege, Art. 56 EuGVVO Rn. 1.

dung die Zwangsvollstreckung ganz oder teilweise zulässt oder den Antrag zurückweist. Sind die Voraussetzungen für die Erteilung der Vollstreckbarkeit erfüllt, wird die Entscheidung nach Art. 41 S. 1 EuGVVO unverzüglich für vollstreckbar erklärt. Nach Art. 48 EuGVVO ist es auch möglich, die Vollstreckbarerklärung bei mehreren geltend gemachten Ansprüchen nur für einen oder für mehrere dieser Ansprüche zu erteilen. Die Vollstreckbarerklärung und gegebenenfalls die erststaatliche Entscheidung werden dem Schuldner zugestellt, Art. 42 Abs. 2 EuGVVO.

Vollstreckungstitel ist auch im Verfahren nach Art. 38 ff. EuGVVO nur die Vollstreckbarerklärung des Vollstreckungsstaates[162]; der in ihr enthaltene Befehl an die Zwangsvollstreckungsorgane, den festgestellten Anspruch notfalls mit Zwang durchzusetzen, ist auf den Vollstreckungsstaat beschränkt[163].

aa) Voraussetzungen

Das mit der Vollstreckbarerklärung befasste Gericht (oder die sonst befugte Stelle) hat von Amts wegen die Anwendbarkeit der EuGVVO, seine Zuständigkeit nach Art. 39 EuGVVO sowie das Vorliegen einer Entscheidung im Sinne der Verordnung zu prüfen und festzustellen, ob die nach Art. 40 Abs. 3 EuGVVO in Verbindung mit Art. 53, 54 EuGVVO erforderlichen Urkunden beigefügt sind[164]. Sofern die Urkunden trotz Fristsetzung (Art. 55 EuGVVO) nicht vorgelegt werden, ist der Antrag zurückzuweisen[165].

Die zuständige Stelle hat zu prüfen, ob die Entscheidung, die für vollstreckbar erklärt werden soll, im Urteilsstaat vollstreckbar ist. Die Vollstreckungswirkung des Titels muss nach dem Recht des Urteilsstaates gegeben sein. Es ist also das Prozessrecht des Urteilsstaates, das entscheidet, welche Titel vollstreckbar sind, und das Art und Umfang der Vollstreckbarkeit bestimmt[166]. Maßgeblich ist die Vollstreckbarkeit in formeller Hinsicht; auf die Voraussetzungen, unter denen die Entscheidung im Urteilsstaat vollstreckt werden kann, kommt es nicht an[167]. Insoweit müssen die Gerichte des Vollstreckungsstaates nach ihrem Recht bestimmen, welche Rechtswirkungen die Entscheidung im Vollstreckungsstaat

162 BGH, NJW 1993, S. 1801, 1802 zum EuGVÜ; Geimer/Schütze/Geimer, Art. 38 EuGVVO Rn. 6.
163 Saenger/Dörner, Vor Art. 38-52 EuGVVO Rn. 2.
164 Musielak/Lackmann, Art. 41 EuGVVO Rn. 3; Thomas/Putzo/Hüßtege, Art. 41 EuGVVO Rn. 2.
165 Musielak/Lackmann, Art. 41 EuGVVO Rn. 3; Thomas/Putzo/Hüßtege, Art. 55 EuGVVO Rn. 3.
166 OLG Düsseldorf, IPRax 1998, S. 478; Musielak/Lackmann, Art. 38 EuGVVO Rn. 1.
167 EuGH, IPRax 2000, S. 18, 20.

hat[168]. Gleichgültig ist, ob die Entscheidung nur vorläufig oder endgültig vollstreckbar ist[169]. Der Nachweis der Vollstreckbarkeit wird durch die Bescheinigung nach Art. 53 Abs. 1, 2, Art. 54 EuGVVO in Verbindung mit Anhang V geführt. Im Zusammenhang mit der Vollstreckbarkeit steht das Erfordernis der hinreichenden Bestimmtheit des ausländischen Titels[170].

Eine vorherige Zustellung des ausländischen Titels an den Schuldner ist dagegen nicht erforderlich[171]. Dies folgt schon aus Art. 42 Abs. 2 EuGVVO, wonach die ausländische Entscheidung, soweit dies noch nicht geschehen ist, zusammen mit der Vollstreckbarerklärung zuzustellen ist. Im deutschen Recht ist nach § 750 Abs. 1 S. 1 ZPO eine Kombination von Zustellung und Beginn der Zwangsvollstreckung zulässig. Dadurch soll ein Überraschungseffekt erzielt werden, der einer schnellen und effektiven Zwangsvollstreckung dienen soll. Dieser Überraschungseffekt soll auch im Anwendungsbereich der Verordnung erreicht werden. Gegenüber dem EuGVÜ und dem LugÜ stellt dies ein Novum dar. Nach Art. 47 Nr. 1 EuGVÜ bzw. Art. 47 Nr. 1 LugÜ muss die Partei, welche die Zwangsvollstreckung betreiben will, die Urkunden vorlegen, aus denen sich ergibt, dass die Entscheidung zugestellt worden ist. Dem Schuldner soll eben die Möglichkeit gegeben werden, seine Schuld freiwillig zu tilgen. Nach der EuGVVO wird eine vorherige Zustellung nicht mehr verlangt.

Nicht zu den Voraussetzungen der Vollstreckbarerklärung gehört ferner das Nichtvorliegen von Anerkennungshindernissen. Das Gericht darf nicht prüfen, ob eines der in Art. 34 oder Art. 35 EuGVVO genannten Anerkennungshindernisse vorliegt[172]. Diese Versagungsgründe können erst dann geprüft werden, wenn der Schuldner gemäß Art. 43 EuGVVO einen Rechtsbehelf gegen die Erteilung der Vollstreckbarkeit eingelegt hat, Art. 45 EuGVVO.

#### bb) Verfahren

Wie schon kurz angedeutet, handelt es sich bei dem Vollstreckbarerklärungsverfahren nach der EuGVVO um ein einseitiges Antragsverfahren. Das Gericht ist in dieser Phase des Verfahrens auf eine formale Prüfung beschränkt, d. h. der

---

168 EuGH, IPRax 2000, S. 18, 20 f.; Thomas/Putzo/Hüßtege, Art. 38 EuGVVO Rn. 6.

169 Musielak/Lackmann, Art. 38 EuGVVO Rn. 1; Saenger/Dörner, Art. 38 EuGVVO Rn. 2; Zöller/Geimer, Art. 38 EuGVVO Rn. 9.

170 Geimer/Schütze/Geimer, Art. 38 EuGVVO Rn. 19.

171 So Saenger/Dörner, Art. 38 EuGVVO Rn. 5; Kropholler, Art. 38 EuGVVO Rn. 8; a. A. Thomas/Putzo/Hüßtege, Art. 38 EuGVVO Rn. 7: Die vorherige Zustellung soll es dem Schuldner ermöglichen, seine Verpflichtung freiwillig zu erfüllen.

172 Nach dem EuGVÜ war dies noch anders: Danach konnte der Antrag auf Erteilung der Vollstreckbarerklärung abgelehnt werden, wenn ein Anerkennungshindernis vorlag, vgl. Art. 34 II EuGVÜ.

Richter entscheidet ohne Anhörung des Titelschuldners aufgrund des Titels und der vorgelegten Urkunden. Im Hinblick auf diese rein formale Prüfung ist es konsequent, dass es dem Gericht gemäß Art. 41 S. 2 EuGVVO verwehrt ist, den Schuldner aufzufordern, sich zum Antrag des Gläubigers auf Erteilung der Vollstreckbarkeit zu erklären. Dies würde den Grundsatz der Einseitigkeit des Verfahrens durchbrechen und zu einem kontradiktorischen Verfahren führen, was ja gerade aus Gründen der Effektivität und der Erfolgsaussichten der Zwangsvollstreckung ausgeschlossen sein soll. Daher findet auch eine Schutzschrift des Schuldners keine Berücksichtigung[173].

Die Nichtanhörung des Schuldners führt nicht zu einem Verstoß gegen sein Recht auf rechtliches Gehör nach Art. 103 Abs. 1 GG. Art. 43 Abs. 1 EuGVVO schützt den Schuldner hinreichend, der ihm die Einlegung eines Rechtsbehelfs ermöglicht und ihm dadurch hinreichend Gehör verschafft. Bis zur Entscheidung über den Rechtsbehelf und solange die Rechtsbehelfsfrist des Art. 43 Abs. 5 EuGVVO noch läuft, ist der Schuldner nach Art. 47 Abs. 3 EuGVVO geschützt. Nach dieser Vorschrift darf die Zwangsvollstreckung in das Vermögen des Schuldners nicht über Maßnahmen der Sicherung hinausgehen.

Der Sinn und Zweck der Nichtanhörung dürfte auch darin bestehen, dem Schuldner keine Zeit zu geben, sein Vermögen im Vollstreckungsstaat dem Vollstreckungszugriff zu entziehen[174].

### c) *Rechtsbehelfsverfahren*

Das Rechtsbehelfsverfahren ist für Gläubiger und Schuldner in Art. 43 ff. EuGVVO einheitlich geregelt. Es ist kontradiktorisch, Art. 43 Abs. 3 EuGVVO. Der Rechtsbehelf ist gemäß Art. 43 Abs. 2 EuGVVO bei dem in Anhang III der Verordnung aufgeführten Gericht einzulegen.

Da die Erteilung der Vollstreckbarkeit nur aus besonderen Gründen abgelehnt werden darf, sie also in der Regel erfolgt, kommt dem Rechtsbehelf des Schuldners gegen die Erteilung der Vollstreckbarerklärung größere Bedeutung und Aufmerksamkeit zu.

Die Frist für die Einlegung des Rechtsbehelfs gegen die Vollstreckbarerklärung beträgt bei inländischem Wohnsitz des Schuldners einen Monat ab Zustellung der Vollstreckbarentscheidung (Art. 43 Abs. 5 S. 1 EuGVVO), bei ausländischem Wohnsitz dagegen zwei Monate (Art. 43 Abs. 5 S. 2 EuGVVO). Eine

---

173 Musielak/Lackmann, Art. 41 EuGVVO Rn. 1; Thomas/Putzo/Hüßtege, Art. 41 EuGVVO Rn. 1; Mennicke, IPRax 2000, S. 294, 297 f..

174 Vgl. Zöller/Geimer, Art. 41 EuGVVO Rn. 2; Musielak/Lackmann, Art. 42 EuGVVO Rn. 2.

Verlängerung dieser Frist ist jeweils ausgeschlossen, Art. 43 Abs. 5 S. 3 EuGVVO.

Nach Art. 45 Abs. 2 EuGVVO darf die ausländische Entscheidung selbst nicht auf ihre Gesetzmäßigkeit hin überprüft werden. Eine Versagung oder Aufhebung der Vollstreckbarerklärung darf nur bei Vorliegen eines Anerkennungshindernisses im Sinne des Art. 34 oder 35 EuGVVO, wie zum Beispiel bei einem Verstoß gegen den ordre public (Art. 34 Nr. 1 EuGVVO), erfolgen. Andere – materielle – Einwendungen können daher nur vor dem Gericht des Urteilsstaates mit den dort vorgesehenen Rechtsbehelfen geltend gemacht werden[175]. Zu diesem Zweck kann das Rechtsbehelfsverfahren gemäß Art. 46 EuGVVO ausgesetzt werden.

Eine wichtige Schutzvorschrift für den Schuldner stellt Art. 47 Abs. 3 EuGVVO dar. Danach darf, solange die Rechtsbehelfsfrist läuft und über den Rechtsbehelf noch nicht entschieden ist, die Zwangsvollstreckung in das Vermögen des Schuldners nicht über Maßnahmen der Sicherung hinausgehen. Grundlage dieser Sicherungsvollstreckung ist nach Art. 47 Abs. 2 EuGVVO unmittelbar und allein die Vollstreckbarerklärung. Einer zusätzlichen Ermächtigung des Vollstreckungsstaates bedarf es folglich nicht.

Hiervon abzugrenzen ist die Zwangsvollstreckung gegen Sicherheitsleistung nach Art. 46 Abs. 3 EuGVVO. Während erstere der möglichen Aufhebung der Vollstreckbarerklärung Rechnung trägt, hat Art. 46 Abs. 3 EuGVVO die Aufhebung der vorläufig vollstreckbaren Entscheidung durch einen ordentlichen Rechtsbehelf im Urteilsstaat im Auge. Der Schuldner soll schließlich vor den Nachteilen einer nur vorläufig vollstreckbaren Entscheidung geschützt werden.

Gegen die Entscheidung, die über den Rechtsbehelf ergangen ist, kann nur ein Rechtsbehelf nach Anhang IV der Verordnung eingelegt werden, Art. 44 EuGVVO.

## 2. Verfahren in der Bundesrepublik Deutschland nach dem AVAG

Nach diesem Überblick sollen nun die Besonderheiten für das Vollstreckbarerklärungsverfahren in Deutschland dargestellt werden. Das Vollstreckbarerklärungsverfahren in Deutschland wird durch das AVAG ergänzt[176]. Hier wird die ausländische Entscheidung dadurch zur Zwangsvollstreckung zugelassen, dass sie mit der Vollstreckungsklausel versehen wird. Wegen § 1 Abs. 2 AVAG in Verbindung mit § 55 AVAG sind für die EuGVVO einige Vorschriften des allgemeinen Teils ausgeschlossen, weil sich insoweit die Vollstreckungsregeln

175 Vgl. hierzu Hub, NJW 2001, S. 3145, 3147.

176 Ausführlich zur Funktion des AVAG und dessen Neuregelungen Hub, NJW 2001, S. 3145 ff..

unmittelbar aus der EuGVVO ergeben. § 1 Abs. 2 AVAG bestimmt ausdrücklich, dass die Regelungen der EuGVVO als unmittelbar geltendes Recht der Europäischen Gemeinschaft durch die Durchführungsbestimmungen dieses Gesetzes nicht berührt werden. Dies gilt insbesondere für die Vorschriften über den sachlichen Anwendungsbereich, die Art der Entscheidungen und sonstigen Titeln, die im Inland anerkannt oder zur Zwangsvollstreckung zugelassen werden können, das Erfordernis der Rechtskraft der Entscheidungen, die Art der Urkunden, die im Verfahren vorzulegen sind und die Gründe, die zur Versagung der Anerkennung oder Zulassung der Zwangsvollstreckung führen.

### a) *Einleitung des Verfahrens*

Der Gläubiger leitet das Verfahren der Vollstreckbarerklärung durch einen Antrag an den Vorsitzenden einer Zivilkammer des Landgerichts ein. Dies ergibt sich nicht aus § 3 Abs. 1, 3 AVAG, der eine solche Bestimmung enthält, sondern – wegen § 1 Abs. 2 AVAG – unmittelbar aus Art. 39 Abs. 1 EuGVVO in Verbindung mit Anhang II der Verordnung. Dasselbe gilt für die örtliche Zuständigkeit des Gerichts.

Nach § 4 Abs. 2 AVAG kann der Antrag auf Erteilung der Vollstreckungsklausel schriftlich eingereicht oder mündlich zu Protokoll der Geschäftsstelle erklärt werden. Ein Anwaltszwang besteht insofern nicht (§ 6 Abs. 3 AVAG). Sofern der Antrag entgegen § 184 GVG nicht in deutscher Sprache abgefasst ist, kann das Gericht von dem Antragsteller eine Übersetzung verlangen, deren Richtigkeit von einer in § 4 Abs. 3 AVAG benannten Person zu bestätigen ist. Der Ausfertigung des Titels, der mit der Vollstreckungsklausel versehen werden soll, und ggf. seiner Übersetzung sollen zwei Abschriften beigefügt werden.

Die Pflicht des Gläubigers, einen Zustellungsbevollmächtigten zu benennen, ergibt sich für das Verfahren in Deutschland aus § 5 AVAG. In Deutschland kann ein Wahldomizil nach deutschem Recht nicht begründet werden, da ein solches dem deutschen Recht fremd ist. Wird ein Zustellungsbevollmächtigter nicht benannt, so darf der Antrag auf Vollstreckbarerklärung nicht zurückgewiesen oder abgelehnt werden. Der Gläubiger muss dann hinnehmen, dass durch Aufgabe zur Post zugestellt wird, § 5 Abs. 1 AVAG[177].

### b) *Entscheidung*

Auch in Deutschland sind die Formalien nach Art. 40 Abs. 3, Art. 53, 54 EuGVVO zu erfüllen. Sobald diese formalen Anforderungen sowie die übrigen Voraussetzungen – auch in Deutschland ist der Bestimmtheitsgrundsatz zu beachten, so dass gegebenenfalls das deutsche Gericht den ausländischen Titel ergän-

177 Musielak/Lackmann, Art. 40 EuGVVO Rn. 3.

zend auslegen und konkretisieren muss[178] – erfüllt sind, wird die Entscheidung gemäß Art. 41 EuGVVO ohne Anhörung des Schuldners und ohne mündliche Verhandlung und in der Regel ohne mündliche Erörterung mit dem Gläubiger (§ 6 Abs. 2 AVAG) unverzüglich für vollstreckbar erklärt.

Liegen die Voraussetzungen für die Erteilung der Vollstreckbarkeit vor, beschließt das Gericht nach § 8 Abs. 1 S. 1 AVAG, dass der Titel mit der Vollstreckungsklausel zu versehen ist. Die Entscheidung ergeht durch Beschluss. In dem Beschluss ist die zu vollstreckende Verpflichtung in deutscher Sprache wiederzugeben, § 8 Abs. 1 S. 2 AVAG. Aufgrund des Beschlusses des Vorsitzenden erteilt der Urkundsbeamte der Geschäftsstelle die Vollstreckungsklausel, § 9 Abs. 1 AVAG. Sie ist gemäß § 9 Abs. 3 AVAG entweder auf die Ausfertigung des Titels oder auf ein damit zu verbindendes Blatt zu setzen; falls eine Übersetzung des Titels vorhanden ist, ist sie mit der Ausfertigung zu verbinden.

Gemäß Art. 42 Abs. 2 EuGVVO in Verbindung mit § 10 Abs. 1 AVAG werden dem Schuldner von Amts wegen nach § 329 Abs. 3 ZPO beglaubigte Abschriften des Gerichtsbeschlusses nach § 8 Abs. 1 AVAG, des mit der Vollstreckungsklausel versehenen Schuldtitels und gegebenenfalls seiner Übersetzung sowie der gemäß § 8 Abs. 1 S. 3 AVAG in Bezug genommenen Urkunden zugestellt.

Dem Gläubiger wird außer einer beglaubigten Abschrift des Beschlusses nach § 8 AVAG ferner nach § 10 Abs. 3 S. 1, 2. Hs. EuGVVO die mit der Vollstreckungsklausel versehene Ausfertigung des Titels und eine Bescheinigung über die bewirkte Zustellung übersandt.

Aus dem Wortlaut des § 10 Abs. 1 S. 1 AVAG folgt, dass dem Gläubiger die mit der Vollstreckungsklausel versehene Ausfertigung des Titels erst dann auszuhändigen ist, wenn dem Schuldner Abschriften des Beschlusses, dass die ausländische Entscheidung mit der Vollstreckungsklausel zu versehen ist, sowie der mit der Vollstreckungsklausel versehene Schuldtitel zugestellt worden sind. Dies beeinträchtigt die Rechte des Gläubigers auf Sicherungsvollstreckung (Art. 47 Abs. 1 EuGVVO) nicht unerheblich. Denn die Frist für den Rechtsbehelf nach Art. 43 Abs. 5 EuGVVO beginnt erst mit der Zustellung der Vollstreckbarerklärung an zu laufen. Solange nicht zugestellt ist, läuft die Rechtsbehelfsfrist nicht. Solange kann der Gläubiger auch keine Maßnahmen zur Sicherung ergreifen (Arg. ex. Art. 47 Abs. 3 EuGVVO). Das Abwarten der Zustellung kann für den Gläubiger unerträglich sein, insbesondere in den Fällen einer Auslandszu-

178 Zum EuGVÜ BGH, NJW 1993, S. 1801, 1802 f.; OLG Karlsruhe, FamRZ 2002, S. 1420, 1421; OLG Düsseldorf, IPRax 1998, S. 478, 479; Geimer/Schütze/Geimer, Art. 38 EuGVVO Rn. 27; ausführlich Musielak/Lackmann, Art. 38 EuGVVO Rn. 3; vgl. auch die Ausführungen zu Teil 2 A. IV. 3. b).

stellung, die zeitraubend und erfolglos sein kann. Insoweit ist § 10 Abs. 3 AVAG mit der EuGVVO nicht vereinbar, da Art. 42 Abs. 1 EuGVVO eine *unverzügliche* Mitteilung der Entscheidung über den Antrag an den Gläubiger vorsieht. Nur auf diese Weise kann ein Überraschungseffekt und das Ziel der Verordnung, eine zügige Zwangsvollstreckung zu ermöglichen, erreicht werden. Daher kann die Zustellung an den Schuldner nicht Voraussetzung für die Übersendung der mit der Vollstreckungsklausel versehenen Ausfertigung des Schuldtitels an den Gläubiger sein, auch nicht Voraussetzung der Sicherungsvollstreckung nach Art. 47 Abs. 3 EuGVVO[179].

Die Vollstreckbarkeit führt zu einer Gleichstellung mit einem deutschen Vollstreckungstitel. Grundlage der Zwangsvollstreckung ist allein die deutsche Vollstreckbarerklärung (Klauselerteilung)[180].

### *c) Rechtsbehelfsverfahren*

Gegen die Vollstreckbarerklärung kann der Schuldner innerhalb eines Monats ab Zustellung einen Rechtsbehelf einlegen, Art. 43 Abs. 1 EuGVVO in Verbindung mit § 11 AVAG. In Deutschland ist dies die Beschwerde beim Oberlandesgericht, gegen dessen Beschluss die Rechtsbeschwerde beim BGH gemäß Art. 44 EuGVVO in Verbindung mit §§ 15 ff. AVAG eröffnet ist.

§ 12 AVAG erlaubt die Geltendmachung von den Anspruch selbst betreffenden Einwendungen im Beschwerdeverfahren, sofern die Gründe erst nach Erlass der ausländischen Entscheidung entstanden sind. Die Vorschrift ist weit auszulegen. So kann beispielsweise die nachträglich eingetretene fehlende Partei- und Rechtsfähigkeit ebenfalls gerügt werden, sofern diese nach dem Verfahrensrecht des Urteilsstaates vorliegen müssen[181]. Dabei entscheidet das Recht des Urteilsstaates darüber, ob die Einwendung nach Erlass der Entscheidung entstanden ist[182].

Im Hinblick auf den Wortlaut des Art. 45 Abs. 1 EuGVVO, der eine Nachprüfung auf die Anerkennungshindernisse nach Art. 34, 35 EuGVVO beschränkt, wird die Anwendbarkeit von § 12 AVAG im Vollstreckbarerklärungsverfahrung auf der Grundlage der EuGVVO unterschiedlich beurteilt: Teilweise wird die Ansicht vertreten, dass § 12 AVAG gemeinschaftswidrig sei. Art. 45 Abs. 1 EuGVVO sei in seinem Wortlaut eindeutig und räume dem Rechts-

---

179 So auch Musielak/Lackmann, Art. 42 EuGVVO Rn. 2; Thomas/Putzo/Hüßtege, Art. 42 EuGVVO Rn. 1; LG Stuttgart, RIW 1988, S. 563, 564 schon zum EuGVÜ, abweichend hiervon: Laborde, RIW 1988, S. 564, 565.

180 Zöller/Geimer, Art. 38 EuGVVO Rn. 6; Musielak/Lackmann, Art. 38 EuGVVO Rn. 2; Mansel, IPRax 1995, S. 362, 364; a. A. OLG Saarbrücken, RIW 1994, S. 1048, 1049 f..

181 BGH, NJW 1992, S. 627, 628.

182 Musielak/Lackmann, § 12 AVAG Rn. 2.

behelfsgericht nur eine eingeschränkte Prüfungskompetenz ein. Dagegen sei § 12 AVAG mit dem Beschleunigungs- und Vereinfachungszweck der EuGVVO nicht vereinbar. Materiell-rechtliche Einwendung könnten daher nur mit der Vollstreckungsgegenklage nach § 767 ZPO geltend gemacht werden[183].

Eine andere Auffassung lässt dagegen § 12 AVAG zu, da Art. 45 EuGVVO lediglich im Regelungsbereich der EuGVVO gelte. Es sei den einzelnen Mitgliedstaaten überlassen, welche Rechtsbehelfe sie dem Schuldner zur Verfügung stellen[184].

Der Bundesgerichtshof hat sich zu Recht der letztgenannten Auffassung angeschlossen[185]. Aus dem Wortlaut des § 45 Abs. 1 EuGVVO lässt sich nicht ohne weiteres entnehmen, dass nachträglich entstandene Einwendungen, die vom Gericht des Ursprungsstaates vor Erlass der Entscheidung nicht geprüft werden konnten und deren Berücksichtigung im Exequaturverfahren folglich auch nicht gegen das Verbot der *révision au fond* verstößt, im Verfahren nach Art. 43 EuGVVO unzulässig wären und § 12 AVAG damit gegen Gemeinschaftsrecht verstoßen würde. § 12 AVAG verlagert lediglich Gegenstände des dem autonomen Verfahrensrecht vorbehaltenen Zwangsvollstreckungsrechts in das Rechtsbehelfsverfahren nach der EuGVVO vor. Ferner wird dem Gläubiger nach Abschluss des Exequaturverfahrens eine wesentlich vereinfachte Zwangsvollstreckung im Inland ermöglicht, da dem Schuldner die ihm möglichen Einwendungen gegen den Anspruch im Rechtsbehelfsverfahren nicht nur gestattet, sondern unter Präklusionsandrohung (§ 14 Abs. 1 AVAG) abverlangt werden. Nach Zulassung der Zwangsvollstreckung aus dem Titel kann der Schuldner Einwendungen gegen den Anspruch selbst im Rahmen einer Vollsteckungsgegenklage nach § 767 ZPO geltend machen. Allerdings ist er mit Einwendungen, die er nach § 12 AVAG im Beschwerdeverfahren erheben kann, präkludiert, § 14 Abs. 1, 1. Alt. AVAG. Der Schuldner ist folglich gehalten, alle nach Erlass des Titels entstandenen materiellen Einwendungen zunächst im Beschwerdeverfahren vorzubringen, um eine Präklusion zu verhindern[186].

Lehnt der Vorsitzende die Vollstreckbarerklärung ab, so kann der Gläubiger hiergegen ebenfalls nach Art. 43 Abs. 1 EuGVVO in Verbindung mit § 11

183 So z.B. Thomas/Putzo/Hüßtege, Art. 45 EuGVVO Rn. 3; Saenger/Dörner, Art. 45 EuGVVO Rn. 4; Micklitz/Rott, EuZW 2002, S. 15, 22.

184 Vgl. Kropholler, Art. 43 EuGVVO Rn. 27, Art. 45 EuGVVO Rn. 6; Schack, IZVR, Rn. 1051; Roth, RabelZ 2004, S. 379, 384; Wagner, IPRax 2002, S. 75, 83; einschränkend Zöller/Geimer, Art. 45 EuGVVO Rn. 1, der § 12 AVAG nur auf „liquide", d. h. rechtskräftig festgestellte bzw. unbestrittene Einwendungen anwenden will.

185 Vgl. BGHZ 171, 310 (321 ff.).

186 Geimer, IPRax 2003, S. 337, 339; Münzberg, Fs. Für Geimer, S. 745, 751.

AVAG beim Oberlandesgericht Beschwerde einlegen und gegen dessen Beschluss die Rechtsbeschwerde zum Bundesgerichtshof verfolgen.

## B. Der neue Europäische Vollstreckungstitel für unbestrittene Forderungen

Die Ausführungen zur Vollstreckbarerklärung nach deutschem Recht und nach der EuGVVO zeigen, dass das Verfahren nach der EuGVVO gegenüber dem Verfahren nach dem autonomen Recht erhebliche Erleichterungen geschaffen hat. Schon die EuGVVO war daher ein Meilenstein auf dem Weg zu einem einheitlichen europäischen Rechtsraum, da mit ihrem Erlass bereits erleichterte Vollstreckungsmöglichkeiten innerhalb der Europäischen Union geschaffen wurden. Dennoch konnten nicht alle Hindernisse für den freien Verkehr gerichtlicher Entscheidungen innerhalb der Europäischen Union beseitigt werden. Die erforderlichen Zwischenmaßnahmen bis zur eigentlichen Vollstreckung sind nach wie vor beschränkend. Nunmehr wird es in Zukunft für Gläubiger (noch) einfacher werden, Forderungen gegen Schuldner aus anderen Mitgliedstaaten der Europäischen Union durchzusetzen. Am 21. April 2004 haben das Europäische Parlament und der Rat mit der Verordnung (EG) Nr. 805/2004 die Einführung eines Europäischen Vollstreckungstitels für unbestrittene Forderungen in Zivil- und Handelssachen beschlossen. Diese Verordnung gilt für alle Mitgliedstaaten mit Ausnahme Dänemarks. Sie trat am 21. Januar 2005 in Kraft und gilt seit dem 21. Oktober 2005.

Als Verordnung im Sinne des Art. 249 II EGV ist sie in den Mitgliedstaaten unmittelbar anwendbar. Zur Anpassung und zur vereinfachten Verfahrenweise im nationalen Recht ist für die Bundesrepublik Deutschland auch hierzu ein Durchführungsgesetz erlassen worden – das sogenannte EG-Vollstreckungstitel-Durchführungsgesetz vom 18. August 2005. Der Deutsche Bundestag hat in seiner 175. Sitzung am 12. Mai 2005 aufgrund der Beschlussempfehlung und des Berichts des Rechtsausschusses den von der Bundesregierung eingebrachten Entwurf eines EG-Vollstreckungstitel-Durchführungsgesetzes angenommen. Die Einzelheiten hierzu werden in dem Abschnitt VI. näher behandelt werden.

Die EuVTVO ist nach dem Stufenprogramm des Maßnahmenprogramms zur Umsetzung des Grundsatzes der gegenseitigen Anerkennung gerichtlicher Entscheidungen in Zivil- und Handelssachen des Europäischen Rats[187] ein Pilotprojekt für die Abschaffung des Exequaturverfahrens. Als Pilotprojekt betrifft sie zunächst einmal nur *unbestrittene Geldforderungen*. Damit kommt der Be-

187 ABl. EG v. 15.1.2001, Nr. C 12, S. 1; Text auch abgedruckt in: IPRax 2001, S. 163 ff.; vgl. hier Ziffer III. A.

stimmung des Begriffs der unbestrittenen Forderung maßgebliche Bedeutung zu. Was sich hinter diesem Begriff verbirgt und welche Entscheidungen konkret als Europäische Vollstreckungstitel bestätigt werden können, wird im Einzelnen noch erläutert werden.

# I. Allgemeines

Bevor auf die einzelnen Vorschriften der Verordnung im Detail eingegangen wird, gilt es zunächst, einige allgemeine Anmerkungen zum Europäischen Vollstreckungstitel voranzustellen, um ein besseres Verständnis von diesem Rechtsinstitut zu vermitteln. Warum sahen sich der Rat und das Europäische Parlament dazu veranlasst, diese Verordnung zu erlassen? Wie kam es dazu? Diese und andere Fragen sollen an dieser Stelle beantwortet werden.

## 1. Kritisches zum Begriff

Die Bescheinigung über die Bestätigung als „Europäischer Vollstreckungstitel" zu bezeichnen ist nicht gelungen, da diese Bezeichnung in die Irre führen kann[188]. Derzeit geht es nämlich nur darum, die Vollstreckung von Entscheidungen zwischen den Mitgliedstaaten der *Europäischen Union* zu beschleunigen und zu vereinfachen; eine Ausweitung dieses Rechtsinstituts auch auf andere europäische Länder ist nicht beabsichtigt. Daher mag an dieser Stelle klargestellt sein, dass es sich bei dem Europäischen Vollstreckungstitel – dieser Begriff hat sich inzwischen verfestigt – um ein EU-rechtliches Institut handelt[189]. Ferner ist zu beachten, dass nicht wirklich ein neuer Titel geschaffen wird, wie man meinen könnte. Vielmehr wird dafür gesorgt, dass der nationale Titel, der im *Ursprungsmitgliedstaat*[190] erlassen wurde, auch in anderen Mitgliedstaaten verwendbar ist.

## 2. Ziele der Verordnung

Die EuVTVO hat es sich zum Ziel gemacht, die Schaffung eines einheitlichen Rechtsraums in Europa weiter voranzutreiben. Tragende Grundlage ist das immer wieder beschworene „gegenseitige Vertrauen" in die ordnungsgemäße Rechtspflege in den Mitgliedstaaten. Dieses Vertrauen als Eckstein der justiziellen Zusammenarbeit in der Europäischen Union rechtfertigt es nach Ansicht des Europäischen Parlaments und des Rates, dass das Gericht nur eines Mitgliedstaates beurteilt, ob alle Voraussetzungen für die Bestätigung der Entscheidung

188 So auch Wagner, IPRax 2002, S. 75, 77.
189 Vgl. Wagner, IPRax 2002, S. 75, 77.
190 Zum Begriff vgl. Art. 4 Nr. 4 EuVTVO.

als Europäischer Vollstreckungstitel vorliegen, so dass die Vollstreckung der Entscheidung in allen anderen Mitgliedstaaten möglich ist, ohne dass im Vollstreckungsmitgliedstaat zusätzlich von einem Gericht nachgeprüft werden muss, ob die prozessualen Mindestvorschriften eingehalten worden sind[191].

Die Verordnung trägt dazu bei, die Vollstreckung einer Entscheidung aus einem anderen Mitgliedstaat weiter zu beschleunigen und zu vereinfachen. So soll dem Gläubiger eine effizientere grenzüberschreitende Zwangsvollstreckung ermöglicht werden. Eine im Ursprungmitgliedstaat als Europäischer Vollstreckungstitel bestätigte Entscheidung soll im Hinblick auf die Zwangsvollstreckung so behandelt werden, als wäre sie im *Vollstreckungsmitgliedstaat*[192] ergangen. Durch den Verzicht auf die Zustimmung des Gerichts eines zweiten Staates im Rahmen eines Exequaturverfahrens sollen Zeit und Kosten gespart werden, da die Gerichtsbarkeit des Vollstreckungsmitgliedstaates nicht mehr in Anspruch genommen wird[193]. Der Schuldner wird nicht mehr darauf vertrauen können, dass der Gläubiger sich durch die Dauer und die Kosten eines Vollstreckbarerklärungsverfahrens in einem anderen Mitgliedstaat von der Realisierung seiner Ansprüche abhalten lässt. Dadurch dürfte es auch für Gläubiger kleinerer Forderungen lukrativ sein, im Ausland die Vollstreckung zu betreiben.

Auch die Förderung der Grundrechte sowie die Wahrung des Rechts auf ein faires Verfahren, wie es in Art. 47 der Charta der Grundrechte der Europäischen Union verankert ist, waren ein wesentlicher Aspekt für den Erlass der Verordnung[194].

## 3. Vom EuGVÜ über die EuGVVO zur EuVTVO – geschichtliche Entwicklung

Bemerkenswert ist, dass die EuVTVO nicht in einem *Ad-hoc*-Verfahren erlassen worden ist, sondern Bestrebungen hierzu schon seit langer Zeit bestanden haben. Dennoch wurden erst andere Verordnungen erlassen, bevor ein weitergehender Schritt gewagt wurde. Dies mag insoweit von Vorteil sein, als man an geltende Regelungen dieser Vorläufer anknüpfen kann und mit dem Erlass der neuen Verordnung nicht gänzlich Neuland betritt. Die Anfänge des Europäischen Vollstreckungstitels sollen an dieser Stelle mit einigen Worten skizziert werden.

---

191 Vgl. Erwägungsgrund Nr. 18 der EuVTVO.

192 Zum Begriff vgl. Art. 4 Nr. 5 EuVTVO.

193 Vgl. Erwägungsgrund Nr. 9 der EuVTVO.

194 Vgl. Erwägungsgrund Nr. 11 der EuVTVO.

### a) *Idee eines Europäischen Vollstreckungstitels*

„Die Geburtsstunde der Idee eines *Europäischen Vollstreckungstitels* […] ist nicht bekannt“[195]. Überlegungen hierzu gab es in der Vergangenheit viele[196]. Bereits Anfang der 90er Jahre beschäftigte sich der Europäische Rat mit dieser Thematik. Erste transparente Formen nahm dieses Rechtsinstitut erst auf einer Sondertagung des Europäischen Rates zur Justiz- und Innenpolitik im finnischen Tampere am 15./16. Oktober 1999 an[197]. Der Europäische Rat hatte seinen Entschluss gefasst, die Union zu einem Raum der Freiheit, der Sicherheit und des Rechts auszubauen und im Rahmen dieses Vorhabens die Möglichkeiten, die der Vertrag von Amsterdam eröffnete, umfassend zu nutzen.

Im Rahmen dieses politischen Programms hat der Europäische Rat die Kommission aufgefordert, einen Vorschlag zu unterbreiten „für einen weiteren Abbau der Zwischenmaßnahmen, die nach wie vor notwendig sind, um die Anerkennung und Vollstreckung einer Entscheidung oder eines Urteils im ersuchten Staat zu ermöglichen. Als erster Schritt sollten diese Zwischenverfahren bei Titel auf Grund geringfügiger verbraucher- oder handelsrechtlicher Ansprüche und bei bestimmten familienrechtlichen Urteilen (zum Beispiel über Unterhaltsansprüche und Besuchsrechten) abgeschafft werden. Derartige Entscheidungen würden automatisch unionsweit anerkannt, ohne das es irgendwelche Zwischenverfahren oder Gründe für die Verweigerung der Vollstreckung geben würde“[198]. Auf dieser Tagung hat der Europäische Rat den Rat und die Kommission ersucht, bis zum Dezember des Jahres 2000 ein Maßnahmeprogramm zur Umsetzung des Grundsatzes der gegenseitigen Anerkennung anzunehmen und hinzugefügt, dass im Rahmen dieses Programms auch Arbeiten in Bezug auf einen Europäischen Vollstreckungstitel initiiert werden sollten[199].

Dieses Maßnahmeprogramm verabschiedete schließlich der Justiz- und Innenrat in Brüssel am 24. November 2000[200]. Nach diesem Programm sollte die Abschaffung des Exequaturverfahrens für unbestrittene Forderungen eine Priorität der Europäischen Gemeinschaft darstellen. Das Maßnahmeprogramm ließ hierzu Folgendes verlauten: „Der Umstand, dass ein Exequaturverfahren die Vollstreckung von Entscheidungen in Bezug auf unbestrittene Forderungen verzögern kann, stellt einen Widerspruch an sich dar. […] Die rasche Beitreibung

195 Wagner, IPRax 2002, S. 75; Zur Idee eines „einheitlichen Europäischen Vollstreckungstitels als Vorbote eines weltweiten Titels“ vgl. Storme, Fs. für Nakamura, S. 581 ff..

196 Zur Entwicklung ausführlich Wagner, IPRax 2002, S. 75 ff..

197 Text abgedruckt in: NJW 2000, S. 1925.

198 Vgl. Nr. 34 der Schlussfolgerungen von Tampere, NJW 2000, S. 1925.

199 Vgl. Nr. 37 der Schlussfolgerungen von Tampere, NJW 2000, S. 1925.

200 ABl. EG v. 15.1.2001, Nr. C 12, S. 1; Text auch abgedruckt in: IPRax 2001, S. 163 ff..

ausstehender Forderungen ist eine absolute Notwendigkeit für den Handel und ist den an einem reibungslosen Funktionieren des Binnenmarktes interessierten Wirtschaftskreisen seit jeher ein Anliegen“[201].

Für die nach dem Maßnahmeprogramm durchzuführenden Arbeiten wurden Stufen festgelegt, die nach und nach durchlaufen werden sollten[202]. Ziel dieses Programms war die generelle Abschaffung des Vollstreckbarerklärungsverfahrens für Entscheidungen aus den Mitgliedstaaten der Europäische Union.

In Bezug auf Umgangsrechtsentscheidungen hatte die Verordnung des Rates vom 27. November 2003 über die Zuständigkeit und die Anerkennung und Vollstreckung von Entscheidungen in Ehesachen und in Verfahren betreffend die elterliche Verantwortung und zur Aufhebung der Verordnung (EG) Nr. 1347/2000[203], die am 1. März 2005 in Kraft getreten war, die Schlussfolgerungen von Tampere bereits umgesetzt. Art. 41 dieser Verordnung erklärt Umgangsrechtsentscheidungen unter bestimmten Voraussetzungen in allen Staaten der Europäischen Union für unmittelbar vollstreckbar. Die EuVTVO soll das Maßnahmeprogramm im Bereich des Zivil- und Handelsrechts für unbestrittene Forderungen umsetzen.

Von dem Tag an, an dem die Kommission der Europäischen Gemeinschaft ihren Vorschlag für eine Verordnung zur Einführung eines Europäischen Vollstreckungstitels für unbestrittene Forderungen[204] vorlegte (18. April 2002), bis zum Tag der Unterzeichnung der Verordnung am 21. April 2004 dauerte es noch ganze zwei Jahre. Bis es soweit war, musste zunächst der Europäische Wirtschafts- und Sozialausschuss gemäß Art. 262 EGV zum Vorschlag Stellung nehmen[205]. Dieser hat auf seiner Tagung am 11. und 12. Dezember 2002 die neue Verordnung begrüßt und sich insgesamt recht positiv geäußert, da sie einen großen Fortschritt darstelle. Die wirtschaftlichen Vorteile seien ebenfalls nicht unerheblich, da ca. 90 % der gerichtlichen Entscheidungen in einem anderen Staat als dem Ursprungsstaat die Vollstreckung unbestrittener Forderungen zum Gegenstand hätten[206]. Anschließend folgte eine erste Orientierungsdebatte zu Kernfragen des Vorhabens, die innerhalb kürzester Zeit zu einem geänderten Vorschlag der Kommission führte[207]. Nach einer zweiten Orientierungsdebatte am 27. November 2003 hat der Rat seinen Gemeinsamen Standpunkt im Hinblick auf den Erlass der Verordnung am 6. Februar 2004 mit qualifizierter

201 IPRax 2001, S. 163, 166.

202 Vgl. hierzu: IPRax 2001, S. 163, 167 f..

203 ABl. EU v. 23.12.2003, Nr. L 338, S. 1.

204 Vorschlag der Kommission, KOM (2002) 159 endg..

205 ABl. EU v. 8.4.2003, Nr. C 85, S. 1 ff..

206 ABl. EU v. 8.4.2003, Nr. C 85, S. 1, 4.

207 Geänderter Vorschlag der Kommission, KOM (2003) 341 endg..

Mehrheit beschlossen[208]. Drei Tage später hat die Kommission den Gemeinsamen Standpunkt akzeptiert. Nachdem Ende März das Europäische Parlament den Gemeinsamen Standpunkt ohne Änderungen angenommen hatte, war es dann soweit: Die EuVTVO konnte unterzeichnet werden[209].

Die Verordnung baut insbesondere auf der EuGVVO auf. Ausgangspunkt der Überlegungen zum Europäischen Vollstreckungstitel kann aber nur das EuGVÜ sein, da es die Freizügigkeit der Entscheidungen EU-weit erstmals erheblich erleichtert hat[210]. Daher soll an dieser Stelle der Blick auf das EuGVÜ gelenkt werden – das Basisinstrument für die gegenseitige Anerkennung und Vollstreckung ausländischer Entscheidungen.

#### *b) EuGVÜ*

Das EuGVÜ wird im Allgemeinen als eines der weltweit erfolgreichsten Übereinkommen im Bereich des Zivilprozessrechts bezeichnet[211] und kann daher in über einem Vierteljahrhundert praktischer Anwendung wohl zu Recht als das tragende Fundament für die gegenseitige Anerkennung und Vollstreckung bezeichnet werden.

Mit dem EuGVÜ kamen die Mitgliedstaaten dem Auftrag des damaligen Art. 220 EGV, heute Art. 293 EGV, nach, wonach die Vereinfachung der Förmlichkeiten für die gegenseitige Anerkennung und Vollstreckung richterlicher Entscheidungen und Schiedssprüche sicher zu stellen waren. Nach Einleitung der Verhandlungen zwischen den damaligen sechs EWG-Staaten Deutschland, Belgien, Frankreich, Italien, Luxemburg, Niederlande und einigen Überarbeitungen des Entwurfs wurde auf einer Sitzung des EG-Ministerrates am 27. September 1968 in Brüssel das Übereinkommen unterzeichnet und es trat nach seiner Ratifizierung gemäß Art. 62 EuGVÜ am 1. Februar 1973 in Kraft[212].

Das EuGVÜ zielt nach seiner Präambel darauf ab, innerhalb der Gemeinschaft den Rechtsschutz der dort ansässigen Personen zu verstärken. Um dieses Ziel zu erreichen, enthält das EuGVÜ nicht nur Regelungen zur Anerkennung und Vollstreckung ausländischer Entscheidungen. Hiermit im engen Zusammenhang steht auch immer die Art und Weise des Zustandekommens der Entscheidungen, so dass das EuGVÜ auch Regeln zur internationalen Zuständigkeit der Gerichte und zur Rechtshängigkeit bereit hält. Diese wichtigen Gebiete haben das EuGVÜ zum Fundament für ein einheitliches europäisches Zivilpro-

---

208 ABl. EU v. 30.3.2004, Nr. C 79, S. 59 ff..
209 Zum Ablauf des Verfahren vgl. Wagner, IPRax 2005, S. 189, 190.
210 Gottwald, IPRax 1991, S. 285, 286.
211 Schack, ZEuP 1999, S. 805, 806; Geimer, IPRax 2002, S. 69.
212 BGBl. 1973 II, S. 774.

zessrecht gemacht. Mit Rücksicht auf das Thema der Arbeit beschränken sich die folgenden Ausführungen jedoch allein auf das Verfahren der Vollstreckbarerklärung.

Verglichen mit den zahlreichen Anerkennungs- und Vollstreckungsverträgen regelt das EuGVÜ die Vollstreckbarerklärung in großzügiger Weise.

Voraussetzung für die Anwendung der Vorschriften über die Vollstreckbarerklärung des EuGVÜ ist, dass die ausländische Entscheidung, die für vollstreckbar erklärt werden soll, in den sachlichen Anwendungsbereich (Art. 1 EuGVÜ) des Übereinkommens fällt. Die Vollstreckbarerklärung wird erteilt, wenn (1) die Entscheidung nach dem Recht des Urteilsstaates zumindest vorläufig vollstreckbar (Art. 31 I EuGVÜ), (2) zugestellt (Art. 47 Nr. 1 EuGVÜ), (3) anerkennungsfähig ist (Art. 34 Abs. 2 EuGVÜ) und (4) die erforderlichen Urkunden vorliegen (Art. 33 Abs. 3, Art. 46, 47 EuGVÜ).

Das Verfahren ist bereits deshalb relativ einfach ausgestaltet, weil der Schuldner im Rahmen des Vollstreckbarerklärungsverfahrens nicht gehört wird (Art. 34 Abs. 1 EuGVÜ). Es handelt sich um ein einseitiges Verfahren, das auf Antrag des Gläubigers eingeleitet wird. Hier werden schon die Parallelen zum Verfahren nach der EuGVVO sichtbar. Der einzige Nachteil des EuGVÜ besteht darin, dass er als völkerrechtlicher Vertrag der Umsetzung in den Mitgliedstaaten bedarf. Die Ratifizierungsverfahren waren teilweise recht schleppend. Diese Verzögerungen sind für den grenzüberschreitenden Binnenmarkt immer weniger akzeptabel geworden.

### *c) EuGVVO*

Im Ergebnis ist man sich jedoch einig, dass sich das EuGVÜ bewährt hat. Dennoch sollte das Verfahren zur Vollstreckbarerklärung noch einfacher und effizienter gestaltet werden[213]. So kam es, dass knapp dreißig Jahre nach seinem Inkrafttreten das EuGVÜ in sekundäres Gemeinschaftsrecht überführt wurde. Mit dem Erlass der EuGVVO, die die bisherigen Regeln des EuGVÜ nach Art. 68 EuGVVO - nunmehr auch im Verhältnis zu Dänemark[214] - ersetzt, sollte der Verkehr in Zivil- und Handelssachen zwischen den Mitgliedstaaten weiter erleichtert werden. Die im Zuge der Vergemeinschaftung des EuGVÜ ergangene Verordnung trat das Erbe des EuGVÜ an und hat dessen Grundgerüst beibehalten. Sie verfolgt auch das gleiche Ziel wie das EuGVÜ. Sie möchte den Zivilrechtsschutz in Europa verbessern. Wesentliches Anliegen bei der Ausarbeitung der Verordnung war dabei die Beschleunigung und Steigerung der Effektivität

---

213 Wagner, IPRax 2005, S. 75.

214 Vgl. die Ausführungen zu Teil 1 B.

der Vollstreckung der in einem Mitgliedstaat ergangenen Entscheidungen in einem anderen Mitgliedstaat.

Das Verfahren zur Vollstreckbarerklärung nach der EuGVVO ist bereits an anderer Stelle dargestellt worden[215]. Hier sollen lediglich die wesentlichen Veränderungen gegenüber dem EuGVÜ aufgezeigt werden.

Das mit der Vollstreckbarerklärung befasste Gericht (oder die sonst befugte Stelle) prüft nicht mehr von Amts wegen, ob ein Anerkennungshindernis vorliegt, was nach dem EuGVÜ zur Versagung der Vollstreckbarkeit führt (Art. 34 Abs. 2 EuGVÜ). Den Anerkennungshindernissen widmet sich das Gericht nunmehr nur noch auf Rüge des Schuldners im Rechtsbehelfsverfahren. Damit ist die Anerkennungsprüfung in die Rechtsbehelfsphase verlagert worden. Durch die Beschränkung der Prüfung auf die formellen Voraussetzungen ist das Verfahren wesentlich beschleunigt worden.

Darüber hinaus wurden die Anerkennungshindernisse abgebaut: die *ordre public*-Klausel nach Art. 27 Nr. 1 EuGVÜ wurde auf *offensichtliche* Verstöße reduziert (Art. 34 Nr. 1 EuGVVO). Der Schutz des Beklagten hinsichtlich der Zustellung des verfahrenseinleitenden Schriftsatzes in Versäumnissituationen nach Art. 27 Nr. 2 EuGVÜ wurde abgeschwächt (Art. 34 Nr. 2 EuGVVO). Die Neuregelung besteht nicht mehr auf das Erfordernis der *Ordnungsgemäßheit* der Zustellung. Weiterhin wurde das Anerkenntnishindernis des Art. 27 Nr. 4 EuGVÜ ersatzlos gestrichen. Schließlich wurde das Anerkenntnishindernis nach Art. 28 Abs. 1, 2. Alt. EuGVÜ in Verbindung mit Art. 59 EuGVÜ auf diejenigen Vereinbarungen reduziert, welche die Mitgliedstaaten vor Inkrafttreten der EuGVVO geschlossen haben (Art. 35 Abs. 1, 2. Alt. EuGVVO in Verbindung mit Art. 72 EuGVVO). Eine weitere Vereinfachung des Verfahrens besteht darin, dass es anders als nach Art. 47 Nr. 1 EuGVÜ der vorherigen Zustellung des ausländischen Titels an den Schuldner nicht bedarf[216]. Schließlich wurde das Rechtsbehelfsverfahren für Gläubiger und Schuldner einheitlich geregelt, was zu einer höheren Transparenz geführt hat.

Langsam, aber sicher wurden auf diese Weise – von dem EuGVÜ über die EuGVVO zur EuVTVO – immer leichtere Bedingungen für die Durchführung der Zwangsvollstreckung geschaffen.

## 4. Rechtsgrundlage für die EuVTVO

Zu Beginn der Arbeit wurde bereits kurz erwähnt, dass nach dem Säulenwechsel durch den Vertrag von Amsterdam der Erlass der EG-Verordnungen auf Art. 61 lit. c) EGV in Verbindung mit Art. 65 lit. a), 3. Spiegelstreich EGV als Rechts-

215 Vgl. hierzu die Ausführungen unter Teil 2 A. V.

216 Vgl. die Ausführungen zu Teil 2 A. V. 2. b).

grundlage gestützt wird. Dies gilt selbstverständlich auch für den Erlass der EuVTVO. Sowohl sie als auch die EuGVVO nehmen hierauf ausdrücklich Bezug[217]. Diese Rechtsauffassung entspricht der herrschenden Meinung[218].

Nun gibt es Stimmen in der Literatur, die diese Vorschriften als Rechtsgrundlage anzweifeln. Laut geworden sind diese Stimmen aber nicht erst jetzt in Bezug auf den Erlass der EuVTVO, sondern schon zu einem früheren Zeitpunkt, nämlich als der Vertrag von Amsterdam am 1. Mai 1999 in Kraft getreten ist.

### *a) Art. 94 f. EGV*

Teilweise wird die allgemeine Kompetenz nach Art. 94 f. EGV herangezogen, wonach der Rat Richtlinien für die Angleichung derjenigen Rechts- und Verwaltungsvorschriften der Mitgliedstaaten einstimmig erlässt, die sich unmittelbar auf die Errichtung oder das Funktionieren des gemeinsamen Marktes auswirken. Auf Grundlage dieser Vorschrift sind bereits punktuelle Maßnahmen zur Errichtung und zum Funktionieren des Binnenmarktes, unter anderem im Bereich des internationalen Zivilverfahrensrechts, ergangen[219]. Zur Begründung wird angeführt, dass wegen der bereits beschriebenen Position Dänemarks, Irlands und des Vereinigten Königreichs Maßnahmen der justiziellen Zusammenarbeit in Zivilssachen nach Art. 65 EGV für diese Staaten nicht gelten und daher Art. 95 EGV als Ermächtigungsgrundlage einschlägig sei. Nur so könnten Maßnahmen für das Funktionieren des gesamten Binnenmarktes getroffen werden[220].

Nun trifft dies nicht ganz zu. Wie bereits ausgeführt[221], haben das Vereinigte Königreich und Irland durch Mitteilung an den Rat erklärt, dass sie sich an der Annahme und Anwendung der EuGVVO und EuVTVO beteiligen. Auf Dänemark wird die EuGVVO und ihre Durchführungsbestimmungen inzwischen auch angewendet[222]. Dies gilt allerdings nicht für die EuVTVO, weshalb die Begründung *Kohlers* etwas für sich hat. Jedoch spricht ein wesentlicher Aspekt für Art. 65 EGV als Rechtsgrundlage. Wenn es sich hierbei um die falsche Ermäch-

---

217 Vgl. jeweils die Präambel.

218 Allerdings ohne nähere Begründung: z. B. Geiger, Art. 65 EGV Rn. 1; Koch, JuS 2003, S. 105, 106; Streinz, EuZW 1998, S. 137, 141 f.; Rechberger/Frauenberger-Pfeiler, Fs. Für Fischer, S. 399, 401; Heß, JZ 2001, S. 573, 574 f.; implizit ders., NJW 2000, S. 23, 27.

219 So z. B. Kohler, IPRax 2003, S. 401, 404 f., der die Abgrenzung zwischen Art. 65 EGV und Art. 95 EGV an der Intensität des Binnenmarktbezuges orientiert und für die EuGVVO Art. 95 EGV als maßgebliche Rechtsgrundlage ansieht.

220 Kohler, IPRax 2003, S. 401, 404, 405; in diesem Sinne wohl auch Schack, ZEuP 1999, S. 805, 807.

221 Vgl. die Ausführungen zu Teil 1 B.

222 Vgl. die Ausführungen zu Teil 1 B.

tigungsgrundlage für den Erlass der EG-Verordnungen – und damit auch der EuVTVO – handeln würde, müsste der Europäische Gerichtshof die bereits erlassenen Verordnungen für nichtig erklären. Dies hat er bisher nicht getan und wird auch in Zukunft hiervon Abstand nehmen. Schließlich sind auf Grundlage des Art. 61 lit. c) EGV in Verbindung mit Art. 65 EGV und Art. 67 EGV weitere Verordnungen durch den Rat erlassen worden, so die bereits erwähnte Verordnung (EG) Nr. 2201/2003 des Rates vom 27. November 2003 über die Zuständigkeit und die Anerkennung und Vollstreckung von Entscheidungen betreffend die elterliche Verantwortung und zur Aufhebung der Verordnung (EG) Nr. 1347/2000[223] oder die Verordnung (EG) Nr. 1348/2000 des Rates vom 29. Mai 2000 über die Zustellung gerichtlicher und außergerichtlicher Schriftstücke in Zivil- und Handelssachen in den Mitgliedstaaten[224]. Das Europäische Parlament dürfte sich der Rechtsauffassung des Rates angeschlossen haben, da es sich im Laufe der fünfjährigen Übergangszeit nach Inkrafttreten des Vertrages von Amsterdam im Rahmen der Rechtssetzungsverfahren der in dieser Zeit erlassenen EG-Verordnungen mit seiner Anhörung nach Art. 67 EGV zufrieden gegeben und nicht die Durchführung des Mitentscheidungsverfahrens nach Art. 251 EGV verlangt hat, wie es Art. 95 EGV vorsieht.

Andere Befürworter des Art. 95 EGV sehen in Art. 65 EGV lediglich eine Komplementärnorm zu Art. 95 EGV. Aus dem Umstand, dass der *freie Personenverkehr* in der Überschrift zu Art. 61 ff. EGV erwähnt wird und dem weiteren Umstand, dass nach Art. 65 EGV das reibungslose Funktionieren des Binnenmarktes Maßnahmen erfordern muss, wird hergeleitet, dass Art. 65 EGV sich nur auf die Rechtsgebiete erstreckt, die Art. 95 EGV nicht umfasst[225]. Dabei handelt es sich um die in Art. 95 Abs. 2 EGV genannten Bereiche. Daraus folge, dass Art. 65 EGV nur den Bereich der Personenfreizügigkeit und nicht die Freizügigkeit gerichtlicher Entscheidungen regelt.

Diese enge Auslegung des Art. 65 EGV vermag nicht zu überzeugen. *Wagner*[226] hat richtig herausgestellt, dass der Begriff des Binnenmarkterfordernisses in Art. 65 EGV und Art. 95 EGV nicht synonym verwendet wird. Nach Art. 65 EGV reicht ein Funktionieren des Binnenmarktes nicht aus. Er soll „reibungslos“ funktionieren. Ferner müssen die Maßnahmen erforderlich sein. Nach Art. 95 EGV brauchen die Maßnahmen dagegen lediglich die Errichtung und das Funktionieren des Binnenmarktes zum Gegenstand zu haben. Davon abgesehen

223 ABl. EU v. 23.12.2003, Nr. L 338, S. 1.
224 ABl. EG v. 30.6.2000, Nr. L 160, S. 37.
225 Schwarze/Wiedmann, Art. 65 EGV Rn. 23, 24; Basedow, CMLR 2000, S. 687, 697 ff.; ähnlich Lenz/Borchardt/Bergmann, Art. 65 EGV Rn. 1, 2.
226 Wagner, IPRax 2002, S. 75, 85.

enthält Art. 14 Abs. 2 EGV eine Legaldefinition des Binnenmarktes, wonach dieser „einen Raum ohne Binnengrenzen, in dem der freie Verkehr von Waren, Personen, Dienstleistungen und Kapital gemäß den Bestimmungen dieses Vertrages gewährleistet ist", umfasst. Gegen seine Eigenschaft als bloße Komplementärnorm spricht ferner, dass Art. 65 EGV nur beispielhaft einige Rechtsgebiete nennt. Eine Begrenzung auf die Personenfreizügigkeit lässt sich auch aus diesem Grund nicht feststellen.

Daher sind Art. 61 lit. c) EGV in Verbindung mit Art. 65 EGV und Art. 67 EGV zu Recht als umfassende und spezielle internationalprivat- und internationalverfahrensrechtliche Kompetenznorm für den Erlass der EuGVVO anzusehen. Denn es dürfte außer Frage stehen, dass Regelungen zur Anerkennung und Vollstreckung gerichtlicher Entscheidungen in Zivil- und Handelssachen zum reibungslosen Funktionieren des Binnenmarktes im Sinne des Art. 65 EGV erforderlich sind. Die Notwendigkeit eines einheitlichen Verfahrens für das reibungslose Funktionieren des Binnenmarktes zur Erreichung der Freizügigkeit lässt sich ebenso wenig leugnen.

Insoweit kann die Vorschrift nicht nur als Ermächtigungsgrundlage für den Erlass der EuGVVO herangezogen werden, sondern auch für ihre Weiterentwicklung durch die EuVTVO. Denn auch der Verzicht auf das Zwischenverfahren der Vollstreckbarerklärung ist als Verbesserung und Vereinfachung der Anerkennung und Vollstreckung anzusehen[227].

#### *b) Art. 293 EGV*

Fraglich ist, wie das Rangverhältnis zwischen Art. 65 lit. a), 3. Spiegelstrich EGV und Art. 293, 4. Spiegelstrich EGV zu bestimmen ist. Nach Art. 293, 4. Spiegelstrich EGV können die Mitgliedstaaten – soweit erforderlich – untereinander Verhandlungen einleiten, um zugunsten ihrer Staatsbürger die Vereinfachung der Förmlichkeiten für die gegenseitige Anerkennung und Vollstreckung richterlicher Entscheidungen und Schiedssprüche sicherzustellen. Beide Vorschriften sind ähnlich abgefasst und haben ihrem Wortlaut nach die Vereinfachung der Förmlichkeiten für die gegenseitige Anerkennung und Vollstreckung richterlicher Entscheidungen und Schiedssprüche zum Gegenstand. Art. 293 EGV wurde bereits an anderer Stelle erwähnt[228]. Auf dieser Vorschrift gründet das EuGVÜ. Art. 293 EGV führt lediglich den früheren Art. 220 EGV fort. Hiernach waren die Vertragsstaaten befugt, völkerrechtliche Übereinkommen –

227 Vgl. hierzu Wagner, IPRax 2002, S. 75, 86.

228 Vgl. Ausführungen zu Teil 2 B. I. 3. b).

wie das EuGVÜ – zur Ergänzung der Regelungen des gemeinsamen Marktes zu erlassen[229].

Der Regelungsbereich der beiden Vorschriften überschneidet sich, doch stimmt die Reichweite nicht überein. Art. 65 EGV verlangt einen grenzüberschreitenden Bezug und die Erforderlichkeit der Maßnahmen für das reibungslose Funktionieren des Binnenmarktes. Art. 293 EGV ist dagegen auf zivilrechtliche Entscheidungen nicht beschränkt, sondern umfasst alle Rechtsgebiete. Einigkeit besteht dahingehend, dass Art. 293, 4. Spiegelstrich EGV gegenüber Art. 65 EGV subsidiär ist[230]. Dies folgt aus dem Wortlaut des Art. 293 EGV („soweit erforderlich").

Nach Einführung des Art. 65 EGV im Bereich der Zivil- und Handelssachen und Anwendbarkeit der EuGVVO auch auf Dänemark stellt sich die Frage nach dem für Art. 293, 4. Spiegelstrich EGV verbleibenden Anwendungsbereich und dessen Existenzberechtigung[231].

## 5. Verhältnis der EuVTVO zu anderen Rechtsakten

Nachdem nun die EuVTVO in Kraft ist, stellt sich die Frage, ob sie andere Rechtsinstitute auf dem Gebiet der Anerkennung und Vollstreckung ausländischer Entscheidungen in Zivil- und Handelsachen vollständig verdrängt. Diese Überlegung liegt nahe, scheint doch die EuVTVO nach dem bisher Gesagten die Durchsetzung ausländischer Entscheidungen in anderen Mitgliedstaaten erheblich erleichtert und beschleunigt zu haben, so dass ein Rückgriff auf andere Rechtsakte ausgeschlossen sein könnte.

### *a) Verhältnis zur EuGVVO*

Die EuVTVO gilt – soweit ihr sachlicher Anwendungsbereich[232] eröffnet ist – nicht ausnahmslos. Sie lässt die EuGVVO sowie Vollstreckungsregelungen in anderen Gemeinschaftsrechtsakten zu[233]. Der Gläubiger hat nach Art. 27 EuVTVO die Wahl, ob er die Bestätigung der ausländischen Entscheidung als Europäischer Vollstreckungstitel oder die Vollstreckbarerklärung nach Art. 38 ff. EuGVVO beantragt. Dadurch wird dem Gläubiger in Zweifelsfällen ein si-

229 Zu den begrenzten Handlungspflichten der Mitgliedstaaten im Rahmen des Art. 220 EGV vgl. v. der Groeben/Thiesing/Ehlermann/Schwartz, Art. 220 EGV Rn. 13 ff..

230 Z. B. Schwarze/Wiedmann, Art, 65 Rn. 25; Wagner, IPRax 2002, S. 75, 84; Besse, ZEuP 1999, S. 107, 119; Bieber/Epiney/Haag, § 15 Rn. 4.

231 Ausführlich zur Existenzberechtigung des Art. 293, 4. Spiegelstrich EGV Drappatz, Überführung des internationalen Zivilverfahrensrechts, S. 116 ff..

232 Vgl. unten Teil 2 B III 1. a).

233 Vgl. Erwägungsgrund Nr. 20 der EuVTVO.

cherer Weg zur Herbeiführung der Zwangsvollstreckungsvoraussetzungen eröffnet, so etwa, wenn Unsicherheiten über den zeitlichen Anwendungsbereich der EuVTVO bestehen[234]. Ob der Gläubiger auch parallel vorgehen, also gleichzeitig einen Antrag auf Bestätigung und einen auf Vollstreckbarerklärung stellen kann, um dann aus der zuerst erteilten Entscheidung vorzugehen, erscheint im Hinblick auf den Wortlaut des Erwägungsgrundes Nr. 20 zweifelhaft[235]. Hiernach stehen die EuGVVO bzw. andere Gemeinschaftsrechtsakte und die EuVTVO in einem Alternativitätsverhältnis zueinander („oder"). Ein solches Verhältnis besteht nach dem Wortlaut des Art. 27 EuVTVO dagegen nicht, so dass hiernach eine Sperrwirkung zwischen beiden Verordnungen nicht festgestellt werden kann. Es zeigt sich hier schon eine erste Ungereimtheit der neuen Verordnung, die es zu überwinden gilt. Hier wird die Praxis zeigen, dass ein paralleles Vorgehen nicht sinnvoll ist. Ein solches ist für den Gläubiger mit Kosten verbunden. Allein schon aus diesem Grund wird er sich nur für ein einziges Verfahren entscheiden. Aus Gründen der Bequemlichkeit wird seine Wahl wohl auf das Verfahren nach der EuVTVO fallen. Denn das Gericht des Urteilsstaates, das die Bestätigung als Europäischer Vollstreckungstitel ausstellt, ist dem Gläubiger bereits aus dem Erkenntnisverfahren bekannt. Wie noch zu zeigen sein wird, bestehen hier für den Schuldner auch weniger Möglichkeiten, die Vollstreckung anzugreifen oder ganz zu verhindern.

### *b) Verhältnis zum EuGVÜ und zum LugÜ*

Im Verhältnis zum EuGVÜ ist die EuVTVO vorrangig anzuwenden. Bereits die EuGVVO hatte diesen völkerrechtlichen Vertrag nach Art. 68 EuGVVO weitgehend verdrängt, nunmehr auch im Verhältnis zu Dänemark. Für die Anwendung des EuGVÜ bleibt kein Raum mehr. Die Anwendung entscheidet sich nur noch zwischen der EuGVVO und der EuVTVO.

Die EuVTVO gilt nur im Verhältnis der Mitgliedstaaten zueinander. Im Verhältnis zu den Vertragsstaaten des LugÜ, die nicht Mitglied der Europäischen Union sind[236], ist das LugÜ bzw. das LugÜ II weiterhin anwendbar.

### *c) Verhältnis zum nationalen Recht*

Im Anwendungsbereich der EuVTVO gehen ihre Vorschriften dem nationalen Recht vor. Bereits zum Verhältnis zwischen §§ 722 f. ZPO und der EuGVVO wurde ausgeführt, dass letztere das Vollstreckbarerklärungsverfahren nach auto-

---

234 Dazu mehr unter Teil 2 B. III. 1. c).

235 Bejahend Wagner, IPRax 2005, S. 189, 190; Klippstein, in: Gebauer/Wiedmann, Zivilrecht unter europäischem Einfluss, Kap. 31 Rn. 11.

236 Island, Norwegen, Schweiz.

nomen Recht verdrängt, sei es wegen des generellen Anwendungsvorranges, sei es wegen des fehlenden Rechtsschutzbedürfnisses für eine Vollstreckungsklage. Nichts anderes gilt nunmehr für die EuVTVO, gerade weil sie im Vergleich zur EuGVVO erleichterte Voraussetzungen zur Einleitung der eigentlichen Zwangsvollstreckung geschaffen hat.

## II. Überblick

Bevor auf die einzelnen Vorschriften der neuen Verordnung im Detail eingegangen wird, soll die EuVTVO an dieser Stelle einleitend kurz dargestellt werden.

Die EuVTVO beinhaltet insgesamt acht Kapitel.

In Kapitel I (Art. 1 bis Art. 4 EuVTVO) werden Gegenstand und Anwendungsbereich der EuVTVO umschrieben. Außerdem ist hier eine Definition der wichtigsten Begriffe gegeben. Der Gegenstand der EuVTVO ist in Art. 1 umrissen. In Art. 2 EuVTVO wird der sachliche Anwendungsbereich näher beschrieben. Art. 3 EuVTVO legt fest, welche Titel als Europäische Vollstreckungstitel vollstreckt werden können und wann eine Forderung als *unbestritten* gilt. In Art. 4 EuVTVO werden traditionell einige wichtige Begriffe wie *Entscheidung* oder *Forderung* definiert.

Art. 5 EuVTVO leitet Kapitel II der EuVTVO ein. Art. 5 EuVTVO, der wohl die wichtigste Norm darstellt, macht den Unterschied zur EuGVVO deutlich, indem er den eigentlichen revolutionären Gedanken der EuVTVO niederschreibt: den ausdrücklichen Verzicht auf das Vollstreckbarerklärungsverfahren. Zentrale Vorschrift des Kapitels II ist Art. 6 EuVTVO, der die Voraussetzungen für die Bestätigung als Europäischer Vollstreckungstitel nennt. Art. 6 Abs. 2 EuVTVO enthält eine Regelung zur Bestätigung der Nichtvollstreckbarkeit bzw. zur Beschränkung der Vollstreckbarkeit, mit der der Schuldner die Zwangsvollstreckung aufhalten kann. Art. 6 Abs. 3 EuVTVO regelt die Ersatzbestätigung des Gläubigers. Art. 7 und Art. 8 EuVTVO betreffen den Umfang der Bestätigung als Europäischer Vollstreckungstitel. Die Ausstellung der Bestätigung, ihre Berichtigung und ihr Widerruf sind in Art. 9 und Art. 10 EuVTVO geregelt. Art. 11 EuVTVO beschreibt die Wirkung der Bestätigung.

In Art. 12 bis Art. 19 EuVTVO, die Kapitel III darstellen, sind die Mindestvoraussetzungen enthalten, denen das gerichtliche Verfahren im Ursprungsmitgliedstaat genügen muss, damit eine Entscheidung im Sinne des Art. 3 Abs. 1 lit. b) oder c) EuVTVO dieses Staates als Europäischer Vollstreckungstitel bestätigt werden kann.

Kapitel IV (Art. 20 bis Art. 23 EuVTVO) betrifft die Vollstreckung aus dem Europäischen Vollstreckungstitel, wobei Art. 21 EuVTVO als einzigen Grund für die Verweigerung der Vollstreckung die Unvereinbarkeit der als Europäischer Vollstreckungstitel bestätigten Entscheidung mit einer früheren Entscheidung nennt. Hier wird erneut deutlich, dass eine Prüfung von Anerkenntnishindernissen, wie sie noch in Art. 34 und 35 Abs. 1 EuGVVO erfolgt, nicht stattfindet[237].

Kapitel V widmet sich in Art. 24 EuVTVO den gerichtlichen Vergleichen und in Art. 25 EuVTVO den öffentliche Urkunden, die eine Forderung im Sinne des Art. 4 Nr. 2 EuVTVO betreffen und im Ursprungsmitgliedstaat vollstreckbar sind. Auch sie können unter Verwendung der Formblätter in Anhang II bzw. Anhang III als Europäische Vollstreckungstitel bestätigt werden und in anderen Mitgliedstaaten vollstreckt werden. Zu beachten ist, dass die Bestimmungen von Kapitel II und IV mit Ausnahme der in Art. 24 Abs. 3 EuVTVO bzw. Art. 25 Abs. 3 EuVTVO genannten Vorschriften auf gerichtliche Vergleiche und öffentliche Urkunden ebenfalls Anwendung finden.

Kapitel VI enthält die Übergangsbestimmung des Art. 26 EuVTVO, wonach die EuVTVO nur für nach ihrem Inkrafttreten ergangene Entscheidungen, gerichtliche Vergleiche und öffentliche Urkunden gilt.

Das Verhältnis der EuVTVO zu anderen Rechtsakten, welches bereits beschrieben wurde[238], regeln Art. 27 (Verhältnis zur EuGVVO) und Art. 28 EuVTVO (Verhältnis zur EuZustVO) in Kapitel VII.

In Art. 29 und Art. 30 EuVTVO sind Mitteilungs- und Informationspflichten für die Mitgliedstaaten und die Kommission vorgesehen. Art. 31 EuVTVO enthält eine Regelung zu Änderungen der Anhänge. Art. 32 weist dem Ausschuss nach Art. 75 EuGVVO Aufgaben zu. Das Inkrafttreten der EuVTVO bestimmt schließlich Art. 33 EuVTVO. Diese Vorschriften bilden zusammen das letzte Kapitel der EuVTVO.

Inhalt der Verordnung sind auch die Formblätter im Anhang, die eine beschleunigte und vereinfachte Handhabung der Verordnung gewährleisten sollen[239].

---

237 Auf die Kritik der mangelnden Prüfung eines Verstoßes gegen den ordre public wird unter Teil 2 B. IV. 5. noch eingegangen werden.

238 Vgl. die Ausführungen zu Teil 2 B. I. 5.

239 Mit der Verordnung (EG) Nr. 1869/2005 der Kommission vom 16. November 2005 wurden die Anhänge aufgrund des Beitritts der neuen Mitgliedstaaten am 1. Mai 2004 ersetzt und die Formblätter angepasst, damit sie in den neuen Mitgliedstaaten verwendet werden können.

# III. Anwendung der EuVTVO

Wann greift die EuVTVO ein und unter welchen Voraussetzungen wird die Bestätigung als Europäischer Vollstreckungstitel erteilt?

## 1. Anwendungsbereich

In einem ersten Prüfungsschritt ist zunächst generell bei Anwendung einer EG-Verordnung zu prüfen, ob der Gemeinschaftsrechtsakt in sachlicher, räumlicher und zeitlicher Hinsicht anwendbar ist. Für die EuVTVO gilt hier keine Ausnahme.

### *a) Sachlich*

Ein Titel kann nur dann als Europäischer Vollstreckungstitel bestätigt werden, wenn die Angelegenheit in den von Art. 2 Abs. 1 und 2 EuVTVO umschriebenen Anwendungsbereich fällt. Bis auf den Zusatz über die Haftung des Staates in Art. 2 Abs. 1 S. 2 EuVTVO ist er identisch mit demjenigen nach Art. 1 Abs. 1, 2 EuGVVO, der wiederum den Art. 1 EuGVÜ und Art. 1 LugÜ entspricht. Diese Übereinstimmung ist insoweit von Vorteil, als in Zweifelsfällen auf die Auslegung dieser Vorschriften zurückgegriffen werden kann, insbesondere auf die erläuternden Berichte zu den Übereinkommen und auf die Rechtsprechung des Europäischen Gerichtshofes. Ihm obliegt die oberste Auslegungskompetenz[240]. Darüber hinaus können die einschlägigen Kommentare zur Erläuterung der Vorschriften herangezogen werden. Bei der Vielzahl von Verordnungen, die inzwischen existieren, ist eine einheitliche Auslegung der Begriffe innerhalb des Systems des europäischen Zivilverfahrensrechts essentiell. Insoweit ist die Anwendung der Verordnungen für die durch sie Betroffenen besonders einfach, wenn übereinstimmende Tatbestandsmerkmale verwendet werden.

Nach Art. 2 Abs. 1 EuVTVO umfasst der Anwendungsbereich der EuVTVO alle Zivil- und Handelssachen, unabhängig von der Art der Gerichtsbarkeit. Daraus folgt, dass es für die Einordnung ausschließlich auf materielle Kriterien ankommt, so dass die EuVTVO auch Streitigkeiten vor den Arbeits- oder Verwaltungsgerichten erfasst, soweit Streitgegenstand eine Zivil- oder Handelssache

240 Zur EuVTVO und zur EuGVVO: Art. 68, 234 EGV; zum EuGVÜ: Protokoll vom 3.6.1971 betreffend die Auslegung des Übereinkommens vom 27.9.1968 über die gerichtliche Zuständigkeit und die Vollstreckung gerichtlicher Entscheidungen in Zivil- und Handelssachen durch den Gerichtshof (BGBl. 1972 II, S. 845); zum LugÜ vgl. das diesem beigefügte Protokoll Nr. 2 über die einheitliche Auslegung des Übereinkommens sowie die Erklärungen der Vertreter der Regierungen der Unterzeichnerstaaten.

ist[241]. Allerdings erfasst die EuVTVO keine Steuer- oder Zollsachen und verwaltungsrechtliche Angelegenheiten sowie die Haftung des Staates für Handlungen oder Unterlassungen im Rahmen der Ausübung hoheitlicher Gewalt (*acta iure imperii*). Die Unterscheidung von hoheitlicher und privatrechtlicher Tätigkeit wurde bereits in einem anderen Zusammenhang kurz erläutert[242]. Die ausdrückliche Erwähnung der *acta iure imperii* geht auf das deutsche Anliegen zurück, im Text der EuVTVO ausdrücklich klarzustellen, dass namentlich Entscheidungen, in denen der deutsche Staat wegen deutscher Kriegsverbrechen in der Vergangenheit haftbar gemacht wird, nicht als Europäische Vollstreckungstitel bestätigt werden können[243]. Bei Ansprüchen gegen den Staat aus privatrechtlichen Angelegenheiten kommt die EuVTVO dagegen zur Anwendung.

Vom Anwendungsbereich ausgenommen sind lediglich die in Art. 2 Abs. 2 EuVTVO genannten Rechtsgebiete. Die Aufzählung entspricht derjenigen in Art. 1 Abs. 2 EuGVVO. Die EuVTVO ist nicht anzuwenden auf Statusverfahren (Art. 2 Abs. 2 lit. a) EuVTVO). Unterhaltssachen fallen damit – anders als Ansprüche aus ehelichem Güterrecht – in den Anwendungsbereich der EuVTVO. Sie gilt nicht für Konkurse, Vergleiche und ähnliche Verfahren wie zum Beispiel Insolvenzverfahren. Ausgeschlossen sind ferner Streitigkeiten auf dem Gebiet der sozialen Sicherheit (Art. 2 Abs. 2 lit. c) EuVTVO). Der Ausschluss betrifft hauptsächlich Streitigkeiten zwischen Sozialversicherungsträgern und Berechtigten. Art. 2 Abs. 2 lit. d) EuVTVO nimmt schließlich die Schiedsgerichtsbarkeit vom Anwendungsbereich der EuVTVO aus. Hiervon betroffen sind auch Nebenverfahren vor staatlichen Gerichten, insbesondere über die Aufhebung, Anerkennung und Vollstreckung von Schiedssprüchen[244].

Es kann festgehalten werden, dass die EuVTVO keinen anderen sachlichen Anwendungsbereich als die EuGVVO und das EuGVÜ enthält. Das Europäische Parlament ist sich insofern treu geblieben, als auch die EuVTVO den Begriff der Zivil- und Handelssache nicht (positiv) definiert.

#### *b) Räumlich*

Die EuVTVO findet auf gerichtliche Entscheidungen Anwendung, die von den Gerichten eines EU-Mitgliedstaates[245] erlassen worden sind, ferner auf Vergleiche, die vor einem Gericht in einem Mitgliedstaat geschlossen oder von diesem

241 Vgl. Jenard-Bericht zum EuGVÜ, Drittes Kapitel, III. (ABl. EG v. 5.3.1979, Nr. C 59, S. 1).

242 Vgl. die Ausführungen zu Teil 2 A. IV. 1. b).

243 So Kropholler, Art. 2 EuVTVO Rn. 2.

244 Vgl. hierzu §§ 1059 ff ZPO.

245 Erweiterung in Art. 4 Nr. 7 EuVTVO betreffend das summarische Mahnverfahren in Schweden.

gebilligt worden sind. Schließlich fallen in den Anwendungsbereich der EuVTVO öffentliche Urkunden, die von der Behörde oder eine anderen befugten Stelle in einem EU-Mitgliedstaat aufgenommen oder registriert worden sind. Sie gilt also in allen Mitgliedstaaten der Europäischen Union mit Ausnahme Dänemarks (Art. 2 Abs. 3 EuVTVO). Aufgrund einer Sonderregelung beteiligt sich Dänemark generell nicht an Maßnahmen der justiziellen Zusammenarbeit in Zivilsachen[246]. Eine Ausdehnung der EuVTVO auf Dänemark durch ein Sonderübereinkommen mit der Union – wie es bei der EuGVVO geschehen ist[247] – ist derzeit nicht geplant, jedoch auch nicht ausgeschlossen.

Vom räumlichen Anwendungsbereich nicht ausgeschlossen sind dagegen das Vereinigte Königreich und Irland, da sie von ihrer *opt-in*-Möglichkeit Gebrauch gemacht haben[248]. Zum Kreis der Mitgliedstaaten gehören auch die zehn Staaten, die am 1. Mai 2004 der Europäischen Union beigetreten sind sowie Rumänien und Bulgarien, die seit dem 1. Januar 2007 Mitglieder der Europäischen Union sind. Wie bereits erwähnt[249], gelten die EG-Verordnungen gemäß Art. 249 Abs. 2 EGV unmittelbar in allen Mitgliedstaaten ohne das Erfordernis eines Umsetzungsaktes und erstrecken sich als *acquis communautaire* automatisch auf neue Mitgliedstaaten.

Auch für zukünftig neu beitretende Staaten wird die EuVTVO vom Tag des Beitritts an Geltung beanspruchen. Zurzeit sind Beitrittskandidaten Kroatien, Mazedonien sowie die Türkei.

#### c) *Zeitlich*

In zeitlicher Hinsicht erstreckt sich die EuVTVO auf Entscheidungen, die nach ihrem Inkrafttretens am 21. Januar 2005 *ergangen* sind sowie auf gerichtliche Vergleiche und öffentliche Urkunden, die seit diesem Zeitpunkt geschlossen bzw. aufgenommen worden sind. Dennoch können diese Titel gemäß Art. 26 in Verbindung mit Art. 33 EuVTVO erst seit dem 21. Oktober 2005 als Europäische Vollstreckungstitel bestätigt werden[250].

246 Vgl. die Ausführungen zu Teil 1 B.

247 Vgl. die Ausführungen zu Teil 1 B.

248 Vgl. Erwägungsgrund Nr. 24 der EuVTVO.

249 Vgl. die Ausführungen zu Teil 1 B.

250 Zur Unterscheidung von Inkrafttreten, Wirksamwerden und Beginn der Anwendung von EG-Verordnungen vgl. Leitlinie 20 des Gemeinsamen Leitfadens des Europäischen Parlaments, des Rates und der Kommission für Personen, die in den Gemeinschaftsorganen an der Abfassung von Rechtstexten mitwirken, URL: http://europe.eu.int/eur-lex/de/about/techleg/guide/pdf/de.pdf.

Fraglich ist, wann eine Entscheidung *ergangen* ist. Nach *Kropholler*[251] ist eine Entscheidung an dem Tag „ergangen", an dem sie gemäß der *lex fori* des Urteilsstaats nach außen wirksam geworden ist. Zutreffender ist jedoch die autonome Auslegung, die auch der Europäische Gerichtshof praktiziert[252]. Nur auf diese Weise ist es möglich, einheitliche europäische Lösungen zu erarbeiten und die gleichförmige Anwendung vereinheitlichten Rechts in allen Mitgliedstaaten zu gewährleisten. Dem europäischen Recht zugrunde liegende Wertung dürfen nicht durch eine Verweisung auf nationales Recht verfälscht werden[253].

## 2. Auslegung

Die EuVTVO ist neu. Die Frage ihrer Anwendung wird sich nicht selten und vor allem für die Gerichte stellen. Schließlich obliegt es ihnen, die nationalen Entscheidungen als Europäische Vollstreckungstitel zu bestätigen oder sich mit Einwendungen des Schuldners auseinander zu setzen. Für die Auslegung der EuVTVO gelten dieselben Regeln wie für die EuGVVO. Soweit sich bei der Anwendung Auslegungsschwierigkeiten ergeben, sind die nationalen Gerichte nach Art. 68 Abs. 1 EGV berechtigt, aber auch verpflichtet, den Europäischen Gerichtshof anzurufen und ihm ihre Frage vorzulegen. Wie schon erwähnt, ist es dabei von Vorteil, dass an einigen Stellen die EuVTVO Parallelen zur EuGVVO bzw. zum EuGVÜ aufweist, so im bereits dargestellten sachlichen Anwendungsbereich[254]. Auf diese Weise kann auf bereits ergangene Entscheidungen des Europäischen Gerichtshofes zurückgegriffen werden.

## 3. Als Europäische Vollstreckungstitel bestätigungsfähige Entscheidungen

Nicht jede zivil- und handelsrechtliche Entscheidung, die in den soeben umschriebenen Anwendungsbereich der EuVTVO fällt, kann als Europäischer Vollstreckungstitel bestätigt werden. Was also macht einen Europäischen Vollstreckungstitel aus? Als Pilotprojekt können nach der EuVTVO nur bestimmte Titel dem Bestätigungsverfahren unterworfen werden. Welche dies sind, bestimmt Art. 3 EuVTVO.

251 Kropholler, Art. 26 EuVTVO Rn. 1 und hier Fußnote 1.

252 Beispiele in Schack, IZVR, Rn. 292.

253 So zutreffend Schack, IZVR, Rn. 98.

254 Weitere Parallelen: z. B. Definition der Entscheidung in Art. 4 Nr. 1 EuVTVO, Vollstreckungsverbote in Art. 21 und Art. 22 EuVTVO.

### *a) Art. 3 Abs. 1 EuVTVO*

Dem Grundsatz des Art. 3 Abs. 1 EuVTVO zufolge gilt die EuVTVO zunächst für Entscheidungen, gerichtliche Vergleiche und öffentliche Urkunden über unbestrittene Forderungen.

#### aa) Entscheidungen, gerichtliche Vergleiche, Urkunden

In erster Linie kommen als nationale Titel, die als Europäischer Vollstreckungstitel bestätigt werden können, *Entscheidungen* in Betracht. Art. 4 Nr. 1 EuVT-VO enthält zum Begriff der Entscheidung eine Legaldefinition, die an Art. 32 EuGVVO und Art. 25 EuGVÜ sowie an Art. 25 LugÜ angelehnt ist. Danach ist unter diesem Begriff „jede von einem Gericht eines Mitgliedstaates erlassene Entscheidung ohne Rücksicht auf ihre Bezeichnung wie Urteil, Beschluss, Zahlungsbefehl oder Vollstreckungsbescheid, einschließlich des Kostenfestsetzungsbeschlusses eines Gerichtsbediensteten" zu verstehen. Es kann folglich auf die bisherige Kommentarliteratur und Rechtsprechung zurückgegriffen werden.

Bestätigungsfähig sind darüber hinaus *öffentliche Urkunden* (Art. 3 Abs. 1, Art. 25 EuVTVO). Erläutert wird dieser Begriff in Art. 4 Nr. 3 lit. a) EuVTVO. Danach ist eine öffentliche Urkunde ein „Schriftstück, das als öffentliche Urkunde aufgenommen oder registriert worden ist, wobei die Beurkundung sich auf die Unterschrift und den Inhalt der Urkunde bezieht und von einer Behörde oder einer anderen von dem Ursprungsmitgliedstaat hierzu ermächtigten Stelle vorgenommen worden ist". Diese Begriffsbestimmung lehnt an die Rechtsprechung des Europäischen Gerichtshofes zu Art. 50 EuGVÜ an[255]. Mit seinem Urteil vom 17. Juni 1999 hatte sich der Europäische Gerichtshof zum ersten Mal zum Begriff der „öffentlichen Urkunde" im Sinne von Art. 50 EuGVÜ geäußert. Im konkreten Fall hatte der EuGH die Frage zu entscheiden, ob ein Schuldschein dänischen Rechts, welcher ohne Beteiligung einer Behörde ausgestellt wird, eine öffentliche Urkunde im Sinne der Vorschrift darstellt. Der Europäische Gerichtshof kam zu dem Ergebnis, dass ein nach dem Recht des Ursprungsstaates vollstreckbarer Schuldschein, der nicht von einer Behörde oder einer anderen von diesem Staat hierzu ermächtigten Stelle beurkundet worden ist, keine öffentliche Urkunde im Sinne von Art. 50 EuGVÜ ist.

Darüber hinaus zählt die EuVTVO zu den öffentlichen Urkunden nach Art. 4 Nr. 3 lit. b) EuVTVO auch Unterhaltsvereinbarungen oder -verpflichtungen, die vor einer Verwaltungsbehörde geschlossen oder vor ihr beurkundet wurden. Diese Definition impliziert, dass der sachliche Anwendungsbereich auch Unterhaltsansprüche erfasst.

255 EuGH, IPRax 2000, S. 409, 410 f.; dazu Geimer, IPRax 2000, S. 366 ff..

Ebenfalls in den Anwendungsbereich der EuVTVO fallen *Vergleiche*, die von einem Gericht gebilligt oder vor einem Gericht im Laufe eines Verfahrens geschlossen worden sind (Art. 3 Abs. 1, Art. 24 EuVTVO). In die erste Kategorie fallen die gemäß § 278 Abs. 6 ZPO durch gerichtlichen Beschluss festgestellten Vergleiche aufgrund eines gerichtlichen oder dem Gericht unterbreiteten Vergleichsvorschlages. Zur zweiten Kategorie gehören die vor Gericht geschlossenen Vergleiche gemäß § 794 Abs. 1 Nr. 1 ZPO, einschließlich der Vergleiche im Prozesskostenhilfebewilligungsverfahren nach § 118 Abs. 1 S. 3 ZPO und im selbständigen Beweisverfahren nach § 492 Abs. 3 ZPO[256].

Ob auch die gemäß § 794 Abs. 1 Nr. 1 ZPO vor Gütestellen geschlossenen Vergleiche und die Anwaltsvergleiche gemäß § 796 a ZPO hierunter fallen, ist zweifelhaft. In der Mitteilung der Kommission an das Europäische Parlament wird darauf hingewiesen, dass die in Art. 24 EuVTVO verwendete Kombination der englischen und französischen Sprachfassung von Art. 58 EuGVVO *(„approved by a court" bzw. „conclues devant le judge")* außergerichtliche Vergleiche, die aufgrund einer Gerichtsentscheidung vollstreckbar geworden sind, ausdrücklich ausschließen soll[257]. Wird der Auffassung der Kommission gefolgt, so schließt sich die Frage an, ob Vergleiche vor Gütestellen und Anwaltsvergleiche als öffentliche Urkunden im Sinne von Art. 3 Abs. 1 S. 2 lit. d), Art. 4 Nr. 3 lit. a), Art. 25 EuVTVO anzusehen ist. Bisweilen wird auf die Rechtsprechung und Literatur zu Art. 57, 58 EuGVVO eingegangen, wonach Vergleiche vor Gütestellen als öffentliche Urkunde angesehen[258]. Anwaltsvergleiche werden jedoch aus dem Anwendungsbereich ausgenommen, da es sich hierbei um Privaturkunden handelt, die nicht unmittelbar die Zwangsvollstreckung ermöglichen, sondern gemäß §§ 796a ff. ZPO der gerichtlichen oder notariellen Vollstreckbarerklärung bedürfen[259]. Ist dies geschehen, so sollte der bei Gericht oder beim Notar niedergelegte Anwaltsvergleich zusammen mit der Vollstreckbarerklärung nach § 796 b ZPO bzw. § 796 c ZPO einer öffentlichen Urkunde im Sinne des

256 Rellermeyer, Rpfleger 2005, S. 389, 392.

257 Mitteilung der Kommission, KOM (2004) 90, unter 3.3.2 zu Art. 25; a. A. Wagner, IPRax 2005, S. 189, 192; Rauscher/Rauscher/Pabst, EuZPR II, Art. 3 EuVTVO Rn. 9; zur Frage, inwieweit solche Vergleiche als öffentliche Urkunden angesehen werden können, ausführlich Rellermeyer, Rpfleger 2005, S. 389, 392.

258 Rauscher/Staudinger, EuZPR I, Art. 58 EuGVVO Rn. 9; Kropholler, Art. 58 EuGVVO Rn. 1.

259 Rauscher/Staudinger, EuZPR I, Art. 58 EuGVVO Rn. 9; Kropholler, Art. 58 EuGVVO Rn. 1; Saenger/Dörner, Art. 57 EuGVVO Rn. 6.

Art. 3 Abs. 1 S. 2 lit. d), Art. 4 Nr. 3 lit. a), Art. 25 EuVTVO gleichgestellt werden[260].

### bb) Forderung

Weitere Voraussetzung für die Anwendung der EuVTVO ist, dass den soeben beschriebenen Entscheidungen, gerichtlichen Vergleichen und öffentlichen Urkunden eine *Forderung* zugrunde liegt.

Für den Begriff der Forderung hält Art. 4 Nr. 2 EuVTVO ebenfalls eine Legaldefinition bereit. Es muss sich um „eine Forderung auf Zahlung einer bestimmten Geldsumme, die fällig ist oder deren Fälligkeitsdatum in der Entscheidung, dem gerichtlichen Vergleich oder der öffentlichen Urkunde angegeben ist", handeln.

#### (1) Geldforderung

Die Beschränkung auf *Geld*forderungen ist auf die Überlegung zurückzuführen, dass der Inhalt einer Entscheidung, die vollstreckt werden soll, am leichtesten bei Geldforderungen zu ermitteln ist. Die Bundesrechtsanwaltskammer hatte in ihrer Stellungnahme zum Vorschlag für die EuVTVO[261] zwar zugegeben, dass die Vollstreckung wegen Geldforderungen den bei weitem größten Teil der in der Praxis relevanten Fälle ausmache. Dennoch sei auch in anderen Bereichen ein Verzicht auf ein Exequaturverfahren möglich, so bei Herausgabeansprüchen und Verschaffungsansprüchen, soweit es sich um Stückschulden handelt.

Hierzu ist zu sagen, dass nicht außer Betracht gelassen werden darf, dass es sich um ein Pilotprojekt handelt und die EuVTVO sich zunächst bewähren muss. Sie regelt einen wesentlichen Bereich der in der Praxis relevanten Fälle, wie die Bundesrechtsanwaltskammer zutreffend selbst erkannt hat. Ob der Anwendungsbereich weiter ausgedehnt wird, ist derzeit zwar nicht absehbar. Das Maßnahmeprogramm des Europäischen Rates sieht jedoch als dritte Maßnahmestufe die Abschaffung des Exequaturverfahrens für alle Rechtsgebiete vor, so dass der Verzicht des Exequatur in naher Zukunft sicherlich nicht mehr die Ausnahme, sondern die Regel darstellen wird. Zunächst gilt es jedoch den Erfolg der neuen Verordnung abzuwarten.

---

260 So auch Rauscher/Staudinger, EuZPR I, Art. 58 EuGVVO Rn. 9; Kropholler, Art. 58 EuGVVO Rn. 1; Saenger/Dörner, Art. 57 EuGVVO Rn. 6; Thomas/Putzo/Hüßtege, Art. 57 EuGVVO Rn. 2; Trittmann/Merz, IPRax 2001, S. 178, 180 ff. zur Vollstreckbarkeit des Anwaltsvergleichs nach EuGVÜ/LugÜ.

261 Vorschlag der Kommission, KOM (2002) 159 endg..

(2) Bestimmtheit

Ferner muss die zu zahlende Geldsumme *bestimmt* sein. Aus den Anhängen I bis III zur EuVTVO (jeweils unter 5.) ergibt sich, welchen Anforderungen dieses Merkmal genügen muss. Danach muss ein bezifferter Betrag in einer bestimmten Währung angegeben sein (unter 5.1. und 5.1.1.). Schließlich sind auch Zinsforderungen, die im Titel nicht konkret beziffert sind, sondern als bestimmter Prozentsatz angegeben sind, zu berücksichtigen (unter 5.2).

(3) Fälligkeit

Weiterhin ist erforderlich, dass die bestimmte Geldsumme *fällig* ist oder deren Fälligkeitsdatum in der Entscheidung, dem gerichtlichen Vergleich oder der öffentlichen Urkunde angegeben ist.

Es reicht folglich aus, wenn die Forderung noch nicht fällig ist, der Zeitpunkt der Fälligkeit jedoch konkret dem Titel zu entnehmen ist. Maßgeblich ist, dass in dem Titel hinsichtlich der Fälligkeit oder des Fälligkeitsdatums keine Einschränkungen vermerkt sind, so dass im Bestätigungsverfahren keine gesonderte Prüfung der Fälligkeit stattfindet[262]. Folgerichtig sind Zug-um-Zug-Verurteilungen der Bestätigung nicht zugänglich, da der Anspruch von einer Gegenleistung abhängig gemacht wird[263]. Andererseits können wiederkehrende Leistungen wie Unterhaltszahlungen Gegenstand der Bestätigung sein. Dies ergibt sich aus 5.1.2. der Anhänge I bis III zur EuVTVO. Voraussetzung hierfür ist, dass die notwendigen Angaben (Höhe jeder Rate, Fälligkeit der ersten und der nachfolgenden Raten, Laufzeit der Forderung, Fälligkeit der letzten Rate) in den jeweiligen Anhängen eingetragen werden. Im Umkehrschluss scheiden damit Unterhaltstitel aus, die zur Zahlung künftiger Unterhaltsbeträge verpflichten, ohne ihre jeweilige Fälligkeit anzugeben[264].

cc) Unbestritten

Die Anwendung der EuVTVO setzt weiter voraus, dass die Geldforderung *unbestritten* ist. Nach der Legaldefinition des Art. 3 Abs. 1 S. 2 EuVTVO zu urteilen muss die Umschreibung dieses Begriffs die Hauptschwierigkeit gewesen sein. Nur so lässt sich erklären, warum die Begriffsbestimmung so kompliziert und umständlich geworden ist.

262 Rauscher, EuVT, Rn. 51.

263 Wagner, IPRax 2005, S. 189, 192; Rauscher, EuVT, Rn. 51.

264 Rausch, FuR 2005, S. 437, 439.

(1) Aktivität des Schuldners

Zunächst gilt eine Forderung als unbestritten, wenn der Schuldner ihr im gerichtlichen Verfahren ausdrücklich durch Anerkenntnis oder durch einen von einem Gericht gebilligten oder vor einem Gericht im Laufe eines Verfahrens geschlossenen Vergleich *zugestimmt* (Art. 3 Abs. 1 S. 2 lit. a) EuVTVO) oder er sie ausdrücklich in einer öffentlichen Urkunde[265] *anerkannt* hat (Art. 3 Abs. 1 S. 2 lit. d) EuVTVO). Der Sache nach geht es in diesen Fällen um Titel, die aufgrund der Mitwirkung des Schuldners – seiner Zustimmung – errichtet werden konnten. Der Schuldner sieht die Forderung also selbst als begründet an.

(2) Passivität des Schuldners

Daneben gibt es die Fälle, in denen eine unbestrittene Forderung im Sinne der EuVTVO auch in Säumnissituationen vorliegt.

(a) Widerspruch zu keiner Zeit des Verfahrens

Eine solche ist gegeben, wenn der Schuldner ihr im *gerichtlichen Verfahren* zu keiner Zeit nach den maßgeblichen Verfahrensvorschriften des Rechts des Ursprungsmitgliedstaates widersprochen hat (Art. 3 Abs. 1 S. 2 lit. b) EuVTVO). Damit wird klargestellt, dass ein Widerspruch nur dann Gültigkeit erlangt, wenn er mit den Verfahrensvorschriften im Ursprungsmitgliedstaat im Einklang steht[266]. Maßgeblich ist die *lex fori*.

Der Kommissionsvorschlag bestimmte ausdrücklich, dass die bloße Erklärung des Schuldners, er könne seiner Zahlungsverpflichtung nicht nachkommen, da er sich in Zahlungsschwierigkeiten befinde und um Stundung oder Ratenzahlung bitte, nicht als Widerspruch angesehen werden könne[267]. Dies habe seinen Grund darin, dass die Begründetheit der Forderung nicht bestritten, sondern lediglich auf eine faktische Zahlungsunfähigkeit verwiesen werde. Es werde die Wahrscheinlichkeit einer erfolgreichen Vollstreckung in Frage gestellt. Problematisch ist, dass der endgültige Verordnungstext diese Passage nicht mehr enthält, so dass sich die Frage stellt, ob an dieser Auslegung weiterhin festzuhalten ist. Da diese Möglichkeit der Verteidigung ohne Ausnahme weggefallen ist, müsste bei einer wörtlichen Auslegung des geltenden Verordnungstextes der

265 Definiert in Art. 4 Nr. 3 EuVTVO.

266 Geänderter Vorschlag der Kommission, KOM (2003) 341 endg., unter 2.1 zu Art. 3 Absatz 4 Buchstabe b).

267 Vorschlag der Kommission, KOM (2002) 159 endg., unter 3. zur Art. 3 (unbestrittene Forderung).

Einwand der Zahlungsschwierigkeit als Bestreiten angesehen werden[268]. Andererseits erklärt der Schuldner mit diesem Einwand nicht, dass die gegen ihn gerichtete Forderung seiner Auffassung nach nicht besteht. Vielmehr bringt er nur zum Ausdruck, dass er die Forderung nicht erfüllen kann. Dies spricht wiederum dafür, dass der Einwand der mangelnden Zahlungsfähigkeit nicht als Bestreiten zu qualifizieren ist[269]. Auch der Sinn und Zweck der EuVTVO, ihr möglichst viele Titel zu unterwerfen und dem Bestätigungsverfahren zugänglich zu machen, gebieten es, diesen Einwand des Schuldners nicht als Bestreiten anzusehen. Schließlich ist diese Passage auch noch in dem geänderten Vorschlag der Kommission enthalten[270], welches die Annahme rechtfertigt, an der ursprünglichen Begründung festzuhalten.

Nach Erwägungsgrund Nr. 6 der EuVTVO ist ein fehlender Widerspruch des Schuldners auch anzunehmen, wenn er nicht zur Gerichtsverhandlung erscheint oder einer Aufforderung des Gerichts, schriftlich mitzuteilen, ob er sich zu verteidigen beabsichtigt, nicht nachkommt.

Unproblematisch ist allein die Rüge der Zuständigkeit des Gerichts nicht als Bestreiten i. S. d. Vorschrift zu sehen. Hierüber besteht Einigkeit[271]. Wenn sich der Schuldner dagegen zur Sache hilfsweise einlässt, ist die Forderung als bestritten anzusehen[272].

#### (b) Nicht mehr bestrittene Forderung

Einen weiteren Fall der Säumnissituation beschreibt Art. 3 Abs. 1 S. 2 lit. c) EuVTVO: Der Schuldner erscheint nicht zu einer Gerichtsverhandlung über die Forderung oder ist dabei nicht vertreten worden, nachdem er zuvor im gerichtlichen Verfahren der Forderung widersprochen hatte, sofern ein solches Verhalten nach dem Recht des Ursprungsmitgliedstaates als stillschweigendes Zugeständnis der Forderung oder des vom Gläubiger behaupteten Sachverhalts anzusehen ist.

---

268 So auch Rauscher/Rauscher/Pabst, EuZPR II, Art. 3 EuVTVO Rn. 16; Rauscher, EuVT, Rn. 57.

269 Kropholler, Art. 3 EuVTVO Rn. 5.

270 Geänderter Vorschlag der Kommission, KOM (2003) 341 endg., unter 4. zu Art. 3 Nr. 4 lit. b).

271 Z. B. Kropholler, Art. 3 EuVTVO Rn. 5; Rauscher/Rauscher/Pabst, EuZPR II, Art. 3 EuVTVO Rn. 14; Rellermeyer, Rpfleger 2005, S. 389, 393; Gebauer, NJ 2006, S. 103, 104.

272 Z. B. Kropholler, Art. 3 EuVTVO Rn. 5; Rauscher/Rauscher/Pabst, EuZPR II, Art. 3 EuVTVO Rn. 15; Rauscher, EuVT, Rn. 55.

(aa) Maßgebliches Recht

Auch in diesem Fall ist ein stillschweigendes Zugeständnis nach dem Recht des Ursprungsmitgliedstaates zu bewerten. Maßgeblich ist wiederum die *lex fori*. Gerade im Hinblick auf die unterschiedliche Ausgestaltung des Zivilverfahrensrechts der einzelnen Mitgliedstaaten soll durch Verweisung auf die *lex fori* sichergestellt werden, „dass unter den gegebenen Umständen ein mitgliedstaatliches Gericht eine Entscheidung nicht als Europäischen Vollstreckungstitel bestätigen muss, wenn die Forderung trotz des Nichterscheinens des Schuldners nach einzelstaatlichem Recht weiterhin als bestritten gilt[273]. Insoweit soll allein das nationale Verfahrensrecht darüber entscheiden, wie eine einmal bestrittene Forderung im weiteren Verlauf des Prozesses behandelt wird.

(bb) Anwendungsfälle in Deutschland

In Deutschland wären dieser Gruppe die Fälle zuzuordnen, in denen der Schuldner zunächst gegen einen Mahnbescheid Widerspruch einlegt und dann in dem daraufhin anberaumten Hauptverhandlungstermin nicht erscheint[274]. Hier kann das Verhalten des Schuldners dahingehend ausgelegt werden, die Forderung nicht länger bestreiten zu wollen. Auch ein zweites Versäumnisurteil nach § 345 ZPO kann als Europäischer Vollstreckungstitel bestätigt werden. Trotz des Einspruchs des Schuldners gegen das erste Versäumnisurteil ist die Forderung als unbestritten anzusehen, wenn der Schuldner in dem neu anberaumten Termin zur mündlichen Verhandlung nicht erscheint. Durch das Fernbleiben bringt der Schuldner zum Ausdruck, dass er das Bestehen der Forderung nicht (mehr) leugnet.

In der Berufungsinstanz kann ein gemäß § 539 Abs. 1 ZPO gegen den Berufungskläger (Schuldner) ergangenes, seine Berufung wegen Säumnis zurückweisendes Urteil nicht als Europäischer Vollstreckungstitel bestätigt werden. In der ersten Instanz wurde schließlich streitig verhandelt, was dazu führt, dass die Forderung gegen den Schuldner auch in zweiter Instanz bestritten bleibt[275].

(cc) Verschulden des Schuldners

Das Europäische Parlament hatte vorgeschlagen, die Bestätigung einer Säumnisentscheidung als Europäischer Vollstreckungstitel in diesen Fällen von einem

---

273 So die Mitteilung der Kommission, KOM (2004) 90 endg., unter 3.2.2. zu Artikel 2a.

274 Im deutschen Recht steht dem Nichterscheinen das Nichtverhandeln gleich, § 333 ZPO; gleiches gilt, wenn im Anwaltsprozess der Schuldner ohne seinen Anwalt erscheint.

275 So auch Rauscher/Rauscher/Pabst, EuZPR II, Art. 3 EuVTVO Rn. 21; Wagner, IPRax 2005, S. 189, 193.

Verschulden des Schuldners abhängig zu machen[276]. Diesen Vorschlag hat die Kommission in die EuVTVO nicht aufgenommen. Nach ihrer Auffassung würde dieses Erfordernis in nahezu allen Fällen eine Bestätigung verhindern. Das Gericht, welches ein Versäumnisurteil erlässt, könne ein Verschulden des Schuldners am Fernbleiben von der Verhandlung nicht feststellen. Es könne nur prüfen, ob er ordnungsgemäß geladen worden ist, nicht aber, ob er unverschuldet zur Verhandlung nicht erschienen ist, zum Beispiel aufgrund eines Verkehrsunfalls auf dem Weg zum Gericht[277]. Bei tatsächlich unverschuldeter Säumnis ist der Schuldner über Art. 19 Abs. 1 EuVTVO geschützt, wonach er in einem solchen Fall die Überprüfung der Entscheidung verlangen kann.

(dd) Zusammenfassung

Zusammenfassend ist hinsichtlich der zweiten Kategorie der unbestrittenen Forderungen festzuhalten, dass es sich um Fälle handelt, in denen der Schuldner der Aufforderung des Gerichts, sich zu der Forderung zu erklären, keine Beachtung geschenkt hat. Im Unterschied zu der ersten Kategorie stimmt der Schuldner der Forderung jedoch nicht ausdrücklich zu. Aus einem solchen Verhalten kann durchaus der Schluss gezogen werden, dass der Schuldner keine Einwände (mehr) gegen den Anspruch hat[278]. Ob dies tatsächlich immer der Fall ist, ist nicht sicher, so dass für diese Fälle – und nur hierfür – in Art. 12 ff. EuVTVO Mindestvorschriften[279] für das gerichtliche Verfahren gelten, deren Einhaltung Voraussetzung für eine Bestätigung als Europäischer Vollstreckungstitel ist.

Damit erfüllen sowohl das Versäumnisurteil im schriftlichen Vorverfahren gemäß § 331 Abs. 3 ZPO in Verbindung mit § 276 Abs. 1 S. 1 ZPO als auch das Versäumnisurteil aufgrund mündlicher Verhandlung gemäß § 331 Abs. 1 ZPO einen Teil der Voraussetzungen für die Bestätigung als Europäische Vollstreckungstitel. Art. 3 Abs. 1 S. 2 lit. b) und c) EuVTVO gelten auch für Forderungen, die durch Vollstreckungsbescheide gemäß § 699 ZPO tituliert sind, da Vollstreckungsbescheide nur erlassen werden, wenn kein Widerspruch gegen den Mahnbescheid eingelegt wird[280].

276 Geänderter Vorschlag der Kommission, KOM (2003) 341 endg., unter 3. zu Art. 3 Absatz 4 Buchstabe c).

277 Geänderter Vorschlag der Kommission, KOM (2003) 341 endg., unter 3. zu Art. 3 Absatz 4 Buchstabe c); Mitteilung der Kommission, KOM (2004) 90 endg., unter 3.2.3., zu Art. 3 (4) c) des Vertrages; so auch Stein, IPRax 2004, S. 181, 188.

278 So auch Hüßtege, Fs. für Jayme, S. 371, 373.

279 Auf diese wird später noch genauer eingegangen werden.

280 Vorschlag der Kommission, KOM (2002) 159 endg., unter 3 zu Art. 3 (unbestrittene Forderung).

#### *b) Art. 3 Abs. 2 EuVTVO*

Wird die Ausgangsentscheidung (Entscheidung, gerichtlicher Vergleich oder öffentliche Urkunde), die als Europäischer Vollstreckungstitel bestätigt wurde, durch den Schuldner angefochten und ergeht hierauf eine neue Entscheidung, so erhebt sich die Frage, ob und gegebenenfalls unter welchen Voraussetzungen die auf die Anfechtung ergangene Entscheidung ihrerseits einer Bestätigung als Europäischer Vollstreckungstitel zugänglich ist. Die Bestätigung derartiger Entscheidungen lässt die neue Verordnung zu. Der Anwendungsbereich der EuVT-VO wurde in Art. 3 Abs. 2 EuVTVO auf Entscheidungen ausgedehnt, die nach Anfechtung von als Europäischer Vollstreckungstitel bestätigten Entscheidungen, gerichtlichen Vergleichen oder öffentlichen Urkunden ergangen sind. Die Bestätigung dieser Anfechtungsentscheidung ergeht nach Art. 6 Abs. 3 EuVT-VO als Ersatzbestätigung. Sie wird mit dem Formular nach Anhang V der EuVTVO erteilt und ersetzt damit die zuerst ergangene Bestätigung[281]. Letztere wird gegenstandslos.

##### aa) Einführungsbeispiel[282]

Ist gegen den Schuldner ein Versäumnisurteil ergangen und als Europäischer Vollstreckungstitel bestätigt worden, so bleibt, auch nachdem der Schuldner Einspruch gegen das Versäumnisurteil eingelegt hat, der Europäische Vollstreckungstitel zunächst erhalten. Der Schuldner kann aber gemäß Art. 23 EuVTVO Aussetzung oder Beschränkung der Vollstreckung beantragen[283]. Für die nach Einspruch ergangene vollstreckbare Entscheidung kann der Gläubiger gemäß Art. 6 Abs. 3 EuVTVO eine Ersatzbestätigung als Europäischer Vollstreckungstitel verlangen. Wird das Versäumnisurteil aufgehoben, so wird dem Schuldner auf seinen Antrag gemäß Art. 6 Abs. 2 EuVTVO eine Bestätigung der Nichtvollstreckbarkeit ausgestellt.

##### bb) Merkmal des Unbestrittenseins

Auch bei dieser Entscheidung, die auf den Rechtsbehelf des Schuldners hin erlassen worden ist, muss es sich um eine Forderung im Sinne des Art. 3 Abs. 1 S. 1 in Verbindung mit Art. 4 Nr. 2 EuVTVO handeln.

Problematisch ist die Frage, inwieweit es am Merkmal des „Unbestrittenseins" fehlen darf, da die Forderung durch die Anfechtung des Titels nicht mehr

281 So ausdrücklich Anhang V der EuVTVO unter B.
282 Aus Kropholler, Art. 3 EuVTVO Rn. 13.
283 Dazu mehr unter Teil 2 B. VI.

im eigentlichen Sinne unbestritten ist[284]. Die Auffassungen in der Literatur gehen an diesem Punkt auseinander.

(1) Streitstand

Zum Teil wird die Auffassung vertreten, dass Absatz 2 lediglich eine klarstellende Funktion habe, der deutlich mache, dass nicht bereits durch die Einlegung eines Rechtsmittels die Forderung zu einer bestrittenen Forderung wird[285]. Der Schuldner könne die Entscheidung dem Anwendungsbereich der EuVTVO entziehen, wenn über den Rechtsbehelf streitig entschieden wird[286]. Zur Begründung wird angeführt, dass die Forderung nicht bis zuletzt unbestritten im Sinne des Art. 3 Abs. 1 EuVTVO geblieben ist. Für eine solche Auslegung spreche auch das Prinzip der EuVTVO: Der Schuldner wird durch die EuVTVO gezwungen, bereits im Ursprungsmitgliedstaat sich gegen den Anspruch zur Wehr zusetzen. Mache er von diesen Verteidigungsmöglichkeiten Gebrauch, so müsse es ihm auch möglich sein, durch die Einlegung entsprechender Rechtsmittel das ursprünglich unstreitige Verfahren in ein streitiges zu wandeln und damit die Wirkungen der Säumnis zu beseitigen[287].

Nach einer anderen Meinung im Schrifttum könne selbst eine Entscheidung aus einem streitigen Anfechtungsprozess als Europäischer Vollstreckungstitel bestätigt werden, vorausgesetzt, dass zum Zeitpunkt der Anfechtung der Entscheidung diese bereits als Europäischer Vollstreckungstitel bestätigt war[288]. Zur Begründung wird die Entstehungsgeschichte des Absatzes 2 herangezogen. Der Verordnungsvorschlag verlangte ursprünglich zur Bestätigung der Entscheidung die Rechtskraft des Titels[289]. Da nunmehr nach Art. 6 Abs. 1 lit. a) EuVTVO die vorläufige Vollstreckbarkeit genügt, musste gewissermaßen ein Ausgleich hierfür geschaffen werden. So wurde Art. 3 Abs. 2 EuVTVO zusammen mit dem Erwägungsgrund Nr. 7 eingefügt[290]. Absatz 2 mache deutlich, dass durch die Einlegung eines Rechtsmittels eine einmal als Europäischer Vollstreckungstitel bestätigte Entscheidung nicht rückwirkend aus dem Anwendungsbereich der

284 Jayme/Kohler, IPRax 2004, S. 481, 486.

285 Rauscher/Rauscher/Pabst, EuZPR II, Art. 3 Rn. 29.

286 Rauscher/Rauscher/Pabst, EuZPR II, Art. 3 Rn. 29 f.; Rellermeyer, Rpfleger 2005, S. 389, 393, 397.

287 Rauscher/Rauscher/Pabst, EuZPR II, Art. 3 Rn. 30.

288 Für diese Ansicht: z. B. Wagner, IPRax 2005, S. 189, S. 193; Stein, EuZW 2004, S. 679, 680; Coester-Waltjen, Jura 2005, S. 394, Gerling, Gleichstellung ausländischer mit inländischen Vollstreckungstiteln, S. 74.

289 Vorschlag der Kommission, KOM (2002) 159 endg., unter 3 zu Art. 5 (1. Spiegelstrich).

290 Kropholler, Art. 3 EuVTVO Rn. 12.

Verordnung fällt, selbst wenn im Rahmen des Rechtsmittelverfahrens streitig verhandelt wird[291].

(2) Stellungnahme

Die Existenzberechtigung des Art. 3 Abs. 2 EuVTVO wurde eben erläutert. Weder aus dem Wortlaut des Erwägungsgrundes Nr. 7 noch aus dem des Absatzes 2 lässt sich eine Einschränkung entnehmen, wonach die Rechtsbehelfsentscheidung nur dann als Europäischer Vollstreckungstitel bestätigt werden kann, wenn das Rechtsbehelfsverfahren unstreitig verlaufen ist. Der Wortlaut macht die Bestätigung als Europäischer Vollstreckungstitel gerade nicht davon abhängig, dass die Forderung unbestritten ist. Eine solche Schutzfunktion zugunsten des Schuldners ist nicht erforderlich. Der Schuldner ist nicht gehindert, seine Einwendungen gegen den Anspruch bereits im erstinstanzlichen Verfahren zu erheben[292]. Eine solche Vorgehensweise ist ihm durchaus zumutbar.

Diese Sichtweise gebieten auch der Sinn und Zweck der Vorschrift. Es soll verhindert werden, dass der Schuldner durch das voreilige und möglicherweise bewusst unbegründete Einlegen eines Rechtsbehelfs die Wirkung des Europäischen Vollstreckungstitels beseitigt und damit die Vollstreckung verzögert[293]. Der Gläubiger wäre gezwungen, das Exequaturverfahren einzuleiten und damit mit seinen Bemühungen um die Vollstreckung seines Titels wieder von vorne zu beginnen. Dadurch würden die Vorzüge eines Europäischen Vollstreckungstitels zunichte gemacht werden. Dies würde dem Ziel der Verordnung, die Vollstreckung in einem anderen Mitgliedstaat zu vereinfachen und zu beschleunigen, entgegen laufen[294].

In den Anwendungsbereich der EuVTVO fallen somit nicht nur Entscheidungen über unbestrittene Forderungen im engeren Sinn, sondern auch Entscheidungen über nicht mehr bestrittene Forderungen im Rechtsbehelfsverfahren. Voraussetzung ist, dass im Zeitpunkt der Anfechtung der Entscheidung diese bereits als Europäischer Vollstreckungstitel bestätigt war.

291 Kropholler, Art. 3 EuVTVO Rn. 12.

292 So auch Portmann, EuVT, S. 34.

293 Rechberger/Frauenberger-Pfeiler, Fs. für Fischer, S. 399, 406; Gebauer, NJ 2006, S. 103, 104.

294 Mitteilung der Kommission, KOM (2004) 90 endg., unter 3.1, 3.3.1 zu Erwägungsgrund 5 b, 3.3.2 zu Art. 2 a; Klippstein, in: Gebauer/Wiedmann, Zivilrecht unter europäischem Einfluss, Kap. 31 Rn. 31.

# IV. Bestätigungsverfahren

Unter welchen weiteren Voraussetzungen ein ausländischer Titel als Europäischer Vollstreckungstitel bestätigt werden kann, bestimmt für Entscheidungen Art. 6 Abs. 1 EuVTVO. Die hier genannten Voraussetzungen gelten nicht für die Bestätigung von gerichtlichen Vergleichen und öffentlichen Urkunden (Art. 24 Abs. 3 EuVTVO, Art. 25 Abs. 3 EuVTVO), abgesehen von dem Erfordernis der Vollstreckbarkeit und des Antrages, das unmittelbar aus Art. 24 Abs. 1, Art. 25 Abs. 1 EuVTVO folgt. Art. 7 EuVTVO enthält für Kostenentscheidungen und Art. 8 EuVTVO für Entscheidungen, die die Voraussetzungen der EuVTVO nur in Teilen erfüllt, Sonderregelungen, auf die an anderer Stelle näher eingegangen wird.

## 1. Einleitung des Verfahrens

Das Verfahren zu Bestätigung eines ausländischen Titels wird durch einen Antrag an die zuständige Stelle eingeleitet.

Für ausländische Entscheidungen bestimmt Art. 6 Abs. 1 EuVTVO, dass dieser Antrag jederzeit gestellt werden kann. Das bedeutet, dass er nicht an bestimmte Fristen gebunden ist[295]. Gut beratene Gläubiger werden ihn daher schon mit Einreichung der Klage oder noch während des Erkenntnisverfahrens stellen, wenn deutlich ist, dass eine Vollstreckung im EU-Ausland erforderlich sein wird.

Handelt es sich bei dem ausländischen Titel, der als Europäischer Vollstreckungstitel bestätigt werden soll, um eine Entscheidung, so ist der Antrag gemäß Art. 6 Abs. 1 EuVTVO an das Ursprungsgericht zu richten. Ursprungsgericht ist nach Art. 4 Nr. 6 EuVTVO dasjenige Gericht, das mit dem Verfahren in dem Zeitpunkt befasst war, in dem die Voraussetzungen nach Art. 3 Abs. 1 S. 2 lit. a), b) und c) EuVTVO vorlagen.

Im Falle eines gerichtlichen Vergleichs ist der Antrag gemäß Art. 24 Abs. 1 EuVTVO bei dem Gericht zu stellen, das den Vergleich gebilligt oder geschlossen hat, bei öffentlichen Urkunden gemäß Art. 25 Abs. 1 EuVTVO bei der vom Ursprungsmitgliedstaat bestimmten Stelle.

Von der Regelung, an welche Stelle der Antrag auf Bestätigung zu richten ist, *wo* der Antrag also einzureichen ist, ist die Zuständigkeit für die Entscheidung über den Antrag zu unterscheiden. *Wer* letztlich die Bestätigung ausstellt, überlässt die Verordnung dem Recht der Mitgliedstaaten, die diese Frage in ihren Durchführungsgesetzen geregelt haben oder noch zu regeln haben. Die

295 Gebauer, NJ 2006, S. 103, 105.

EuVTVO eröffnet den Mitgliedstaaten insoweit einen gewissen Spielraum[296]. Hintergrund dieser Zuweisung ist, dass der ursprüngliche Kommissionsvorschlag noch vorsah, dass dasjenige Gericht bzw. diejenige Stelle, das/die den Titel geschaffen hat, die Bestätigung als Europäischer Vollstreckungstitel selbst erteilt[297]. In der Literatur wurde diese Personalunion von „Prüfer" und „Geprüftem" kritisiert[298]. Es war zu befürchten, dass der Prüfer kaum geneigt sein würde, eigene Fehler im Erkenntnisverfahren festzustellen. Dies könnte dazu führen, dass die Bestätigung des Titels zu Unrecht erteilt würde[299]. Damit die Mitgliedstaaten diese Personalunion vermeiden können, lässt die Endfassung der Verordnung offen, wer die Bestätigung ausspricht.

Ob sich der deutsche Gesetzgeber bei der Bestimmung der deutschen Stellen die eben beschriebene Kritik zu Eigen gemacht hat, soll im Rahmen der Ausführungen zum EG-Vollstreckungstitel-Durchführungsgesetz dargelegt werden. Hier wird aufgezeigt werden, ob er dafür Sorge getragen hat, dass eine Konfliktsituation dergestalt, dass ein Spruchkörper seine eigene Entscheidung noch einmal im Bestätigungsverfahren selbst überprüfen müsste, erst gar nicht entsteht.

## 2. Voraussetzungen für die Bestätigung gerichtlicher Entscheidungen

Art. 6 Abs. 1 EuVTVO nennt weitere Voraussetzungen, die erfüllt sein müssen, damit eine gerichtliche Entscheidung als Europäischer Vollstreckungstitel bestätigt werden kann. Dabei gelten die in Art. 6 Abs. 1 lit. a) und b) EuVTVO genannten Voraussetzungen für alle Entscheidungen, die in Art. 6 Abs. 1 lit. c) und d) EuVTVO genannten Erfordernisse für Entscheidungen, die gemäß Art. 3 Abs. 1 lit. b) oder c) EuVTVO unbestritten geblieben sind.

### *a) Vollstreckbarkeit der Entscheidung*

Nach Art. 6 Abs. 1 lit. a) EuVTVO muss die Entscheidung im Ursprungsmitgliedstaat vollstreckbar sein.

---

296 Vgl. Mitteilung der Kommission, KOM (2004) 90 endg., unter 3.3.2. zu Art. 5.

297 Vgl. Vorschlag der Kommission, KOM (2002) 159 endg., Art. 3 Nr. 10 EuVTVO.

298 Z. B. Stein, IPRax 2004, S. 181, 189; Stadler, IPRax 2004, 2, 7; Pfeiffer, BauR 2005, S. 1541, 1545.

299 Kohler, in: Reichelt/Rechberger, Europäisches Kollisionsrecht, S. 63, 75; Gerling, Gleichstellung ausländischer mit inländischen Vollstreckungstiteln, S. 119, 123; Hüßtege, in: Gottwald, Perspektiven der justiziellen Zusammenarbeit, S. 113, 135; Stadler, IPRax 2004, S. 2, 7.

Vorläufige Vollstreckbarkeit reicht aus, wobei sich diese nach dem Recht des Ursprungsmitgliedstaates richtet[300]. Das Recht der einzelnen Mitgliedstaaten spielt daher auch im Rahmen der neuen Verordnung eine wichtige Rolle. Theoretisch könnten die nationalen Gesetzgeber die Effizienz der Verordnung schmälern, indem sie die sofortige Vollstreckbarkeit von nicht rechtskräftigen Titeln untersagen. Da die Gesetzgeber aber Regelungen, die die Vollstreckbarkeit einschränken, nur einheitlich für eigene und europäische Titel erlassen können, und es keinen Grund gibt, die Durchsetzung der in dem eigenen Staat ergangenen Entscheidungen zu hindern, wird hierzu kein Anlass bestehen. Wie bereits ausgeführt[301], verlangte Art. 5 lit. a) des ursprünglichen Verordnungsvorschlages für die Erteilung eines Europäischen Vollstreckungstitels noch die Rechtskraft des zu Grunde liegenden Titels[302]. Dieser Ansatz ließ sich jedoch nicht verwirklichen. Es gelang nicht, eine einheitliche Definition dieses Begriffs zur Zufriedenheit aller Mitgliedstaaten zu entwickeln[303]. Die mangelnde Verwirklichung könnte ihren Grund darin haben, dass dieser Begriff der Rechtskraft schon in dem EuGVÜ und in der EuGVVO keinen Ausdruck gefunden hatte[304]. Es besteht kein Anlass, den Gläubiger schlechter zu stellen als nach der EuGVVO und dem EuGVÜ, wonach auch (noch) nicht rechtskräftige Entscheidung für vollstreckbar erklärt und der eigentlichen Zwangsvollstreckung im Ausland zugeführt werden können.

Der Begriff „vollstreckbar“ wird wie in Art. 38 Abs. 1 EuGVVO dahingehend auszulegen sein, dass er nur die grundsätzliche Vollstreckbarkeit der ausländischen Entscheidung in formeller Hinsicht betrifft, nicht aber die Voraussetzungen, unter den sie im Ursprungsmitgliedstaat vollstreckt werden kann[305].

Der Verzicht auf das Erfordernis der Rechtskraft hat die Frage aufgeworfen, wie mit Sachverhalten umzugehen ist, in denen die bestätigte Entscheidung nachträglich durch den Schuldner angefochten wird. In Brüssel hat man dieses Problem rechtzeitig erkannt und für diese Fälle Art. 3 Abs. 2 EuVTVO geschaffen, dessen Anwendungsbereich bereits erläutert wurde[306]. Damit wird sichergestellt, dass eine Forderung, über die einmal eine Entscheidung infolge fehlenden Bestreitens ergangen und die auch als Europäischer Vollstreckungstitel bestätigt

---

300 Z. B. Coester-Waltjen, Jura 2005, S. 394, 395; Stein, EuZW 2004, S. 679 f..

301 Vgl. die Ausführungen zu Teil 2 B. III. 3. b) bb) (1).

302 Vorschlag der Kommission, KOM (2002) 159 endg., unter 3 zu Art. 5 (1. Spiegelstrich).

303 So Wagner, IPRax 2005, S. 189, 193

304 Art. 38 I EuGVVO verlangt keine rechtskräftige Entscheidung, sondern nur die Vollstreckbarkeit, was die vorläufige Vollstreckbarkeit mit umfasst. Vgl. BGHZ 87, 259 (262).

305 Vgl. den Nachweis in Fn. 167.

306 Vgl. die Ausführungen zu Teil 2 B. III, 3. b).

worden ist, im Anwendungsbereich der Verordnung verbleibt und in den Genuss der vereinfachten Vollstreckbarkeit in anderen Mitgliedstaaten kommt. Nur wenn im umgekehrten Fall eine Entscheidung einmal angefochten wurde, kann diese nicht mehr als Europäischer Vollstreckungstitel bestätigt werden, selbst wenn der Antrag auf Bestätigung bereits vor Einlegung des Rechtsbehelfs gestellt worden ist. Entscheidend ist folglich die zeitliche Abfolge zwischen der Erteilung der Bestätigung und der Einleitung des Anfechtungsverfahrens[307].

*b) Einhaltung von Zuständigkeitsvorschriften*

Im Gegensatz zu den gerichtlichen Vergleichen und den öffentlichen Urkunden können Entscheidungen nur unter weiteren Voraussetzungen zu Europäischen Vollstreckungstiteln erklärt werden[308].

Die Frage der internationalen Zuständigkeit für das Erkenntnisverfahren, aus dem das zu vollstreckende Urteil hervorgeht, ist ausschließlich durch die EuGVVO geregelt. Sie enthält auch abschließende Regelungen dazu, ob die Schutzbedürftigkeit und -würdigkeit des Beklagten es gebieten, dass ein Prozess gegen ihn in seinem Wohnsitzstaat stattzufinden hat. Dies kann in Verbraucher- und Versicherungssachen sowie in Fällen der ausschließlichen Zuständigkeit der Fall sein. Ein Verstoß gegen diese Zuständigkeitsvorschriften hat nach Art. 35 und 45 EuGVVO zur Versagung der Vollstreckbarerklärung geführt.

Die neue Verordnung hat in Art. 6 Abs. 1 lit. b) EuVTVO für Versicherungssachen und bestimmte ausschließliche Zuständigkeiten einen Gleichlauf mit Art. 35, 45 EuGVVO geschaffen. Danach darf die Entscheidung nicht im Widerspruch zu den Zuständigkeitsregeln in Kapitel II Abschnitt 3 und 6 der EuGVVO stehen. Hierbei handelt es sich um die erwähnten Bestimmungen, die die Zuständigkeit in Versicherungssachen und bestimmte ausschließliche Zuständigkeiten[309] betreffen. Eine Bestätigung als Europäischer Vollstreckungstitel kann in solchen Fällen nur ergehen, wenn das ursprüngliche Gericht nach den genannten Vorschriften für die Entscheidung auch zuständig war[310]. Das Ursprungsgericht muss also in diesen Fällen seine eigene Zuständigkeit im Rahmen der Bestätigung noch einmal prüfen. Im Übrigen sind Verstöße gegen Zu-

307 Vgl. auch Kropholler, Art. 3 EuVTVO Rn. 14; Wagner, IPRax 2005, S. 189, 193; ders., NJW 2005, S. 1157, 1158.

308 Art. 6 I EuVTVO gilt nicht für gerichtliche Vergleiche (Art. 24 III EuVTVO) und öffentliche Urkunden (Art. 25 III EuVTVO).

309 Z. B. für Klagen, die dingliche Rechte an unbewegliche Sachen oder die Miete oder Pacht von solchen Sachen betreffen, Art. 22 Nr. 1 EuGVVO.

310 Vorschlag der Kommission, KOM (2002) 159 endg., unter 3 zu Art. 5 (2. Spiegelstrich).

ständigkeitsvorschriften nicht zu prüfen und führen auch nicht zur Versagung der Bestätigung[311].

Im Falle einer rügelosen Einlassung nach Art. 24 EuGVVO ist ein Verstoß gegen die Zuständigkeitsvorschriften in Versicherungssachen geheilt. Somit kann die ergangene Entscheidung als Europäischer Vollstreckungstitel bestätigt werden. Eine Heilung kommt indes nach dem Wortlaut des Art. 24 EuGVVO nicht für die Missachtung einer der ausschließlichen Zuständigkeiten in Betracht. Folgerichtig kann auch keine Bestätigung als Europäischer Vollstreckungstitel ausgestellt werden.

Unerheblich ist – wie schon nach der EuGVVO (Art. 35, 45 EuGVVO) – ob die Zuständigkeitsregeln für Arbeitssachen nach Art. 18 ff. EuGVVO eingehalten worden sind. Die Beachtung dieser Vorschriften würde zu Lasten des Arbeitnehmers als der zu schützenden Person gehen, da er in der Regel in arbeitsrechtlichen Streitigkeiten Kläger ist und die Bestätigung als Europäischer Vollstreckungstitel erstrebt.

Für Verbrauchersachen sieht die Verordnung keine Zuständigkeitskontrolle vor. Vielmehr stellt sie für diesen besonderen Bereich einen eigenen Schutzmechanismus zur Verfügung, der im Folgenden dargestellt wird.

### c) *Schutz des Verbrauchers bei Säumnisentscheidungen*

Nach Art. 16 Abs. 2 EuGVVO kann ein Verbraucher nur vor den Gerichten seines Wohnsitzstaates verklagt werden. Sollte gegen diese Zuständigkeitsnorm verstoßen werden, genießt er das Privileg, das Verfahren vor einem ausländischen und damit unzuständigen Gericht ignorieren zu dürfen, um dann vor den heimischen Gerichten nach Art. 35 Abs. 1 EuGVVO eine Vollstreckung zu verhindern.

Dieses Privileg wollte der Europäische Gesetzgeber dem Verbraucher weiterhin erhalten und hat in Art. 6 Abs. 1 lit. d) EuVTVO für Titel gegen Verbraucher eigene, enge Bestätigungsvoraussetzungen geschaffen.

#### aa) Allgemeines

Nach dieser nicht leicht zu verstehenden Vorschrift können Säumnisentscheidungen in Verbrauchersachen nunmehr nur als Europäische Vollstreckungstitel bestätigt werden, wenn sie *gegen* den Verbraucher (Art. 6 Abs. 1 lit. d), 3. Spiegelstrich EuVTVO) ergangen sind, und zwar in dem Mitgliedstaat, in dem der Verbraucher seinen Wohnsitz im Sinne des Art. 59 EuGVVO hat[312]. Dies gilt auch dann, wenn eine ausschließliche Zuständigkeit nach Art. 15 EuGVVO

311 Vgl. Kropholler, Art. 6 EuVTVO Rn. 6.

312 Die internationale Zuständigkeit des Gerichts ergibt sich aus Art. 16 II EuGVVO.

nicht bestand, so dass die komplexen Regelungen dieser Vorschrift bei der Frage, ob die Entscheidung als Europäischer Vollstreckungstitel zu bestätigen ist, nicht zu prüfen sind[313].

Hiervon abgesehen ist zweifelhaft, ob im Bestätigungsverfahren wie auch im Säumnisverfahren vor den Ursprungsgerichten die Voraussetzungen des Art. 15 EuGVVO verlässlich geprüft werden können. Möglicherweise ist auch deshalb davon abgesehen worden, die gemäß Art. 6 Abs. 1 lit. b) EuVTVO zu prüfenden Zuständigkeitsvorschriften auf die Verbrauchersachen der Art. 15 ff. EuGVVO zu erweitern. *Stein*[314] hat zutreffend darauf hingewiesen, dass im Säumnisverfahren dem Gericht oft nicht die notwendigen Informationen vorliegen, um seine internationale Unzuständigkeit festzustellen. Ferner sei es aufgrund der Identität von „Prüfer“ und „Geprüftem“ nicht gewiss, dass eben dieses Gericht einen eigenen Fehler einsieht und der Entscheidung, die es selbst trotz seiner Unzuständigkeit gefällt hat, die Bestätigung als Europäischer Vollstreckungstitel versagt.

Im Übrigen stehen Verstöße gegen die Zuständigkeitsbestimmung einer Bestätigung nicht entgegen. Ohne diese Vorschrift hätte sich der Verbraucher auch gegen eine im Ausland anhängig gemachte Klage verteidigen müssen, wollte er nicht riskieren, dass das ausländische Gericht erstens seine Zuständigkeit zu Unrecht annimmt und eine Säumnisentscheidung erlässt und zweitens auch im Rahmen der Bestätigung als Europäischer Vollstreckungstitel verkennt, dass ihm ein Fehler bei der Bestimmung seiner Zuständigkeit unterlaufen ist.

#### bb) Verbrauchersache

Eine Verbrauchersache im Sinne der EuVTVO liegt nach Art. 6 Abs. 1 lit. d), 2. Spiegelstrich EuVTVO vor, wenn die Entscheidung „einen Vertrag betrifft, den eine Person, der Verbraucher, zu einem Zweck geschlossen hat, der nicht der beruflichen oder gewerblichen Tätigkeit dieser Person zugerechnet werden kann“. Diese weite Formulierung ist zu begrüßen. Denn anders als Art. 15 Abs. 1 EuGVVO beschränkt sie sich weder auf bestimmte Arten von Verträgen noch verlangt sie eine Verbindung zum „Wohnsitz-Staat“ des Verbrauchers.

#### cc) Säumnisentscheidung

Die beschriebene Sonderregel für Verbrauchersachen erstreckt sich nur auf Säumnissituationen im Sinne des Art. 3 Abs. 1 lit. b) oder c) EuVTVO. Demzu-

313 Vgl. Stein, IPRax 2004, S. 181, 189; Rellermeyer, Rpfleger 2005, S. 389, 394
314 Stein, IPRax 2004, S. 181, 189.

folge müssen zur Bestätigung auch die in Kapitel III vorgesehenen Mindestvorschriften eingehalten sein[315].

Von Absatz 1 lit. d) bewusst ausgenommen sind im Übrigen von der EuVTVO miterfasste Anerkenntnisurteile[316]. Der positiv gefasste Wortlaut des Art. 6 Abs. 1 lit. d) EuVTVO lässt sich nicht etwa dahingehend auslegen, dass Anerkenntnisurteile gegen den Verbraucher überhaupt nicht als Europäische Vollstreckungstitel bestätigt werden können. Diese Vorschrift stellt lediglich für die besondere Situation, in der der Schuldner passiv geblieben ist, eine weitere Voraussetzung auf[317]. Es ist insbesondere auch keine planwidrige Regelungslücke zu sehen, die zu schließen wäre, weil es für die Anerkenntnisentscheidungen im Sinne des Art. 3 Abs. 1 lit. a) EuVTVO an einer Art. 35 Abs. 1 EuGVVO entsprechenden Regelung fehlt[318]. Der eingeschränkte Schutz des Verbrauchers beruht auf der Überlegung, dass ein Verbraucher, der den gegen ihn geltend gemachten Anspruch anerkennt, nicht besonders schutzwürdig ist. Daher ist es unbedenklich, dass in diesem Punkt die neue Verordnung dem Verbraucher einen geringeren Schutz als die EuGVVO bietet. Dies hat zur Folge, dass Anerkenntnisurteile gegen den Verbraucher ohne Einschränkung als Europäische Vollstreckungstitel bestätigt werden können, unabhängig davon, wo sie ergangen sind.

#### dd) Praktische Relevanz

Da eine Säumnisentscheidung nur dann als Europäischer Vollstreckungstitel bestätigt werden kann, wenn diese am Wohnsitz des Verbrauchers ergangen ist, ist die praktische Bedeutung der EuVTVO in diesem Fall eher gering. Sein Vermögen wird sich regelmäßig in seinem Wohnsitzstaat befinden, so dass es eines Europäischen Vollstreckungstitels zur Vollstreckung im Ausland nicht bedarf. Nur in den seltenen Fällen, dass zum Beispiel in ein Ferienhaus des Verbrauchers, also außerhalb seines Wohnsitzstaates, vollstreckt werden soll, wird die EuVTVO relevant[319].

### *d) Mindestvorschriften für Säumnisentscheidungen*

Sofern eine Säumnisentscheidung eine Verbrauchersache betrifft, müssen – wie eben ausgeführt – zur Bestätigung einer ausländischen Entscheidung die zusätzlichen Voraussetzungen des Art. 6 Abs. 1 lit. d) EuVTVO vorliegen. Im Übrigen

315 Hierzu ausführlich unter Teil 2 B. IV. 2. d).

316 Art. 6 I lit. d) EuVTVO verweist ausdrücklich nur auf Entscheidungen im Sinne des Art. 3 I lit. b) und c) EuVTVO, nicht jedoch auf solche nach Art. 3 I lit. a) EuVTVO.

317 Zur sprachlichen Gestaltung des Abs. 1 lit. d) Rauscher, EuVT, Rn. 95.

318 So aber Rauscher/Rauscher/Pabst, EuZPR II, Art. 6 EuVTVO Rn. 26 ff..

319 So auch Kropholler, Art. 6 EuVTVO Rn. 14.

sieht Art. 6 Abs. 1 lit. c) EuVTVO in Verbindung mit Art. 12 ff. EuVTVO für Säumnisentscheidungen weitere Bedingungen vor, die zwingend erfüllt sein müssen, soll ein Europäischer Vollstreckungstitel ausgestellt werden.

aa) Allgemeines

Eine Säumnisentscheidung im Sinne des Art. 3 Abs. 1 lit. b) und c) EuVTVO[320] ist nur dann als Europäischer Vollstreckungstitel zu bestätigen, wenn in dem Verfahren, in dem sie ergangen ist, die prozessualen Mindestvorschriften des Kapitels III eingehalten worden sind[321]. Sie gelten auch für Entscheidungen, die aufgrund eines Rechtsbehelfs ergangen sind, Art. 12 Abs. 2 EuVTVO. In den übrigen Fällen, in denen ein Titel als Europäischer Vollstreckungstitel bestätigt werden kann, also bei einem Anerkenntnisurteil, einem gerichtlichen Vergleich oder einer öffentlichen Urkunde sind die Vorschriften nicht zu berücksichtigen.

(1) Überblick über die Mindestvorschriften

Im Einzelnen müssen das verfahrenseinleitende Schriftstück bzw. ein gleichwertiges Schriftstück und die Ladung dem Schuldner in einer bestimmten Form zugestellt sein (Art. 13 – 15 EuVTVO). Die Begriffe des *verfahrenseinleitenden Schriftstücks* und des *gleichwertigen Schriftstücks* in Art. 13 Abs. 1 EuVTVO sind identisch mit den Begriffen in Art. 34 Nr. 2 EuGVVO, so dass auf die Auslegung hierzu zurückgegriffen werden kann[322].

Um sicherzustellen, dass der Schuldner über die geltend gemachte Forderung in ausreichendem Maße informiert worden ist, muss das verfahrenseinleitende Schriftstück ferner Mindestangaben zum Beispiel über die Höhe der Forderung einschließlich der Zinsen enthalten (Art. 16 EuVTVO).

Darüber hinaus muss der Schuldner über die verfahrensrechtlichen Erfordernisse für das Bestreiten der Forderung und über die Folgen des Nichtbestreitens bzw. Nichterscheinens belehrt worden sein (Art. 17 EuVTVO).

Art. 19 EuVTVO regelt Einzelheiten zu einem (Wiedereinsetzungs-) Verfahren, sollte der Schuldner ohne Verschulden daran gehindert gewesen sein, Vorkehrungen für seine Verteidigung zu treffen oder der Forderung zu widersprechen.

---

320 Nur auf diese Entscheidungen verweist Art. 12 I EuVTVO. Daraus folgt, dass Anerkenntnisurteile ohne weiteres als Europäische Vollstreckungstitel bestätigt werden können, da der Schuldner insoweit nicht schutzwürdig ist.

321 Aus Art. 24 III EuVTVO und Art. 25 III EuVTVO folgt, dass die Art. 12 ff. EuVTVO (Kap. III) auf gerichtliche Vergleiche und öffentliche Urkunden nicht anwendbar sind.

322 Hierzu Rauscher/Leible, EuZPR I, Art. 34 EuGVVO Rn. 28 ff..

Wie bereits mehrfach angesprochen, soll die neue Verordnung Gläubigern eine einfachere und zügigere Vollstreckung im Ausland ermöglichen. Um dieses Ziel zu erreichen, ist es notwendig, möglichst viele Titel als Europäische Vollstreckungstitel bestätigen zu können. Aus diesem Grund sieht die neue Verordnung vor, dass Verstöße gegen die Mindestvorschriften unter den Voraussetzungen des Art. 18 EuVTVO geheilt werden können[323].

Nur wenn die Mindestvorschriften nicht eingehalten worden sind und auch eine Heilung nicht erfolgt ist, ist die Bestätigung zu versagen. In diesem Fall bleibt dem Gläubiger die Möglichkeit, die Vollstreckbarerklärung des ausländischen Titels nach den Vorschriften der EuGVVO zu beantragen.

(2) Besonderes Problem der Zustellung

Nach Art. 27 Nr. 2 EuGVÜ bzw. Art. 34 Nr. 2 EuGVVO stellen Problem bei der Zustellung[324] den in der Praxis bedeutsamsten Anerkenntnisverweigerungsgrund dar. Dies liegt an den unterschiedlichen Zustellungssystemen der Mitgliedstaaten, die in der Rechtspraxis trotz der Verordnung (EG) Nr. 1348/2000 des Rates vom 29.5.2000 über die Zustellung gerichtlicher und außergerichtlicher Schriftstücke in Zivil- und Handelssachen in den Mitgliedstaaten[325] und des Haager Übereinkommens vom 15. November 1965 über die Zustellung gerichtlicher und außergerichtlicher Schriftstücke im Ausland in Zivil- und Handelssachen (nachfolgend: HZÜ)[326] immer wieder Schwierigkeiten bereiten[327].

Als Beispiel sind vor allem diejenigen Staaten zu nennen, die das System der *remise au parquet* kennen, wonach die Auslandszustellung bereits mit Übergabe des Schriftstücks an die inländische Staatsanwaltschaft als vollzogen angesehen und damit als fiktive Inlandszustellung durchgeführt wird[328]. Nur wenn gewährleistet ist, dass der Schuldner durch eine ordnungsgemäße Zustellung der notwendigen Schriftstücke in die Lage versetzt worden ist, der geltend gemachten Forderung entgegenzutreten, kann auf die Kontrolle im Exequaturverfahren

323 Siehe im Einzelnen unter Teil 2 B. IV. 2. d) bb) (3).

324 Die Zustellungsformen nach der EuVTVO werden im Folgenden unter Teil 2 B. IV. 2. d) bb) (1) näher erläutert.

325 ABl. EU vom 29.5.2000, Nr. L 160, S. 37; wurde ab dem 13.11.2008 ersetzt durch die Verordnung (EG) Nr. 1393/2007 des Europäischen Parlaments und des Rates über die Zustellung gerichtlicher und außergerichtlicher Schriftstücke in Zivil- oder Handelssachen in den Mitgliedstaaten und zur Aufhebung der Verordnung (EG) Nr. 1348/2000.

326 BGBl. 1977 II, S. 1453.

327 So auch Hüßtege, in: Gottwald, Perspektiven der justiziellen Zusammenarbeit, S. 113, 127.

328 Vgl. hierzu insbesondere OLG Karlsruhe, RIW 1999, S. 538 ff.; ausführlich Stadler, IPRax 2006, S. 116, 117 ff..

verzichtet werden. Zu diesem Zwecke sind aus den nationalen Rechtsordnungen der Mitgliedstaaten eine Reihe von Zustellungsformen exklusiv zusammengestellt worden.

(3) Keine Pflicht zur Umsetzung

Die Vorschriften über diese Mindeststandards müssen nicht in das Recht der Mitgliedstaaten integriert werden. Hierzu werden die Mitgliedstaaten nicht gezwungen. Die Verordnung schreibt weder vor, dass die Mitgliedstaaten bestimmte Regelungen einzuführen haben, noch trifft sie selbst derartige Regelungen. Vielmehr ist der Weg gewählt worden, dass es den Mitgliedstaaten überlassen bleibt, ob und in wieweit sie ihr Verfahrensrecht diesen Anforderungen anpassen. Bei den Mindeststandards handelt es sich also um *Beurteilungsnormen*[329]. Eine Bestätigung als Europäischer Vollstreckungstitel kann nur erfolgen, wenn sie eingehalten werden. Welche Bedeutung die Mindestvorschriften haben, wird in Erwägungsgrund 19 deutlich gemacht: „Diese Verordnung begründet keine Verpflichtung für die Mitgliedstaaten, ihr innerstaatliches Recht an die prozessualen Mindestvorschriften in dieser Verordnung anzupassen. Entscheidungen werden in anderen Mitgliedstaaten jedoch nur dann effizienter und schneller vollstreckt, wenn diese Mindestvorschriften beachtet werden, so dass hier ein entsprechender Anreiz für die Mitgliedstaaten besteht, ihr Recht dieser Verordnung anzupassen“. Sie sind der Maßstab für das jeweilige Erkenntnisverfahren[330]. Soweit Titel aus anderen Mitgliedstaaten diesen Standards genügen, sind die übrigen Mitgliedstaaten verpflichtet, diese Titel ohne Exequatur zur Vollstreckung zuzulassen. Daraus folgt: Wenn ein Mitgliedstaat seine Entscheidungen als Europäische Vollstreckungstitel bestätigen will, muss es die genannten Minimalvorschriften einhalten[331]. In jedem Einzelfall muss also das die Bestätigung als Europäischer Vollstreckungstitel erteilende Gericht gesondert prüfen, ob die Voraussetzungen nach Kapitel III der Verordnung erfüllt sind. Ist dies nicht der Fall, kann die Entscheidung nicht bestätigt werden. Der Gläubiger – will er die Auslandsvollstreckung betreiben – ist auf das Exequaturverfahren nach der EuGVVO angewiesen. Im Vollstreckungsmitgliedstaat darf die Einhaltung der Mindestvorschriften nicht geprüft werden (Art. 21 Abs. 2 EuVTVO).

329 Kropholler, Art. 12 EuVTVO Rn. 7; Rauscher/Rauscher/Pabst, EuZPR II, Art. 12 Rn. 1; Kohler in: Reichelt/Rechberger, Europäisches Kollisionsrecht, S. 63, 72.

330 Wagner, IPRax 2005, S. 189, 194; ders., NJW 2005, S. 1157, 1159.

331 Vgl. Erwägungsgrund Nr. 19 der EuVTVO.

(4) Kritik

Zu kritisieren ist, dass der Europäische Gesetzgeber die Mitgliedstaaten nicht verpflichtet hat, die europäischen Vorschriften in nationales Recht umzusetzen. Zwar hat die Bundesrepublik Deutschland – wie noch aufzuzeigen sein wird – diesem Erfordernis genügt. Ob aber auch die anderen Mitgliedstaaten die Wichtigkeit der Umsetzung für das Funktionieren des Binnenmarktes erkennen und in gleicher Weise handeln werden, ist noch ungewiss. Gerade in den Ländern, deren Beitritt zur Europäischen Union noch nicht so lange zurück liegt und deren Rechtssystem noch Defizite aufweist, dürfte großer Anpassungsbedarf bestehen, um auch hier einen reibungslosen Rechtsverkehr zu ermöglichen.

Die Mindestvorschriften sollen sicherstellen, dass „der Schuldner so rechtzeitig und in einer Weise über das gegen ihn eingeleitete Verfahren, die Notwendigkeit seiner aktiven Teilnahme am Verfahren, wenn er die Forderung bestreiten will, und über die Folgen seiner Nichtteilnahme unterrichtet wird, dass er Vorkehrungen für seine Verteidigung treffen kann“[332]. Es soll also insbesondere gewährleistet sein, dass dem Schuldner rechtliches Gehör eingeräumt worden ist. Dabei spielt es keine Rolle, ob es sich um ein ausschließlich innerstaatliches Erkenntnisverfahren handelt oder ob schon ein Auslandsbezug vorhanden ist[333]. Sie müssen auf jeden Fall beachtet werden, soll eine Entscheidung als Europäischer Vollstreckungstitel bestätigt werden. Denn nur wenn feststeht, dass die Verteidigungsrechte des Schuldners und sein Recht auf ein faires Verfahren gewahrt worden sind, kann auf die mit einem Exequaturverfahren verbundene Nachprüfung einer gerichtlichen Entscheidung aus einem anderen Mitgliedstaat verzichtet werden. Die Beachtung der Mindestvorschriften stellt daher die Grundlage für einen Verzicht auf eine spätere Kontrolle dar.

Die Mindestvorschriften könnten den Zellkern für ein einheitliches Zustellungsrecht in der Europäischen Union bilden, wenn die neue Verordnung von den Gemeinschaftsbürgern und Unternehmen angenommen, das heißt vielfach genutzt wird. Um die Europäisierung von nationalen Titeln zu sichern, sollte ein Anreiz zur Anpassung der nationalen Vorschriften an die Mindeststandards jedenfalls bestehen. Obwohl indirekt ein Druck auf den Mitgliedstaaten lastet, geht die EuVTVO nicht weit genug, da sie ihnen ein Ermessenspielraum einräumt.

Dieser Ermessenspielraum kann jedoch nicht verkürzt werden, da der Europäische Gesetzgeber zu mehr nicht berechtigt ist: Art. 65 EGV setzt einen grenzüberschreitenden Bezug der Streitigkeiten voraus. Im Rahmen der EuVTVO ist dieser Auslandsbezug wegen der Vollstreckung in einem anderen Mit-

332 Vgl. Erwägungsgrund Nr. 12 der EuVTVO.

333 Rauscher/Rauscher/Pabst, EuZPR II, Art. 12 EuVTVO Rn. 1.

gliedstaat gegeben. Wie schon erwähnt, kann das Erkenntnisverfahren rein inländisch sein. Erst später kann sich ergeben, dass eine Vollstreckung im Ausland erforderlich ist. Die Zustellung der Entscheidung erfolgt hier nach nationalen Vorschriften, so dass es keine einheitlichen Vordrucke gibt. Erst bei der Prüfung, ob diese Entscheidung auf Antrag des Gläubigers bestätigt werden kann, werden die Mindeststandards nachträglich geprüft. Es ist also nicht zwingend voraussehbar, ob ein grenzüberschreitender Bezug dieser Streitigkeit vorliegt oder vorliegen wird. Aus diesem Grund bestünde für eine Vereinheitlichung der Zivilverfahrensrechte keine Rechtssetzungskompetenz[334].

#### bb) Einzelne Mindestvorschriften

Im Folgenden sollen diese in Art. 12 ff. EuVTVO verankerten Mindestvorschriften einer näheren Betrachtung unterzogen werden, um im Anschluss festzustellen, ob sie den Schuldner tatsächlich – wie beabsichtigt – hinreichend schützen.

##### (1) Zustellung

Die in Art. 13 und 14 EuVTVO genannten Zustellungsformen sollen eine „absolute Gewissheit" oder jedenfalls „ein hohes Maß an Wahrscheinlichkeit" dafür bieten, dass das zugestellte Schriftstück dem Empfänger auch tatsächlich zugegangen ist[335]. Sie machen deutlich, welche Zustellungsarten dem Schuldnerschutz hinreichend genügen (sollen).

Dabei sieht Art. 15 EuVTVO ausdrücklich vor, dass die Zustellung auch an den Vertreter des Schuldners bewirkt werden kann. Der Begriff „Vertreter" wird in der EuVTVO nicht weiter definiert oder erläutert. Jedoch beschreibt Erwägungsgrund Nr. 16 der EuVTVO, welche Fälle der Vertretung von Art. 15 EuVTVO erfasst sein sollen. Danach sind Zustellungen sowohl an den gesetzlichen Vertreter als auch an den gewillkürten Vertreter zulässig[336]. Auch der Prozessbevollmächtigte ist erfasst[337].

##### (a) Zustellung nach Art. 13 Abs. 1 EuVTVO

Bei der Zustellung nach Art. 13 Abs. 1 EuVTVO kann – abgesehen vom Fall der unberechtigten Annahmeverweigerung – unmittelbar nachgewiesen werden, dass das verfahrenseinleitende Schriftstück den Schuldner selbst erreicht hat. Als Übermittlungswege zugelassen sind die *persönliche*, *postalische* sowie die

---

334 Vgl. auch Portmann, EuVT, S. 99.

335 Vgl. Erwägungsgrund Nr. 14 der EuVTVO.

336 So noch der ursprüngliche Vorschlag der Kommission, KOM (2002) 159 endg., Art. 11 II; Art. 12 II.

337 Vorschlag der Kommission, KOM (2002) 159 endg., unter 3. zu Art. 11 II; 12 II.

*elektronische* Zustellung (Art. 13 Abs. 1 lit. a), c), d) EuVTVO). In all diesen Fällen bedarf es als Mindesterfordernis einer Empfangsbestätigung mit Datumsangabe.

(aa) Persönliche Zustellung mit Unterschrift des Schuldners

Bei der persönlichen Zustellung nach Absatz 1 lit. a) muss der Schuldner die Empfangsbestätigung selbst unterschreiben, aber nicht zurückschicken. Eine Rücksendung wäre überflüssig, da die von ihm unterzeichnete Empfangsbestätigung der zustellenden Amtsperson vorliegt.

(bb) Persönliche Zustellung mit Protokollierung

Im Falle der persönlichen Zustellung nach Art. 13 Abs. 1 lit. b) EuVTVO bedarf es der Unterzeichnung eines entsprechenden Dokuments durch die *zustellende Person*, auch bei unberechtigter Annahmeverweigerung des Schuldners.

Zuständige Person ist „entweder eine Amtsperson oder jede andere Person, die im Zustellungsmitgliedstaat als befugt gilt, die Zustellung durchzuführen und zu bescheinigen“[338]. Maßgeblich ist das Recht des Staates, in dem die Zustellung erfolgt. Im deutschen Recht entspricht die Zustellung mit Zustellungsauftrag gemäß §§ 176 ff. ZPO dieser Zustellungsform.

(cc) Postalische Zustellung

Der postalischen Zustellung nach Art. 13 Abs. 1 lit. c) EuVTVO entspricht im deutschen Recht die Zustellung durch Einschreiben mit Rückschein (§ 175 ZPO), während weder die Zustellung per Einwurf-Einschreiben noch die Zustellung durch einfaches (Übergabe-) Einschreiben genügen[339]. Im ersten Fall fehlt es an der Unterzeichnung der Empfangsbestätigung, im zweiten Fall mangelt es an der Rücksendung der Empfangsbestätigung.

(dd) Elektronische Zustellung

Art. 13 Abs. 1 lit. d) EuVTVO lässt im Zeitalter moderner Kommunikationsmittel auch die elektronische Zustellung zu. Hierzu gehören beispielsweise Fax und E-Mail.

Da der Schuldner auch bei dieser Art der Zustellung dem Empfang mit seiner Unterschrift bestätigen und die Bescheinigung zurück schicken muss, stellt

338 So jedenfalls die Begründung zu dem in Art. 13 lit. b) des Kommissionsvorschlages verwendeten Begriff des „Zustellungsbeamten“, KOM (2002) 159 endg., unter 3. zu Artikel 11 – 14.

339 Rauscher, EuVT, Rn. 113 f.; Rauscher/Rauscher/Pabst, EuZPR II, Art. 13 EuVTVO Rn. 13, 14.

sich die Frage, ob auch er den elektronischen Weg wählen kann. Der Text der EuVTVO schweigt hierzu. Die Meinungen in der Literatur gehen auseinander. *Kropholler*[340] lässt dies zu, wohingegen *Rauscher*[341] eine Bestätigung in elektronischer Form wegen der Formulierung „unterzeichnet" ausschließt. Hiergegen ist einzuwenden, dass ein Fax eine eigenhändige Unterschrift des Schuldners aufweist. Bei einer E-Mail kann eine digitale Signatur den Nachweis einer Unterschrift durch den Schuldner ersetzen. Es ist folglich nicht ersichtlich, weshalb dem Schuldner dieser schnelle und kostengünstige Weg versperrt sein sollte.

(ee) Mängel der Zustellung

Fehlt die Empfangsbestätigung, kann ein ausländischer Titel grundsätzlich nicht als Europäischer Vollstreckungstitel bestätigt werden. Eine Ausnahme bildet die Heilung von Zustellungsmängeln gemäß Art. 18 Abs. 2 EuVTVO[342]. Die Empfangsbestätigung ist also nicht bloß ein Beweismittel für den Zugang, sondern Teil der Mindestvoraussetzungen für die Bestätigung als Europäischer Vollstreckungstitel.

Dem Wortlaut nach muss die Empfangsbestätigung auch das Datum der Zustellung enthalten, so dass bei Fehlen dieser Angabe ebenfalls eine Bestätigung nicht ausgestellt werden kann, da nicht feststellbar wäre, wann die Zustellung erfolgt ist[343]. Der Zeitpunkt der Zustellung setzt für den Schuldner gewisse Fristen in Gang. Durch die Zustellung soll der Schuldner so rechtzeitig und effektiv über das gegen ihn eingeleitete Verfahren informiert werden, dass er entsprechende (Gegen-) Maßnahmen rechtzeitig ergreifen kann. Sein Recht auf Gehör soll gewahrt werden. Der Verzicht auf die Datumsangabe als konstitutives Element der Zustellung ist daher nicht möglich.

(ff) Unberechtigte Annahmeverweigerung

Problematisch ist die Frage, wann von einer unberechtigten Annahmeverweigerung ausgegangen werden kann mit der Folge, dass die Annahmeverweigerung einer erfolgten Zustellung gleich gestellt wird. Die EuVTVO sagt hierüber nichts aus[344]. Einen berechtigten Grund für die Verweigerung der Annahme

340 Kropholler, Art. 13 EuVTVO Rn. 7.

341 Rauscher, EuVT, Rn. 115 f..

342 Ausführlich hierzu unter Teil 2 B. IV. 2 d) bb) (3) (c).

343 A. A. Rauscher/Rauscher/Pabst, EuZPR II, Art. 13 Rn. 19, der die Datumsangabe nicht als konstitutives Element der Zustellung einordnet, solange feststeht, dass zugestellt wurde.

344 Kritisch wegen der darin liegenden Unbestimmtheit Stadler, RIW 2004, S. 801, 806.

nennt die Kommission in ihrer Stellungnahme[345]: Wenn der Schuldner die Sprache des zuzustellenden Schriftstücks nicht versteht, kann darin unter den Voraussetzungen des Art. 8 EuZustVO ein Rechtsgrund liegen[346]. Demzufolge können sich Verweigerungsgründe aus Vorschriften des internationalen Zustellungsrechts, aber auch aus nationalen Regelungen ergeben. Zu bemängeln ist, dass die EuVTVO offen lässt, was mit dem verweigerten Schriftstück passiert. So wird nicht verlangt, dass die zustellende Person das Schriftstück am Ort der versuchten Zustellung zurück lässt[347].

(b) Ladung zu einer Gerichtsverhandlung nach Art. 13 Abs. 2 EuVTVO

Nach Art. 13 Abs. 2 EuVTVO kann eine Ladung zu einer Gerichtsverhandlung dem Schuldner daneben mündlich in einer vorausgehenden Verhandlung über dieselbe Forderung bekannt gemacht worden sein. Dies muss im Protokoll festgehalten sein. Praktische Bedeutung erlangt dies dann, wenn die Ladung nicht gleichzeitig mit dem verfahrenseinleitenden Schriftstück zugestellt worden ist.

(c) Zustellung nach Art. 14 EuVTVO

Art. 14 EuVTVO lässt in sechs Varianten die *Ersatzzustellung* sowohl des verfahrenseinleitenden Schriftstücks als auch der Ladung zu einer Gerichtsverhandlung zu[348]. Hierbei wird nachgewiesen, dass das Schriftstück zwar nicht beim Schuldner selbst, aber in seinem Herrschaftsbereich angekommen ist[349]. Es obliegt dem Schuldner, dafür zu sorgen, dass er das Schriftstück auch erhält. Sollte dies dennoch ausnahmsweise aus nicht von ihm zu vertretenen Gründen nicht der Fall sein, so wird er über Art. 19 Abs. 1 lit. a) EuVTVO[350] geschützt.

Auf die Einfügung des Wortes *insbesondere* hat der Europäische Gesetzgeber verzichtet. Diese Formulierung hätte zu einer nicht erschöpfenden Liste der Zustellungsarten geführt, was wiederum eine Beschränkung der zulässigen Zustellungsformen nicht ermöglicht hätte. Das Ziel, verlässliche Mindeststandards zu schaffen, hätte nicht erreicht werden können[351].

345 Mitteilung der Kommission, KOM (2004) 90 endg., unter 3.2.1.2.zu Art. 11 (1) b).

346 Auf das Sprachproblem wird unter Teil 2 B. VIII. 2. näher eingegangen werden.

347 Rauscher, EuVT, Rn. 112; Kropholler, Art. 13 EuVTVO Rn. 5.

348 Vgl. Erwägungsgrund Nr. 15 der EuVTVO.

349 Vorschlag der Kommission, KOM (2002) 159 endg., unter 3 zu Art. 11 – 14.

350 Zu dieser Mindestvorschrift ausführlich unter Teil 2 B. IV. 2. d) bb) (4) (b).

351 Mitteilung der Kommission, KOM (2004) 90 endg., unter 3.2.2. zu Art. 12 (1) des Vorschlags.

(aa) Zustellung in der Wohnung des Schuldners

Ohne Nachweis des Empfangs durch den Schuldner sind Ersatzzustellungen durch persönliche Übergabe unter der Privatanschrift an eine in derselben Wohnung wie der Schuldner lebende oder dort beschäftige Person (Art. 14 Abs. 1 lit. a) EuVTVO) möglich.

Problematisch könnte sein, dass hier kein Wort darüber verloren wurde, ob es sich um eine *erwachsene* Person handeln muss. Der ursprüngliche Vorschlag[352] enthielt noch diese Beschränkung, wie auch § 178 Abs. 1 Nr. 1 ZPO. Auf diese Weise soll sichergestellt werden, dass mit hoher Wahrscheinlichkeit das Schriftstück dem Schuldner zugegangen ist. Es muss sich lediglich um eine geeignete Empfangsperson handeln. Dabei mag man sich an § 178 Abs. 1 Nr. 1 ZPO anlehnen, der als *erwachsene* Person eine nicht unter 14 Jahre alte Person ansieht[353]. Abweichungen im Einzelfall sollten zulässig sein, soweit die Person die notwendige Verständigkeit aufweist.

(bb) Zustellung in den Geschäftsräumen des Schuldners

Ist der Schuldner selbstständig oder eine juristische Person, so kann nach Art. 14 Abs. 1 lit. b) EuVTVO die Zustellung in seinen Geschäftsräumen an eine von ihm beschäftigte Person erfolgen.

Was unter *Geschäftsraum* und *beschäftigte Person* zu verstehen ist, ist gemeinschaftsrechtlich autonom in Übereinstimmung mit § 178 Abs. 1 Nr. 2 ZPO auszulegen. So ist *Geschäftsraum* jeder Raum, in dem Geschäfte regelmäßig ausgeübt werden[354]. Als *beschäftigte Person* sind alle Arbeitnehmer des Zustellungsadressaten, also des Schuldners anzusehen[355].

(cc) Zustellung durch Hinterlegung im Briefkasten

Möglich ist nach Art. 14 Abs. 1 lit. c) EuVTVO auch die Hinterlegung im Briefkasten[356].

Dabei lässt die Vorschrift offen, wo sich der Briefkasten befinden muss. Insoweit ist die deutsche Vorschrift des § 180 ZPO präziser: danach kann das Schriftstück in einen *zu der Wohnung oder dem Geschäftsraum gehörenden*

352 Vorschlag der Kommission, KOM (2002) 159 endg., Art. 12 I lit. a).

353 Vgl. Thomas/Putzo/Hüßtege, § 178 ZPO Rn. 11; so auch Kropholler, Art. 14 EuVTVO Rn. 9.

354 Vgl. Thomas/Putzo/Hüßtege, § 178 ZPO Rn. 16.

355 Vgl. Thomas/Putzo/Hüßtege, § 178 ZPO Rn. 17.

356 Kritisch Stadler, RIW 2004, S. 801, 806.

Briefkasten eingelegt werden. *Kropholler*[357] hat zutreffend erkannt, dass auch nach Art. 14 Abs. 1 lit. c) EuVTVO nichts anderes gemeint sein kann. Dies ergibt sich aus der systematischen Stellung dieser Vorschrift nach Art. 14 Abs. 1 lit. a) und b) EuVTVO und der früheren Textfassung[358]. Ebenso enthielt die frühere Textfassung noch die Einschränkung, dass der Briefkasten für die sichere Aufbewahrung geeignet sein muss[359]. Mit dem Wegfall dieser Beschränkung trägt nunmehr der Schuldner das Risiko, dass das Schriftstück verloren geht.

(dd) Zustellung durch Hinterlegung bei Post oder Behörde

Bei entsprechender schriftlicher Benachrichtigung mit bestimmtem Inhalt kann die Zustellung auch durch Hinterlegung des Schriftstückes beim Postamt oder bei den zuständigen Behörden, Art. 14 Abs. 1 lit. d) EuVTVO bewirkt werden.

Wird diese Art der Zustellung gewählt, so muss in der schriftlichen Benachrichtigung, die in den Briefkasten des Schuldners gelegt wird[360], das Schriftstück eindeutig als gerichtliches Schriftstück bezeichnet oder darauf hingewiesen werden, dass die Zustellung durch die Benachrichtigung als erfolgt gilt und damit Fristen zu laufen beginnen. Auf diese Weise wird der Schuldner auf jeden Fall über die Bedeutung des hinterlegten Schriftstücks informiert[361].

Das deutsche Recht kennt eine ähnliche Zustellungsform. Nach § 181 ZPO ist eine Ersatzzustellung möglich. Danach kann subsidiär das zuzustellende Schriftstück auf der Geschäftsstelle des Amtsgerichts, in dessen Bezirk der Ort der Zustellung liegt, oder – bei postalischer Zustellung – bei einer von der Post dafür bestimmten Stelle an diesem Ort niedergelegt werden.

(ee) Zustellungsbescheinigung

Die Zustellung in den Fällen des Art. 14 Abs. 1 lit. a) bis d) EuVTVO wird in der in Art. 14 Abs. 3 EuVTVO vorgesehenen Art und Weise bescheinigt. Ohne diese Bescheinigung ist die Bestätigung als Europäischer Vollstreckungstitel nicht möglich.

Die Zustellungsbescheinigung kann nach dem Wortlaut alternativ entweder von der für die Zustellung zuständigen Person erteilt werden, Art. 14 Abs. 3 lit.

---

357 Kropholler, Art. 14 EuVTVO Rn. 15; ebenso Rauscher/Rauscher/Pabst, EuZPR II, Art. 14 EuVTVO Rn. 17.

358 Vorschlag der Kommission, KOM (2002) 159 endg., Art. 12 I lit. c).

359 Vorschlag der Kommission, KOM (2002) 159 endg., Art. 12 I lit. c).

360 Hierfür gelten dieselben Erläuterungen wie zur Zustellungsform nach Art. 14 I lit. c) EuVTVO.

361 Nach dem ersten Kommissionsvorschlag mussten die Erfordernisse an den Inhalt noch kumulativ vorliegen, KOM (2002) 159 endg., Art. 12 I lit. d).

a) EuVTVO. Dabei muss die Bescheinigung Angaben enthalten über die gewählte Form der Zustellung, das Datum der Zustellung und, falls das Schriftstück einer vom Schuldner verschiedenen Person zugestellt wurde, der Name dieser Person sowie ihr Verhältnis zum Schuldner. Im deutschen Recht entspricht die Zustellungsurkunde nach § 182 Abs. 2 ZPO diesen Anforderungen. Oder es wird in den Fällen des Absatzes 1 lit. a) und b) (Esatzzustellung an Dritte) der Empfang von der Person, der das Schriftstück zugestellt wurde, bescheinigt. Anders als Absatz 3 lit. a) sind die Anforderungen an diese Empfangsbescheinigung nicht geregelt. Aufgrund der Besonderheit, dass in diesen Fällen nicht unmittelbar an den Schuldner zugestellt wird, sondern an eine dritte Person, können die Anforderungen nicht geringer sein als nach Absatz 3 lit. a). Damit sind dieselben Angaben auch in der Empfangsbescheinigung zu machen.

(ff) Postalische Zustellung ohne Nachweis

Wenn der Schuldner eine Anschrift im Ursprungsmitgliedstaat hat, ist nach Art. 14 Abs. 1 lit. e) EuVTVO eine postalische Zustellung ohne einen Empfangs- oder Übergabenachweis möglich.

Gegen diese einfache Zustellungsform bestehen keine Bedenken, weil in dem Mitgliedstaat zugestellt wird, in dem die Entscheidung ergangen ist und in dem die Bestätigung auch ausgestellt werden soll. Eine Zustellung im Ausland ist nicht erforderlich.

(gg) Elektronische Zustellung mit Einverständnis des Schuldners

Schließlich kann bei vorab erteiltem Einverständnis des Schuldners auch elektronisch mit automatisch erstellter Sendebestätigung zugestellt werden, Art. 14 Abs. 1 lit. f) EuVTVO.

Nicht erforderlich ist, dass das Einverständnis konkret bezogen auf den Prozess, in dem die Entscheidung ergangen ist, erteilt wird. Ein generell vor der Zustellung ausdrücklich ausgesprochenes Einverständnis genügt[362].

(hh) Unzulässigkeit der Zustellung

Zu beachten ist, dass die in Art. 14 Abs. 1 EuVTVO vorgesehenen Zustellungsformen nach Art. 14 Abs. 2 EuVTVO und damit die Bestätigung als Europäischer Vollstreckungstitel unzulässig sind, wenn die Anschrift des Schuldners nicht mit Sicherheit ermittelt werden kann. Damit ausgeschlossen sind diejenigen Zustellungsformen wie etwa die öffentliche Zustellung nach § 185 der deutschen ZPO, die typischerweise eingesetzt wird, wenn die Anschrift des Schuld-

362 So auch Kropholler, Art. 14 EuVTVO Rn. 25.

ners nicht ermittelt werden kann und dadurch gekennzeichnet ist, dass eine Kenntnisnahmemöglichkeit durch den Schuldner nur fingiert wird[363]. Damit findet auch die oben angesprochene *remise au parquet* keine Berücksichtigung, da sie sich unter keine der Zustellungsalternativen subsumieren lässt.

(d) Wahlrecht der zustellenden Stelle

Die Stelle, die die Zustellung vorzunehmen hat, hat zwischen den Zustellungsformen nach Art. 13 und Art. 14 EuVTVO die freie Wahl[364]. Eine Hierarchie besteht zwischen diesen Vorschriften nicht. Die genannten Zustellungsvarianten sind gemäß Art. 15 EuVTVO auch auf Zustellungen an den Vertreter des Schuldners anwendbar.

(e) Verhältnis zur EuZustVO

Da es sich bei den Mindeststandards lediglich um Beurteilungsnormen handelt, ist es folgerichtig, dass nach Art. 28 EuVTVO die neue Verordnung die EuZustVO unberührt lässt. Das bedeutet, dass die Zustellung nach der EuZustVO erfolgen kann. Ein Verstoß gegen ihre Vorschriften steht einer Bestätigung als Europäischer Vollstreckungstitel nicht entgegen, wenn die Mindeststandards der EuVTVO eingehalten sind[365]. Ebenso wenig bewirkt die EuVTVO eine Änderung von völkerrechtlichen Verträgen, die die Mitgliedstaaten mit Drittstaaten auf dem Gebiet der Zustellung abgeschlossen haben, wie das bereits erwähnte HZÜ. Die EuVTVO findet nur Anwendung zwischen den Mitgliedstaaten der Europäischen Union, nicht jedoch im Verhältnis zu Drittstaaten[366].

In Deutschland entsprechen die Zustellungsvorschriften (§ 166 ff. ZPO) – mit Ausnahme der §§ 178 Abs. 1 Nr. 3, 181 Abs. 2 S. 2 ZPO[367] – bereits den Mindeststandards, so dass der Bestätigung einer Entscheidung als Europäischer Vollstreckungstitel nichts im Wege steht. Auf die Einzelheiten wird im Rahmen der Darstellung des Durchführungsgesetzes konkret eingegangen werden.

(2) Ordnungsgemäße Unterrichtung des Schuldners

Art. 16 und 17 EuVTVO stellen Erfordernisse für den Inhalt der ordnungsgemäßen Unterrichtung des Schuldners auf.

---

363 Vgl. Erwägungsgrund Nr. 13 der EuVTVO.

364 Kropholler, Art. 14 EuVTVO Rn. 3; Rellermeyer, Rpfleger 2005, S. 389, 395; Stein, EuZW 2004, S. 679, 680.

365 So Kropholler, Art, 28 EuVTVO Rn. 2.

366 So auch Klippstein, in: Gebauer/Wiedmann, Zivilrecht unter europäischem Einfluss, Kap. 31 Rn. 55.

367 Da ein den Anforderungen des Art. 14 I lit. d) EuVTVO entsprechender Hinweis fehlt.

### (a) Über die Forderung

So muss zunächst – um sicherzustellen, dass der Schuldner über die Forderung ordnungsgemäß informiert worden ist – das verfahrenseinleitende Schriftstück gewisse Mindestangaben enthalten. Hierzu gehören Name und Anschrift der Parteien, die Höhe der Forderung einschließlich etwaiger Zinsen und die Bezeichnung des Forderungsgrundes, Art. 16 EuVTVO. Ohne diese Informationen kann der Schuldner nicht entscheiden, ob und wie er sich verteidigen will und soll. Die Anforderungen entsprechen denjenigen, die an einen Antrag auf Erlass eines Mahnbescheides nach deutschem Recht gestellt werden.

Zur Formulierung „Bezeichnung des Forderungsgrundes" ist anzumerken, dass nach dem ersten Vorschlag der Kommission das verfahrenseinleitende Schriftstück den „Gegenstand der Klage, einschließlich einer kurzen Darstellung des Sachverhalts, der der Forderung zugrunde liegt" enthalten musste[368]. Die Abänderung des Art. 16 lit. d) EuVTVO „sollte klarstellen, dass die sehr kurze Beschreibung der Begründung der Forderung, die in Mahnverfahren gewöhnlich ausreicht, auch den Erfordernissen für eine Bestätigung als Europäischer Vollstreckungstitel entspricht. Statt zusätzliche Rechtsbegriffe zu den bereits vorhandenen aufzunehmen, die die Bestimmung schwerer verständlich machen würden, schlug die Kommission vor, den Wortlaut in einer Form zu vereinfachen und zu erweitern, die jeden Zweifel diesbezüglich ausräumt"[369]. Eine Darstellung des Sachverhalts ist also nicht erforderlich. Die im deutschen Mahnantrag gemäß § 690 Abs. 1 Nr. 3 ZPO verlangte „Bezeichnung des Anspruchs" genügt somit den Mindestanforderungen des Art. 6 lit. d) EuVTVO.

### (b) Über die Verfahrensschritte zum Bestreiten der Forderung

Darüber hinaus ist der Schuldner nach Art. 17 EuVTVO in dem verfahrenseinleitenden Schriftstück, einem gleichwertigen Schriftstück oder einer Ladung in verfahrensrechtlicher Hinsicht über die Anforderungen, die an das Bestreiten der Forderung gestellt werden, zu belehren. Diese sind in Art. 17 lit. a) EuVTVO zwar aufgelistet, aber nicht abschließend („insbesondere"). Im Hinblick auf das zuletzt genannte Erfordernis, mitzuteilen, ob ein Rechtsanwalt erforderlich ist, wurde in Deutschland die Belehrungspflicht nach § 499 ZPO durch das EG-Vollstreckungstitel-Durchführungsgesetz erweitert[370].

---

368 Vorschlag der Kommission, KOM (2002) 159 endg., Art. 16 lit. d); der geänderte Vorschlage sah immerhin noch eine „Darlegung der Gründe der Forderung" vor, KOM (2003) 341 endg., Art. 16 lit. d).

369 Mitteilung der Kommission, KOM (2004) 90 endg., unter 3.2.1.2 zu Art. 16 (d) des Vorschlags.

370 Dazu mehr unter Teil 2 B. VII.

In Art. 17 lit. b) EuVTVO ist auf die Folgen hinzuweisen, die bei Nichtbestreiten beziehungsweise Nichterscheinen im Termin eintreten[371]. Auch hier werden nur die wichtigsten Beispiele aufgezählt. Im Vergleich zum ersten Vorschlag der Kommission wurde der Inhalt dieser Vorschrift deutlich gestrafft und erleichtert. Der Entwurf sah weitere Hinweispflichten vor, so zum Beispiel den Hinweis darauf, dass zugunsten des Gläubigers eine Entscheidung ohne oder nach einer eingeschränkten Prüfung der Begründetheit der Forderung durch das Gericht ergehen kann[372]. Eine Unterrichtung des Schuldners über die Möglichkeit, dass ein Europäischer Vollstreckungstitel ergehen kann, ist im Vergleich zum ersten Verordnungsvorschlag ebenfalls nicht erforderlich[373].

Die mit dem EG-Vollstreckungstitel-Durchführungsgesetz in Kraft getretenen Änderungen der §§ 215, 276 Abs. 2 und § 499 ZPO stellen sicher, dass die zivilprozessualen Vorschriften in Deutschland den Mindeststandards des Art. 17 EuVTVO genügen. Die Belehrungsvorschriften der ZPO müssen also beachtet werden, soll eine Entscheidung als Europäischer Vollstreckungstitel bestätigt werden. Sofern die Partei ohne die hierin enthaltenen Hinweise geladen worden ist, ist diese Ladung nicht ordnungsgemäß und eine Versäumnisentscheidung wäre nach § 335 Abs. 1 Nr. 2 ZPO unzulässig.

#### (3) Heilung von Verfahrensmängeln nach Art. 18 EuVTVO

Die soeben beschriebenen Mindestvorschriften der Art. 13 bis 17 EuVTVO sollen nach Erwägungsgrund Nr. 12 der EuVTVO sicherstellen, „dass der Schuldner so rechtzeitig und in einer Weise über das gegen ihn eingeleitete Verfahren, die Notwendigkeit seiner aktiven Teilnahme am Verfahren, wenn er die Forderung bestreiten will und über die Folgen seiner Nichtteilnahme unterrichtet wird, dass er Vorkehrung für seine Verteidigung treffen kann". Art. 18 EuVTVO schränkt unter bestimmten Voraussetzungen diesen Schutz ein. Denn in den in Art. 18 EuVTVO genannten Heilungstatbeständen soll der Schuldner nicht mehr schutzwürdig sein, so dass Art. 18 EuVTVO den Zweck der Mindeststandards nicht verfehlt. Der Unterschied zwischen Absatz 1 und Absatz 2 besteht darin, dass Absatz 1 anwendbar ist, wenn eine der in Art. 13 bis 17 EuVTVO genannten Voraussetzung nicht erfüllt ist, wohingegen Absatz 2 nur bei Mängeln der Zustellung nach Art. 13 und 14 Anwendung findet.

371 Zu den Einzelheiten siehe Art. 17 EuVTVO.

372 Vorschlag der Kommission, KOM (2002) 159 endg., Art. 17 lit. c).

373 Vorschlag der Kommission, KOM (2002) 159 endg., Art. 17 lit. e).

(a) Grundlage für Art. 18 EuVTVO

Art. 18 EuVTVO verdankt seine Existenz Art. 34 Nr. 2 EuGVVO, dessen Prinzip er aufgenommen hat[374]. So schreibt Art. 34 Nr. 2 EuGVVO vor, dass eine Vollstreckbarerklärung nicht verweigert werden kann, wenn dem Beklagten das verfahrenseinleitende Schriftstück nicht so rechtzeitig und in einer Weise zugestellt worden ist, dass er sich verteidigen konnte, es sei denn, er hat gegen die Entscheidung keinen Rechtsbehelf eingelegt, obwohl er die Möglichkeit dazu hatte. Insoweit weist Art. 18 EuVTVO eine Parallelität hierzu auf, die im Folgenden dargestellt wird.

(b) Heilung von Zustellungs- und Unterrichtungsmängeln durch versäumte Einlegung eines Rechtsbehelfs (Art. 18 Abs. 1 EuVTVO)

Nach Art. 18 Abs. 1 EuVTVO gelten Mängel bei der Zustellung und Unterrichtung des Schuldners im Sinne der Art. 13 bis 17 EuVTVO als geheilt, soweit die in Art 18 Abs. 1 lit. a) bis c) EuVTVO genannten Voraussetzungen kumulativ („und") erfüllt sind. Eine Bestätigung als Europäischer Vollstreckungstitel ist dann möglich. Für die Heilungsvoraussetzungen existiert ein Formblatt, auf dem die Erfüllung der Voraussetzungen anzugeben ist (Anhang I, Ziffer 13).

(aa) Zustellung der Entscheidung

So muss zunächst unter Einhaltung der verfahrensrechtlichen Erfordernisse nach Art. 13 oder 14 EuVTVO die Entscheidung (nicht das verfahrenseinleitende oder ein gleichwertiges Schriftstück!) dem Schuldner zugestellt worden sein (Art. 18 Abs. 1 lit. a) EuVTVO). Der Schuldner muss also die Entscheidung erhalten haben.

(bb) Möglichkeit der Einlegung eines Rechtsbehelfs

Weiterhin ist zur Heilung erforderlich, dass der Schuldner die Möglichkeit hatte, einen Rechtsbehelf einzulegen, der eine uneingeschränkte Überprüfung ermöglicht. Über die verfahrensrechtlichen Erfordernisse für die Einlegung dieses Rechtsbehelfs wie beispielsweise die Bezeichnung und Anschrift der Stelle, bei der der Rechtsbehelf einzulegen ist, Form und ggf. Frist muss der Schuldner ferner in oder zusammen mit der Entscheidung ordnungsgemäß unterrichtet worden sein (Art. 18 Abs. 1 lit. b) EuVTVO). Im deutschen Recht wurde § 338 ZPO hinsichtlich des Einspruchs gegen ein Versäumnisurteil durch das Durchführungsgesetz zur EuVTVO um eine entsprechende Belehrungspflicht erweitert. Nach einem neuen Satz 2 ist die Partei mit der Zustellung des Versäumnisurteils

374 Vorschlag der Kommission, KOM (2002) 159 endg., unter 3. zu Art. 19.

darauf hinzuweisen, dass ihr gegen das Urteil der Einspruch zusteht, wobei das Gericht, bei dem der Einspruch einzulegen ist und die einzuhaltende Form und Frist mitzuteilen sind. Folglich ist eine Heilung im Säumnisverfahren nach Art. 18 Abs. 1 EuVTVO möglich.

(cc) Versäumung der Einlegung eines Rechtsbehelfs

Schließlich muss der Schuldner nach Art. 18 Abs. 1 lit. c) EuVTVO es versäumt haben, einen Rechtsbehelf gegen die Entscheidung einzulegen. Hiermit gleichzusetzen ist die nicht wirksame Einlegung des Rechtsbehelfs[375]. Ist eine Frist für die Einlegung vorgesehen, so hindert bei einer Fristversäumung die potentiell bestehende Möglichkeit der Wiedereinsetzung die Bestätigung, wenn ein Antrag auf Wiedereinsetzung gestellt wurde[376].

Sind diese Voraussetzungen erfüllt, sind die Verfahrensmängel geheilt und die Entscheidung kann als Europäischer Vollstreckungstitel bestätigt werden.

(c) Heilung von Zustellungsmängeln durch nachgewiesenen rechtzeitigen Zugang (Art. 18 Abs. 2 EuVTVO)

Soweit das Verfahren im Ursprungsmitgliedstaat nicht den Zustellungserfordernissen der Art. 13 oder 14 EuVTVO (nicht den Erfordernissen, die an die Unterrichtung des Schuldners gestellt werden,) genügt, kann eine Heilung nach Art. 18 Abs. 2 EuVTVO erfolgen, wenn durch das Verhalten des Schuldners im gerichtlichen Verfahren nachgewiesen ist, dass er das zuzustellende Schriftstück so rechtzeitig persönlich bekommen hat, dass er Vorkehrungen für seine Verteidigung hätte treffen können.

(aa) Persönliche Zustellung

Zum einen setzt dieser Heilungstatbestand voraus, dass das zuzustellende Schriftstück dem Schuldner *persönlich* zugegangen sein muss. Die Zustellungsformen erfahren hier eine Einschränkung, da es nach dem Wortlaut nicht ausreicht, wenn das Schriftstück lediglich in den Machtbereich des Schuldners (z. B. durch Einwurf in den Briefkasten) gelangt oder aber ein Vertreter des Schuldner das Schriftstück erhält.

(bb) Nachweis der Zustellung durch den Schuldner

Zum anderen muss der Schuldner irgendwie im gerichtlichen Verfahren – explizit oder implizit – zum Ausdruck gebracht haben, dass er das Schriftstück tat-

375 Rauscher/Rauscher/Pabst, EuZPR II, Art. 18 Rn. 8.
376 So auch Kropholller, Art. 18 EuVTVO Rn. 8.

sächlich erhalten hat[377]. Eine andere Möglichkeit des Nachweises existiert nicht. Der ursprüngliche Kommissionsvorschlag ließ vom Wortlaut her in seinem Art. 19 Abs. 2 jeden Nachweis über den rechtzeitigen Erhalt des Schriftstücks genügen. Damit war es relativ einfach, eine Heilung zu erwirken. Diese vage und allgemein gefasste Formulierung stellte jedoch ein Einfallstor für Fehler dar und barg zusätzliche Risiken, so dass die Anforderungen an den Nachweis konkretisiert und gestrafft wurden[378].

Damit wird dem Schuldner eine gewisse Entscheidungsmacht eingeräumt. Wenn er persönlich Kenntnis vom Schriftstück erlangt hat, kann er dies durch sein Verhalten, z. B. durch eine Klageerwiderung, deutlich machen. Es steht ihm jedoch auch frei, passiv zu bleiben und auf diese Weise eine Heilung zu verhindern. Mangels eindeutigen Nachweises der persönlichen Zustellung im gerichtlichen Verfahren braucht er nicht zu befürchten, dass eine Heilung nach Absatz 2 eintritt.

(4) Überprüfung in Ausnahmefällen

Einen weiteren zu erfüllenden Mindeststandard enthält Art. 19 EuVTVO.

Danach muss nach dem Recht des Ursprungsmitgliedstaates der Schuldner berechtigt sein, eine Überprüfung der gegen ihn ergangenen Entscheidung in den in Art. 19 Abs. 1 lit. a) und b) EuVTVO beschriebenen Ausnahmefällen zu beantragen. Art. 19 EuVTVO trägt solchen Situationen Rechnung, in denen der Schuldner ohne eigenes Verschulden gehindert war, seine Rechte wahrzunehmen und sich gegen den ihm gegenüber erhobenen Anspruch zu verteidigen. Damit wird deutlich, dass trotz einer erfolgten Zustellung das Recht auf Gehör dadurch nicht gewährleistet ist, dass der Schuldner aufgrund einer Ersatzzustellung (Art. 19 Abs. 1 lit. a) EuVTVO) oder aufgrund höherer Gewalt (Art. 19 Abs. 1 lit. b) EuVTVO) das Schriftstück nicht rechtzeitig erhalten hat.

Nur wenn die Mitgliedstaaten diese Überprüfungsmöglichkeit nach ihrem Recht bieten, können ihre Entscheidungen als Europäische Vollstreckungstitel bestätigt werden. Ein Zwang, entsprechende Regelungen zu treffen, besteht für die Mitgliedstaaten ebenso wenig wie für die anderen bereits beschriebenen Mindeststandards. Nach Art. 30 Abs. 1 lit. a) EuVTVO haben die Mitgliedstaaten die Kommission über das Überprüfungsverfahren zu informieren. Ob dieses Überprüfungsverfahren in das nationale Recht neu eingeführt wurde oder schon bestanden hat, spielt keine Rolle[379].

377 Vgl. die Mittelung der Kommission, KOM (2004) 90 endg., unter 3.2.2. zu Art. 19 (2).

378 Hierzu die Mitteilung der Kommission, KOM (2004) 90 endg., unter 3.2.2. zu Art. 19 (2).

379 Kropholler, Art. 19 EuVTVO Rn. 2.

### (a) Allgemeines

Der Wortlaut des Art. 19 Abs. 1 EuVTVO spricht von einer „Überprüfung der Entscheidung". Nach dem Erwägungsgrund 14 der EuVTVO ist jedoch davon auszugehen, dass wie in Art. 18 Abs. 1 lit. b) EuVTVO eine *uneingeschränkte* Überprüfung gewährleistet sein muss. Denn nur in diesem Fall ist der Schuldner ausreichend geschützt.

Auch wird die Überprüfung nicht auf bestimmte Rechtsbehelfe beschränkt[380]. Der Schuldner kann jeden Rechtsbehelf ergreifen, der ihm in den in Art. 19 Abs. 1 EuVTVO genannten Ausnahmefällen oder unter großzügigeren Bedingungen (Art. 19 Abs. 2 EuVTVO) zur Verfügung steht. Zu beachten ist, dass die Möglichkeit zur uneingeschränkten Überprüfung der Entscheidung, also ein „geeigneter Mechanismus"[381] nur abstrakt gegeben sein muss, damit die Bestätigung erfolgen kann. Es muss also im konkreten Fall keiner der in Art. 19 Abs. 1 EuVTVO beschriebenen Ausnahmefälle vorliegen.

Art. 19 Abs. 1 EuVTVO unterscheidet zwei Fallgruppen, bei deren Vorliegen ein Rechtsbehelf zur Überprüfung gegeben sein muss. In dem einen Fall konnte der Schuldner in Folge einer Ersatzzustellung nach Art. 14 EuVTVO keine Vorkehrungen für seine Verteidigung treffen (lit. a)). In dem anderen Fall war er aufgrund höherer Gewalt oder außergewöhnlicher Umstände gehindert, der Forderung zu widersprechen (lit. b)).

### (b) Ersatzzustellung nach Art. 14 EuVTVO (Art. 19 Abs. 1 lit. a) EuVTVO)

Der erste in Art. 19 Abs. 1 lit. a) EuVTVO umschriebene Ausnahmefall betrifft die Ersatzzustellung in den Formen des Art. 14 EuVTVO. Da hier die Zustellung ohne Nachweis des Empfangs durch den Schuldner erfolgt, besteht nur ein hohes Maß an Wahrscheinlichkeit dafür, dass das zuzustellende Schriftstück auch tatsächlich dem Schuldner zugegangen ist, nicht aber eine Garantie. Die Zustellung muss ohne Verschulden des Schuldners nicht so rechtzeitig erfolgt sein, dass er Vorkehrungen für seine Verteidigung hätte treffen können.

Hier wird zum ersten Mal deutlich, dass es auf eine *rechtzeitige* Zustellung ankommt. Bemerkenswert ist, dass in der EuVTVO an keiner Stelle im Einzelnen geregelt ist, wann eine Zustellung rechtzeitig erfolgt, welche Fristen also einzuhalten sind. Im Gegensatz hierzu sah der ursprüngliche Kommissionsvorschlag in seinem Art. 15 noch bestimmte Fristen vor, die dem Schuldner zwingend einzuräumen waren. Dass die EuVTVO in ihrer gültigen Fassung die Frage der Rechtzeitigkeit nicht mehr regelt, bedeutet – wie Art. 19 Abs. 1 lit. a)

380 So noch der erste Vorschlag der Kommission, der allein die Wiedereinsetzung in den vorigen Stand zuließ, KOM (2002) 159 endg., Art. 20.

381 So Erwägungsgrund Nr. 14 der EuVTVO.

EuVTVO klarstellt – nicht, dass die Rechtzeitigkeit der Zustellung nicht von Belang ist. Der Rat der Europäischen Union war davon überzeugt, dass das Recht der einzelnen Mitgliedstaaten ausreichende Fristen für die Vorbereitung der Verteidigung nach Zustellung der Schriftstücke vorsieht, so dass im Vertrauen hierauf auf eine Mindestregelung verzichtet werden konnte[382].

(c) Höhere Gewalt (Art. 19 Abs. 1 lit. b) EuVTVO)

Der zweite Ausnahmefall ist in Art. 19 Abs. 1 lit. b) EuVTVO geregelt und enthält die Generalklausel. Danach konnte der Schuldner aufgrund höherer Gewalt oder aufgrund außergewöhnlicher Umstände ohne eigenes Verschulden der Forderung nicht widersprechen. Wie letztlich zugestellt wurde, ist unerheblich. Unerheblich ist auch die Art der Gründe, die letztlich für die Verhinderung ursächlich waren. Eine Einschränkung erfolgt nicht, so dass ein Rechtbehelf bei jeder Art der Verhinderung durch höhere Gewalt oder aufgrund außergewöhnlicher Umstände gegeben sein muss[383].

(d) Unverzüglichkeit

In beiden eben beschriebenen Ausnahmefällen ist es erforderlich, dass der Schuldner „unverzüglich" tätig wird. Die Formulierung ist etwas unglücklich. Gemeint ist, dass die Möglichkeit, eine Überprüfung zu verlangen, dem Schuldner nicht zeitlich unbeschränkt zustehen muss. Dem Mindeststandard ist vielmehr schon Genüge getan, wenn der Schuldner nach dem Recht des Ursprungsmitgliedstaates unverzüglich tätig werden muss, mit anderen Worten: Der Mindeststandard ist schon erfüllt, wenn es einen Rechtsbehelf *zumindest* bei unverzüglichem Tätigwerden gibt[384].

(e) Spielraum für die Mitgliedstaaten

Art. 19 Abs. 2 EuVTVO stellt klar, dass es den Mitgliedstaaten frei steht, die Überprüfung einer Entscheidung unter großzügigeren Bedingungen als nach Absatz 1 zu ermöglichen. Das deutsche Recht hat von dieser Möglichkeit Gebrauch gemacht und räumt der Partei, gegen die ein Versäumnisurteil oder Vollstreckungsbescheid ergangen ist, unabhängig vom Verschulden gemäß §§ 338, 700 ZPO den Einspruch innerhalb der Frist des § 339 ZPO ein, die an die wirksame Zustellung des Versäumnisurteils, beziehungsweise des Vollstreckungsbeschei-

382 Mitteilung der Kommission, KOM (2004) 90 endg., unter 3.3.2. zu Artikel 15.

383 Rauscher/Rauscher/Pabst, EuZPR II, Art. 19 EuVTVO Rn. 11; Kropholler, Art. 19 EuVTVO Rn. 8.

384 So Kropholler, Art. 19 EuVTVO Rn. 9; Wagner, IPRax 2005, S. 189, S. 195.

des anknüpft. Im Falle der unverschuldeten Fristversäumnis besteht gemäß § 223 ZPO die Möglichkeit der Wiedereinsetzung in den vorigen Stand.

#### cc) Zusammenfassung der Mindestvorschriften

Zusammenfassend ist hinsichtlich der Mindestvorschriften festzuhalten, dass sie grundsätzlich ihren Zweck, dem Schuldner im Rahmen des Bestätigungsverfahrens rechtliches Gehör zu gewähren, erfüllen. Im Rahmen des Vollstreckbarerklärungsverfahrens nach der EuGVVO hatte der Schuldner die in Art. 34 und 35 EuGVVO normierten Anerkenntnisversagungsgründe selbst beizubringen. Nach der EuVTVO werden die Mindeststandards dagegen von der zuständigen Stelle im Bestätigungsverfahren selbständig geprüft. In diesem Fall geht der Schutz des Beklagten in diesem Verfahrensstadium sogar weiter als nach der EuGVVO. Dies gilt freilich nur insoweit, als dem Ursprungsmitgliedstaat eine ordnungsgemäße und objektiv gehaltene Überprüfung der Mindeststandards unterstellt wird. Allerdings erscheinen die einzelnen Mindestvorschriften in ihrer Anwendung kompliziert. Die für die Bestätigung zuständigen Stellen werden mit der Überprüfung von Maßnahmen konfrontiert, die zwar generell nicht unbekannt sind, zum Beispiel die Zustellung von Schriftstücken. Jedoch sind die zu überprüfenden Anforderungen sehr facettenreich bzw. komplex. Dies birgt die Gefahr von Fehlentscheidungen in sich, selbst wenn die Mitgliedstaaten darauf bedacht sind, ihr Recht den Mindeststandards anzupassen, um möglichst viele eigene Titel als Europäische Vollstreckungstitel bestätigen zu können. Vor diesem Hintergrund stellt sich umso mehr die Frage, ob zum Schutz des Beklagten der Verzicht auf einen allgemeinen *ordre public*-Vorbehalt nicht verfrüht ist. Diese Frage wird im Einzelnen näher untersucht werden[385].

### 3. Entscheidung

Sofern die Angelegenheit in den Anwendungsbereich der EuVTVO fällt und – bei gerichtlichen Entscheidungen – die Voraussetzungen des Art. 6 Abs. 1 EuVTVO erfüllt sind, wird die Bestätigung als Europäischer Vollstreckungstitel mittels der einheitlichen Formulare im Anhang der EuVTVO ausgestellt[386]. Für die Bestätigung von Entscheidungen ist das Formblatt nach Anhang I der EuVTVO (Art. 9 Abs. 1 EuVTVO), für die Bestätigung gerichtlicher Vergleiche das Formblatt nach Anhang II (Art. 24 Abs. 1 EuVTVO) und für die Bestätigung von öffentlichen Urkunden das Formblatt nach Anhang III (Art. 25 Abs. 1

385 Vgl. die Ausführungen hierzu unter Teil 2 B. IV. 5.

386 Geändert durch Verordnung (EG) Nr. 1869/2005 vom 16. November 2005 (ABl. EU v. 17.11.2005, Nr. L 300, S.6).

EuVTVO) vorgesehen. Die Formblätter IV und V dienen den Bestätigungen nach Art. 6 Abs. 2 und Abs. 3 EuVTVO.

### *a) Inhalt der Bestätigung*

Alle für die Vollstreckung erforderlichen Angaben sind in der Bestätigung enthalten. Nach Art. 9 Abs. 2 EuVTVO wird die Bestätigung als Europäischer Vollstreckungstitel in der Sprache ausgestellt, in der die Entscheidung abgefasst ist. Aufgrund der Verweisung in Art. 24 Abs. 3, Art. 25 Abs. 3 EuVTVO gilt dies auch für gerichtliche Vergleiche und öffentliche Urkunden. Die genannten Formblätter sind in allen Amtssprachen der Europäischen Union zu erhalten. In der Regel werden lediglich Namen und Zahlen eingetragen oder es sind Kästchen anzukreuzen. Daher erübrigt sich auch im Allgemeinen eine Übersetzung der Bestätigung im Vollstreckungsmitgliedstaat. Nur falls ausnahmsweise im Einzelfall weitere Eintragungen vorzunehmen sind, kann vom Gläubiger im Vollstreckungsmitgliedstaat gemäß Art. 20 Abs. 2 lit. c) EuVTVO eine Übersetzung der Bestätigung – nicht des Ursprungstitels – verlangt werden.

Am umfangreichsten ist das Formular im Anhang I der Verordnung für die gerichtlichen Entscheidungen. Anders als in den Formblättern für gerichtliche Vergleiche oder öffentliche Urkunden muss hier – sofern kein Anerkenntnisurteil vorliegt[387] – geprüft werden, ob die Mindeststandards der Verordnung eingehalten worden sind. Aus der Bestätigung muss sich ergeben, dass diese Prüfung stattgefunden hat, da eine erneute Prüfung im Vollstreckungsmitgliedstaat nicht erfolgt. Aus diesem Grund ist das Formblatt für die Bestätigung dergestalt ausführlich[388]. Bei der Ausstellung der Bestätigung für gerichtliche Vergleiche nach Anhang II und für öffentliche Urkunden nach Anhang III bedarf es *nur* der Angaben über die ausstellende Stelle, über die präzise Forderungshöhe (einschließlich der Fälligkeit etwaiger Raten und etwaiger zu zahlender Zinsen) sowie über die Vollstreckbarkeit des Titels im Ursprungsmitgliedstaat.

### *b) Wirkung der Bestätigung*

Alle Bestätigungen werden ohne Anhörung des Schuldners[389] ausgestellt.

---

387 Die Mindeststandards müssen nur erfüllt sein, wenn eine Entscheidung im Sinne von Art. 3 I lit. b) und c) EuVTVO vorliegt. Anerkenntnisurteile werden von Art. 3 I lit. a) EuVTVO erfasst.

388 Vgl. Erwägungsgründe Nr. 17 f. EuVTVO; Vorschlag der Kommission, KOM (2002) 159 endg., unter 3. zu Art. 7.

389 Rechtliches Gehör wird ihm erst im Berichtigungs- oder Widerrufsverfahren eingeräumt. Hierzu ausführlich unter Teil 2 B. VI. 1. b).

Art. 11 EuVTVO bestimmt die Wirkung der Bestätigung als Europäischer Vollstreckungstitel, wonach sie nur in dem Umfang Wirkung entfaltet, in dem das Recht des Ursprungsmitgliedstaates die Entscheidung für vollstreckbar erklärt, nicht darüber hinaus. Schließlich soll die Entscheidung im Ausland nicht leichter vollstreckt werden können als in ihrem Ursprungsstaat. Sofern die Entscheidung im Ursprungsmitgliedstaat nicht mehr oder nur unter bestimmten Voraussetzungen vollstreckbar ist, darf die Bestätigung als Europäischer Vollstreckungstitel nicht dahingehend ausgelegt werden, dass der Gläubiger berechtigt ist, in unbeschränktem Umfang die Vollstreckung in anderen Mitgliedstaaten zu betreiben[390]. Ist die als Europäischer Vollstreckungstitel bestätigte Entscheidung nicht mehr vollstreckbar oder ist ihre Vollstreckbarkeit ausgesetzt oder eingeschränkt worden, kann sich der Schuldner dies gemäß Art. 6 Abs. 2 EuVTVO bestätigen lassen und diese Bestätigung im Vollstreckungsmitgliedstaat der Vollstreckung entgegenhalten.

## 4. Unanfechtbarkeit der Entscheidung

Wird die Bestätigung als Europäischer Vollstreckungstitel ausgestellt, ist ein Rechtsmittel hiergegen nicht gegeben. Dies sieht Art. 10 Abs. 4 EuVTVO ausdrücklich vor[391]. Anerkennungsversagungsgründe sind – anders als noch nach dem EuGVÜ und der EuGVVO – zu keinem Zeitpunkt mehr zu prüfen. Um von vornherein den Erlass der Bestätigung zu verhindern, kann der Schuldner die Forderung im Erkenntnisverfahren bestreiten und sie damit dem sachlichen Anwendungsbereich der EuVTVO entziehen[392]. Unterlässt er dies, gebieten Sinn und Zweck der EuVTVO – Schnelligkeit und Effizienz der grenzüberschreitenden Vollstreckung – den Verzicht auf einen Rechtsbehelf im Bestätigungsverfahren. Dies führt nicht zu einer Beschränkung der Verteidigungsrechte. Bereits im Hauptsacheverfahren hatte der Schuldner die Gelegenheit, sich gegen die gegen ihn geltend gemachte Forderung zu verteidigen. Nimmt er diese seine Rechte nicht wahr, bleibt ihm immer noch die Möglichkeit, gegen den Titel selbst im Ursprungsmitgliedstaat vorzugehen und die dort vorgesehenen Rechtsbehelfe einzulegen. Macht er hiervon ebenfalls keinen Gebrauch, bedarf er nicht des Schutzes durch einen weiteren Rechtsbehelf gegen die Bestätigung. Ist der

390 Mitteilung der Kommission, KOM (2004) 90 endg., unter 3.3.2. zu Art. 8 y.

391 Vgl. auch Vorschlag der Kommission, KOM (2002) 159 endg., unter 3. zu Art. 8; geänderter Vorschlag der Kommission, KOM (2003) 341 endg., unter 2.1. zu Art. 7 Absatz 1, Absatz 3 a (neu), Art. 8 und Anhang I, Nummer 13 a (neu).

392 Vorschlag der Kommission, KOM (2002) 159, unter 3. zu Art. 8; geänderter Vorschlag der Kommission, KOM (2003) 341 endg., unter 2.1. zu Art. 7 Absatz 1, Absatz 3 a (neu), Art. 8 und Anhang I, Nummer 13 a (neu).

Schuldner ohne eigenes Verschulden nicht in der Lage, seine Rechte auszuüben, ist er durch Art. 19 EuVTVO hinreichend geschützt, der ihm eine Überprüfung der Entscheidung in den dort genannten Ausnahmefällen gestattet[393]. Lässt das Recht jedoch keinen Rechtsbehelf gegen die Entscheidung zu, kann der Schuldner den Titel auch in einem anderen Mitgliedstaat nicht mehr beseitigen.

Die Lektüre des Art. 10 EuVTVO lässt erkennen, dass der Schuldner im Bestätigungsverfahren nicht vollkommen schutzlos gestellt ist, wie Art. 10 Abs. 4 EuVTVO anfänglich vermuten lässt. So sieht Art. 10 Abs. 1 lit. a) EuVTVO eine Berichtigung und Art. 10 Abs. 1 lit. b) EuVTVO einen Widerruf der Bestätigung vor. Unter welchen Voraussetzungen und in welcher Form der Schuldner von diesen Rechtsschutzmöglichkeiten Gebrauch machen kann und welche Folgen diese haben, wird im Einzelnen näher im Rahmen der Ausführungen zum Rechtsschutzverfahren erläutert. Angesichts dieser dem Schuldner eröffneten Rechtsschutzmöglichkeiten ist die Vorschrift wegen ihrer Formulierung in Absatz vier missverständlich und fehlerhaft. Eindeutiger den Rechtsschutz regelnd wäre die Formulierung: „Gegen die Ausstellung einer Bestätigung als Europäischer Vollstreckungstitel ist kein *weiterer/sonstiger* Rechtsbehelf möglich“. Nur auf diese Weise würde sich der Widerspruch, der nach der jetzigen Formulierung besteht, vermeiden lassen. Art. 10 Abs. 4 EuVTVO soll – wie bereits erläutert – die Effektivität und Schnelligkeit einer Vollstreckung über die Grenzen hinaus in anderen Mitgliedstaaten fördern. Dies ist aber nicht der Fall, wenn der Schuldner berechtigt ist, gegen die Bestätigung vorzugehen, sei es auch nur ihre Berichtigung oder ihren Widerruf zu erreichen.

## 5. Kritik der fehlenden Kontroll- und Eingriffsmöglichkeit durch den Vollstreckungsmitgliedstaat (Art. 21 Abs. 2 EuVTVO)

Durch den Wegfall des Vollstreckbarerklärungsverfahrens im Vollstreckungsmitgliedstaat ist es zu einem Systemwechsel[394] im internationalen Vollstreckungsrecht gekommen. Die Vollstreckbarerklärung wird ersetzt durch die Bestätigung als Europäischer Vollstreckungstitel, die im Ursprungsmitgliedstaat ausgestellt wird. Diese so bestätigte Entscheidung müssen andere Mitgliedstaaten wie ihre eigenen Entscheidungen vollstrecken, ohne dass ihnen die Möglichkeit eröffnet ist, Versagungsgründe wie sie in Art. 34, 35 Abs. 1 EuGVVO enthalten sind, zu prüfen. Der „Grundgedanke einer Zivilrechtspflege, die eigenverantwortliche und originäre Aufgabe der einzelnen Staaten ist“[395], scheint da-

393 Vgl. auch geänderter Vorschlag der Kommission, KOM (2003) 341 endg., unter 2.1. zu Art. 7 Absatz 1, Absatz 3 a (neu), Art. 8 und Anhang I, Nummer 13 a (neu).

394 Zum Begriff Jayme/Kohler, IPRax 2002, S. 461, 465.

395 So Stadler, IPRax 2004, S. 2, 5.

mit aufgehoben zu sein. Weggefallen ist damit die Kontrolle, die bisher den Vollstreckungsmitgliedstaaten vorbehalten war, bevor sie die eigenen Vollstreckungsorgane anweisen, eine fremde Entscheidung mit Zwangsmitteln durchzusetzen. Nicht mehr der Vollstreckungsmitgliedstaat übt die Kontrolle über die zu vollstreckende Entscheidung aus, sondern der Ursprungsmitgliedstaat.

### *a) Grundlage für den Systemwechsel*

Bereits mehrfach wurde im Rahmen dieser Ausarbeitung auf das gegenseitige Vertrauen in die ordnungsgemäße Rechtspflege in den Mitgliedstaaten hingewiesen, wie es im Erwägungsgrund 18 der EuVTVO verankert ist. Es wird angenommen, dass dieses gegenseitige Vertrauen in die Zivilrechtspflege einen Grad erreicht hat, der es gestatte, auf den eigenen Schutzmechanismus zu verzichten und stattdessen das „Schicksal" des Schuldners dem Ursprungsmitgliedstaat zu überlassen. Dieser Grundsatz stellt die Grundlage für den Systemwechsel dar. Er rechtfertigt es, dass das Gericht nur eines Mitgliedstaates beurteilt, ob alle Voraussetzungen für die Bestätigung der Entscheidung vorliegen, so dass die Vollstreckung der Entscheidung in allen anderen Mitgliedstaaten möglich ist, ohne dass im Vollstreckungsmitgliedstaat zusätzlich von einem Gericht nachgeprüft werden darf, ob die prozessualen Mindestvorschriften eingehalten worden sind. Der Vollstreckungsmitgliedstaat wird damit zum hoheitlichen Durchsetzungsgehilfen ohne generelle Kontrollbefugnis[396]. Hinzu kommt die Vorstellung des Europäischen Gesetzgebers von der vollkommenen Gleichwertigkeit des Rechtsschutzes in allen Mitgliedstaaten[397]. Ein einheitlicher Rechtsraum kann nur dann angenommen werden, wenn das nationale Kollisionsrecht harmoniert. Um nicht danach unterscheiden zu müssen, welches Gericht welchen Mitgliedstaates das zu vollstreckende Urteil gefällt hat, müssen sich beispielsweise die zivilprozessualen Verfahrensgarantien und Verfahrensgestaltungen ähneln[398].

### *b) Folgen des Systemwechsels*

Die Verlagerung der Prüfungskompetenz auf den Ursprungsmitgliedstaat und die damit verbundene Entziehung der Kontroll- und Eingriffsmöglichkeit auf Seiten der Gerichte des Vollstreckungsmitgliedstaates hat in der deutschen Literatur zu einer lebhaften Diskussion[399] geführt. Während EuGVÜ und EuGVVO noch auf dem eben beschriebenen Grundgedanken einer Zivilrechtspflege ba-

---

396 Rauscher, EuVT, Rn. 13; in diesem Sinne auch Stadler, IPRax 2004, S. 2, 6.

397 Dieser Gedanke liegt dem Grundsatz der gegenseitigen Anerkennung zugrunde.

398 Portmann, EuVT, S. 149 f.; Stadler, IPRax 2004, S. 2, 7.

399 Ausführlich Stein, IPRax 2004, S. 181 mit zahlreichen Nachweisen.

sierten, wonach bei grenzüberschreitender Anerkennung und Vollstreckung eine gewisse Kontrolle durch den Vollstreckungsmitgliedstaat selbstverständlich war, ist diese Kontrolle nunmehr vollständig aufgehoben. Nach der EuGVVO wurde diese Kontrolle zwar durch die Verlagerung in das Rechtsbehelfsverfahren beschränkt, doch herrschte immer noch ein gewisses Gleichgewicht zwischen Verfahrensbeschleunigung und Schuldnerschutz. Mit der neuen Gesetzgebung wird den Gerichten des Vollstreckungsmitgliedstaates nunmehr jegliche Handhabe genommen, auf Grund der in Art. 34, 35 EuGVVO genannten Gründe die Anerkennung und Vollstreckung zu versagen[400]. Es kann heute nicht mit absoluter Gewissheit angenommen werden, dass die Gleichwertigkeit der Rechtspflege in den Mitgliedstaaten bereits Realität ist[401]. Möglicherweise ist diese das Ziel, zurzeit ist sie jedoch lediglich eine Fiktion. Insbesondere der Ausschluss der Berufung auf den in Art. 34 Nr. 1 EuGVVO verankerten *ordre public*[402] hat zunehmend Kritik[403] erfahren, die jedoch letztlich keine Wirkung gezeigt hat.

#### aa) Sinn und Zweck der *ordre public*-Kontrolle

Die ausgeübte Kritik am Wegfall der *ordre public*-Kontrolle lässt erhebliches Unbehagen angesichts einer Verpflichtung deutscher Vollstreckungsorgane verspüren, ausländische Entscheidungen aufgrund ihrer Bescheinigung als Europäische Vollstreckungstitel ohne wenn und aber anzuerkennen und zu vollstrecken. *Kohler* und *Pfeiffer* bezeichnen diese Verpflichtung als „Sprung ins Dunkle"[404]. Die Besonderheit des *ordre public*-Einwandes besteht darin, dass er nicht wie die anderen Katalogbestände der Art. 34, 35 EuGVVO ein ganz konkretes und ausschließliches Problem behandelt, sondern als allgemeiner Auffangtatbestand für alle Gründe dient, die die Anerkennung einer ausländischen Entscheidung als nach den Wertungen der heimischen Rechtskultur, also nach der öffentlichen Ordnung des Vollstreckungsmitgliedstaates unvereinbar machen. *Ordre public*-Klauseln sind Schutzklauseln des jeweiligen Staates, um nationale, für die Auf-

400 So auch Stein, EuZW 2004, S. 679.

401 Rauscher/Rauscher/Pabst, EuZPR II, Einl. EuVTVO Rn. 16; Kohler, in: Reichelt/Rechberger, Europäisches Kollisionsrecht, S. 63, 75 f.; Mankowski, RIW 2004, S. 587, 588.

402 Hierbei geht es nicht um den ordre public im Hinblick auf ein kollisionsrechtlich berufenes ausländisches Sachrecht (kollisionsrechtlicher ordre public), sondern um den ordre public hinsichtlich der Anerkennung einer bereits erlassenen ausländischen Entscheidung (anerkennungsrechtlicher ordre public).

403 Z. B. Wagner, IPRax 2002, S. 75, 89 ff.; Stadler, IPRax 2004, S. 2, 7 ff.; dies., RIW 2004, S. 801, 803 f.

404 Kohler, in: Reichelt/Rechberger, Europäisches Kollisionsrecht, S. 63, 75; Pfeiffer, Fs. für Jayme, S. 675, 681.

rechthaltung der Rechtordnung elementare Interessen schützen zu können[405]. Als Generalklauseln hängt ihre Auslegung besonders von den Gebräuchen, der Moral und der wirtschaftlichen Gegebenheiten ab. *Laptew*[406] bezeichnet sie als Spiegelbild des politischen und wirtschaftlichen Zeitgeistes. Der *ordre public*-Einwand ist das klassische Anerkennungshindernis in den meisten Anerkennung- und Vollstreckungsabkommen auch außerhalb des europäischen Rechts[407]. Für diejenigen Ausnahme- und Einzelfälle, in denen besonders schwerwiegende Verstöße – vor allem gegen Grundrechte[408] – begangen wurden, ist der *ordre public* ein wichtiges Instrumentarium. Dies gilt insbesondere für eine effiziente Gewährleistung des Schuldnerschutzes. *Rauscher/Pabst*[409] haben zutreffend festgestellt, dass der *ordre public* nicht dem Vertrauensdogma geopfert werden könne, sondern dieses von der EuVTVO hoch gepriesene Vertrauen erst durch die Vereinheitlichung und Sicherstellung der *ordre public*-Kontrolle entstehen könne. Es mag zutreffen, dass dieser Vorbehalt in der Praxis keine gravierende Rolle gespielt hat, diente der *ordre public* dennoch gerade als Notbremse, wie die Entscheidung des Schwurgerichts Paris vom 13. März 1995, die – durch Vorlage des damit befassten Bundesgerichtshofes[410] – zur Krombach-Entscheidung des Europäischen Gerichtshofes[411] führte, beispielhaft zeigt:

Das französische Gericht hatte einen in Deutschland wohnhaften deutschen Arzt strafrechtlich wegen vorsätzlicher Körperverletzung mit Todesfolge ohne Tötungsabsicht zu 15 Jahren Zuchthaus und im Adhäsionsverfahren auch noch zur Zahlung von Schadensersatz in Höhe von 350.000 FF verurteilt. In beiden Fällen war der Arzt selbst nicht anwesend, wohl aber seine Verteidiger. Den Verteidigern hatte das Gericht jedoch die Teilnahme am Verfahren verboten, da der Arzt sich dem Verfahren nicht gestellt hatte. Der Arzt, Dr. Krombach, erhob gegen die Verurteilung zur Schadensersatzpflicht zunächst Beschwerde beim Oberlandesgericht und nach deren Zurückweisung Rechtsbeschwerde beim Bundesgerichtshof. Zur Begründung führte er aus, dass er sich vor seiner Verurteilung durch das französische Gericht nicht wirksam habe verteidigen können. Der Bundesgerichtshof hat daraufhin das Verfahren ausgesetzt und dem Europäischen Gerichtshof Fragen zur Vorabentscheidung vorgelegt. Der Europäische Gerichtshof sah in der Nichtzulassung der Verteidigung durch einen Rechtsan-

405 Portmann, EuVT, S. 142.
406 Laptew, IPRax 2004, S. 495.
407 Becker, Grundrechtsschutz, S. 120, Bruns, JZ 1999, S. 278, 281.
408 Nach Leipold gehören die Grundrechte zum Kern des ordre public, Leipold, Fs. für Stoll, S. 625, 637.
409 Rauscher/Rauscher/Pabst, EuZPR II, Art. 5 Rn. 11 EuVTVO.
410 BGH, IPRax 1998, S. 205.
411 EuGH, NJW 2000, S. 1853.

walt einen Verstoß gegen den *ordre public* und berief sich dabei auf das in Art. 6 EMRK verankerte Recht auf ein faires Verfahren, das den Anspruch auf rechtliches Gehör einschließe. Mit dieser Entscheidung hat es der Europäische Gerichtshof dem Bundesgerichtshof ermöglicht, der Entscheidung des Schwurgerichts Paris unter Berufung auf den *ordre public* die Anerkennung und Vollstreckung in Deutschland zu versagen. Zwar hat der Bundesgerichtshof seine Entscheidung anders als der Europäische Gerichtshof begründet – er hat den *ordre public*-Verstoß nicht auf die Verletzung eines Grundsatzes des Gemeinschaftsrechts gestützt, sondern auf die Beeinträchtigung des Rechts auf rechtliches Gehör nach deutschem Verfassungsrecht (Art. 103 Abs. 1 GG). Doch steht fest, dass ohne die *ordre public* -Klausel nach Art. 27 Nr. 1 EuGVÜ die französische Entscheidung trotz ihres offenen Widerspruchs zur Europäischen Menschenrechtskonvention in Deutschland vollstreckt worden wäre.

#### bb) Notwendigkeit eines *ordre public*-ähnlichen Instrumentariums

Die Regelungen unter den Mitgliedstaaten – sei es in materieller, sei es in verfahrensrechtlicher Hinsicht, harmonieren noch nicht miteinander. Ein „europäisches" Zivilverfahrensrecht liegt noch in weiter Ferne, umso mehr, nachdem die Europäische Union seit 2004 um zwölf neue Mitglieder erweitert wurde. Angesichts der vollzogenen Osterweiterung und der Unterschiede sowohl im Verfahrensrecht als auch im materiellen Recht der Mitgliedstaaten ist der „Notanker" des *ordre public* grundsätzlich unverzichtbar. Nur eine Harmonisierung kann eine schrankenlose Freizügigkeit von Gerichtsentscheidungen gewährleisten.

Die vielen Entscheidungen des Europäischen Gerichtshofes und der nationalen Gerichte zu Regelungen des EuGVÜ und der EuGVVO lassen erkennen, dass die einzelnen Richter sich ihrer Entscheidung nicht immer sicher sind. Fundamentale Verfahrensfehler können nie gänzlich ausgeschlossen werden, weshalb eine gewisse Kontrolle unerlässlich ist.

Nur eine *ordre public*-Kontrolle kann den Schuldner präventiv vor offensichtlichen Fehlurteilen schützen[412]. Insoweit wäre es wünschenswert gewesen, dass der Wegfall der *ordre public*-Kontrolle und die damit einhergehende Rechtsschutzlücke durch eine andere Sicherheit kompensiert werden würde, zum Beispiel durch einen Grundrechtsschutz auf europäischer Ebene. Teilweise wird vertreten, dass dieses Dilemma dadurch zu kompensieren sei, dass der Schuldner eine Individualbeschwerde zum Europäischen Gerichtshof für Menschenrechte erheben und damit die Aussetzung der Vollstreckung nach Art. 23

412 Rauscher/Rauscher/Pabst, EuZPR II, Art. 5 Rn. 12 EuVTVO.

EuVTVO beantragen könne[413]. Dem ist jedoch entgegen zu halten, dass die Individualbeschwerde nicht unter den Begriff „Rechtsbehelf" in Art. 23 EuVTVO subsumiert werden kann. Hierfür geben weder die Erwägungsgründe noch die Kommissionsvorschläge etwas her. Vielmehr ist aufgrund des Gesamtbildes der EuVTVO davon auszugehen, dass der Kreis der Rechtsbehelfe auf ordentliche, nationale sowie auf die in der EuVTVO vorgesehenen Rechtsbehelfe beschränkt sein soll[414].

Ob der Kontrollverzicht im Vollstreckungsstaat immer noch einen Kompromiss zwischen den Parteiinteressen darstellt, bleibt abzuwarten. Es ist jedoch wahrscheinlich, dass durch das Nebeneinander von EuGVVO, EuVTVO und EuZustVO gravierende Fehlentscheidungen der Gerichte so vieler Mitgliedstaaten vorprogrammiert sind und der Schutz des Beklagten in diesen Fällen zurück bleibt.

### *c) Vereinbarkeit des Systemwechsels mit Art. 19 Abs. 4 GG und Art. 6 Abs. 1 EMRK*

Trotz der eben beschriebenen Bedenken gegen den Verzicht auf die *ordre public*-Kontrolle wird ein Verstoß gegen Art. 19 Abs. 4 S. 1 GG und Art. 6 EMRK verneint.

#### aa) Streitstand

Hinsichtlich der Rechtsschutzgarantie des Art. 19 Abs. 4 S. 1 GG wurden verfassungsrechtliche Bedenken laut[415], die jedoch wieder verstummt sind.

Das Bundesverfassungsgericht hatte zum deutsch-österreichischen Abkommen über Rechtshilfe in Abgabensachen erklärt, dass es „verfassungsrechtliche Grenzen für die Einführung der generellen Vollstreckungsmöglichkeit ausländischer Vollstreckungstitel"[416] gebe und dass es dem Gesetzgeber im Lichte des Art. 19 Abs. 4 S. 1 GG nicht in beliebigen Umfang gestattet sei, „die Möglichkeit der gerichtlichen Überprüfung von in der Bundesrepublik Deutschland zu vollstreckenden ausländischen Titeln auf wenige, unter Umständen nur formelle Punkte zu beschränken und damit den wirklichen Gehalt der Entscheidung, so-

413 Rauscher/Rauscher/Pabst, EuZPR II, Art. 5 Rn. 17 ff. EuVTVO, Art. 23 Rn. 10 f. EuVTVO; Rauscher, EuVT, Rn. 28.

414 So auch Kropholler, Art. 23 EuVTVO Rn. 4.

415 Ausführlich Stadler, IPRax 2004, S. 2, 8 ff.; Kohler, in: Baur/Mansel, Systemwechsel im europäischen Kollisionsrecht, S. 147, 159 ff..

416 BVerfGE 63, 343 (366).

weit sie Rechte im Sinne des Art. 19 Abs. 4 S. 1 GG verletzen kann, richterlicher Überprüfung vorzuenthalten"[417].

Im Hinblick auf Art. 23 Abs. 1 GG könnten diese Bedenken jedoch nicht für eine auf Grundlage des Amsterdamer Vertrages und der justiziellen Zusammenarbeit erlassene Verordnung gelten[418]. Schließlich seien der Bundesrepublik Deutschland im Rahmen ihrer Mitwirkung an der Entwicklung der Europäischen Union Hoheitsrechte übertragen worden; ferner handele es sich um eine Verordnung, die die gerichtliche Überprüfung der Entscheidung den Gerichten eines anderen Mitgliedstaates zuweist, der ebenfalls an rechtsstaatliche Grundsätze gebunden sei und Menschenrechte zu beachten habe[419].

Auch stehe das in Art. 6 Abs. 1 EMRK verankerte Recht auf ein faires Verfahren der Abschaffung der Kontrolle im Vollstreckungsstaat und dem damit einhergehenden Verzicht auf die *ordre public*-Klausel nicht entgegen[420]. Dies sei damit zu begründen, dass alle Mitgliedstaaten der Europäischen Menschenrechtskonvention angehören und ihr verpflichtet sind. Da jede Entscheidung bereits im Urteilsstaat dem Schutz des Art. 6 Abs. 1 EMRK unterliegt, sei eine zweite Kontrolle im Vollstreckungsstaat nicht geboten.

bb) Stellungnahme

Es mag zutreffen, dass der Wegfall der *ordre public*-Kontrolle verfassungsrechtlich vertretbar ist. Insoweit bestehen keine Einwände. Die Kritik am Verzicht auf dieses Kontrollinstrument zielt aber nicht auf die Frage der verfassungsrechtlichen Vereinbarkeit, sondern auf die tatsächliche Schutzwürdigkeit und -bedürftigkeit des Schuldners ab. Selbstverständlich gehören die Mitgliedstaaten automatisch der Europäischen Menschenrechtskonvention an und sind verpflichtet, ihren Vorgaben zu entsprechen. Pflichten werden jedoch nicht immer eingehalten. Für den Schuldner ist es nicht von Belang, welche verfassungsrechtlichen Grundsätze festgeschrieben sind, sondern wie diese ausgeführt und umgesetzt werden. Gerade im Hinblick auf die neuen Mitgliedstaaten bestehen große Bedenken, ob ihr Zivilverfahrens- und Vollstreckungsrecht soweit den europarechtlichen Anforderungen angepasst ist, dass Europäische Vollstreckungstitel aus und in diesen Ländern ohne Bedenken vollstreckt werden können. Im Jahr 2007 wurden auch die Beitrittsverträge mit Bulgarien und Rumänien unterzeichnet. Insbesondere in Rumänien ist die Sorge in Bezug auf Defizite in der Justiz groß. In den Fällen, in denen die Verfahrensordnungen den allgemeinen

417 BVerfGE 63, 343 (376).
418 Kropholler, Art. 5 EuVTVO Rn. 12; näher Wagner, IPRax 2002, S. 75, 87.
419 Siehe im Einzelnen Wagner, IPRax 2002, S. 75, 87; Stein, IPRax 2004, S. 181, 186 f..
420 Näher Wagner, IPRax 2002, S. 75, 87 f.; Stein, IPRax 2004, S. 181, 186 f..

rechtsstaatlichen Grundgedanken (noch) nicht entsprechen, ist der Schuldner auch grundrechtswidrigem Handeln schutzlos ausgeliefert.

# V. Besonderheiten

Die EuVTVO beinhaltet einige Besonderheiten, auf die an dieser Stelle eingegangen werden soll.

## 1. Teilbarkeit der Bestätigung (Art. 8 EuVTVO)

Art. 8 EuVTVO ermöglicht die Bestätigung einer ausländischen Entscheidung nur für bestimmte Teile der Entscheidung, sofern nur diese die Voraussetzungen für die Bestätigung erfüllen.

Die Vorschrift ist kurz und knapp gehalten und lässt daher Fragen offen. Im Gegensatz zur endgültigen Fassung war der erste Verordnungsvorschlag noch ausführlicher. Nach seinem Art. 6 Abs. 1 konnte die Bestätigung für Teile der Entscheidung ausgestellt werden, wenn in der Entscheidung „über mehrere Ansprüche erkannt wurde, die nicht alle eine fällige bezifferte Geldforderung betreffen" oder „über eine fällige bezifferte Geldforderung erkannt wurde, die nicht in allen Teilen unbestritten ist oder die nicht in allen Teilen die Voraussetzungen für die Bestätigung als Europäischer Vollstreckungstitel erfüllt". Außerdem war es nach Art. 6 Abs. 2 des Vorschlages möglich, dass der Antragsteller selbst die Bestätigung als Europäischer Vollstreckungstitel nur für einen Teil der Entscheidung beantragt[421]. Diese Fassung lehnte noch an Art. 48 EuGVVO an, der eine (fast) inhaltsgleiche Regelung enthält.

Der Inhalt des Art. 6 des Entwurfs kann jedoch zur Konkretisierung des neuen Art. 8 EuVTVO herangezogen werden. Hierfür spricht, dass nach der Stellungnahme der Kommission Art. 6 erheblich vereinfacht und gekürzt wurde, „allerdings ohne inhaltliche Änderungen"[422].

## 2. Kostenentscheidung (Art. 7 EuVTVO)

Art. 7 EuVTVO regelt den Fall, dass Entscheidungen, die eine vollstreckbare Entscheidung über die Höhe der mit dem gerichtlichen Verfahren verbundenen Kosten (einschließlich Zinsen) umfassen, grundsätzlich auch hinsichtlich dieser Kosten als Europäische Vollstreckungstitel bestätigt werden. Die Entscheidung enthält – anders als deutsche Urteile – einen bezifferten Ausspruch über die Kosten des Rechtsstreits, die der obsiegenden Partei zu erstatten sind.

---

421 Vorschlag der Kommission, KOM (2002) 159 endg..

422 Mitteilung der Kommission, KOM (2004) 90 endg., unter 3.3.2. zu Art. 6.

Uneinigkeit besteht hinsichtlich der Frage, ob der Anwendungsbereich des Art. 7 EuVTVO nur solche bezifferte Kostenentscheidungen erfasst, die als Nebenentscheidungen in einem Titel über eine unbestrittene Forderung enthalten sind, es sich also um eine Hauptsacheentscheidung über eine unbestrittene Geldforderung im Sinne der EuVTVO handeln muss. Dies hätte die weitere Folge, dass Kostenentscheidungen in klageabweisenden Urteilen vom Anwendungsbereich ausgeschlossen wären.

### a) *Streitstand*

*Wagner*[423] leitet aus dieser Vorschrift eine limitierte Akzessorietät zwischen der Entscheidung in der Hauptsache und der darin enthaltenen Kostenentscheidung her. Die Kostenentscheidung könne nur dann als Europäischer Vollstreckungstitel bestätigt werden, wenn die Entscheidung in der Hauptsache als Europäischer Vollstreckungstitel bestätig worden ist. Aus diesem Grunde seien Kostenentscheidungen in klageabweisenden Entscheidungen der Bestätigung als Europäische Vollstreckungstitel nicht zugänglich. Gleiches gelte für Kostenentscheidungen, deren Hauptentscheidung keine Geldforderung im Sinne der EuVTVO zugrunde liegt. *Kropholler*[424] folgt dieser Auffassung und stützt sich zur Begründung auf den Wortlaut der Vorschrift: Entscheidungen werden „auch" hinsichtlich der Kosten als Europäischer Vollstreckungstitel bestätigt. Die Hauptsacheentscheidung über eine unbestrittene Geldforderung im Sinne der EuVTVO kann „auch" hinsichtlich der Kosten bestätigt werden.

*Rauscher*[425] sieht dies anders. Die Vorschrift sei vielmehr klarstellend dahin zu verstehen, dass auch Kostenentscheidungen als Europäische Vollstreckungstitel geeignet sind, ohne dass ein nach der EuVTVO vollstreckbarer Hauptsacheausspruch vorliegt. Dabei beruft er sich auf den Zweck der EuVTVO, der darin bestehe, die Vollstreckung unbestrittener Geldforderungen zu beschleunigen[426]. Nur ausnahmsweise soll die Bestätigung der Kostenentscheidung nicht möglich sein, wenn der Schuldner im gerichtlichen Verfahren nach den Rechtsvorschriften des Ursprungsmitgliedstaates der Verpflichtung zum Kostenersatz ausdrücklich widersprochen hat[427]. Im deutschen Recht wäre eine solche Konstellation in den Fällen denkbar, in denen der Schuldner den Anspruch unter Verwahrung gegen die Kostenlast anerkennt.

---

423 Wagner, IPRax 2005, S. 189, 196.

424 Kropholler, Art. 7 EuVTVO Rn. 1.

425 Rauscher, EuVT, Rn. 46; so auch Rauscher/Rauscher/Pabst, EuZPR II, Art. 7 EuVTVO Rn. 1.

426 Rauscher/Rauscher/Pabst, EuZPR II, Art. 7 EuVTVO Rn. 1.

427 So auch Zöller/Geimer, Art. 7 Rn. 2 EuVTVO.

### b) *Stellungnahme*

Dieser Meinungsstreit spielt im deutschen Recht nur eine untergeordnete Rolle, da deutsche Entscheidungen grundsätzlich keinen bezifferten Ausspruch zu den zu erstattenden Kosten enthalten[428]. Insoweit kommt eine Bestätigung nach Art. 7 EuVTVO nicht in Betracht. Ein bezifferter Kostenanspruch ergeht erst in dem Kostenfestsetzungsverfahren nach § 104 ZPO durch den Kostenfestsetzungsbeschluss, der isoliert vollstreckbar ist. Nach der Definition der Entscheidung in Art. 4 Nr. 1 EuVTVO, wonach Kostenfestsetzungsbeschlüsse ausdrücklich mit erfasst sind, können diese als Europäische Vollstreckungstitel bestätigt werden, sofern die weiteren Voraussetzungen vorliegen. Wie sich dabei das der Kostenfestsetzung zugrunde liegende Verfahren in der Hauptsache gestaltet hat, ist unerheblich. Isolierte Kostenfestsetzungsbeschlüsse fallen daher nicht unter Art. 7 EuVTVO, sondern sind selbständige Entscheidungen.

In denen Fällen, in denen eine Bestätigung nach Art. 7 EuVTVO in Betracht kommt, spricht die Stellungnahme der Kommission für eine limitierte Akzessorietät. Hiernach bestimmt die Vorschrift, „dass im Falle einer Entscheidung über eine unbestrittene Forderung, die eine vollstreckbare Entscheidung über Kosten in bestimmter Höhe einschließt, diese Kostenentscheidung ebenfalls uneingeschränkt vollstreckbar ist, sofern der Schuldner seine Verpflichtung zur Kostenerstattung nicht ausdrücklich widersprochen hat“[429]. Hieraus ist zu entnehmen, dass die bezifferte Kostenentscheidung als Nebenentscheidung in einem Titel über eine unbestrittene Forderung ergangen sein muss. Für diese Auslegung spricht auch der Wortlaut des Art. 7 EuVTVO („auch“). Insoweit ist der Wortlaut – anders als *Rauscher/Pabst*[430] meinen – nicht „missverständlich“.

## VI. Rechtsschutzverfahren

Im Folgenden sollen die Rechtsbehelfe der Parteien näher dargestellt werden. Dabei ist es zweckmäßig, diese nach Rechtsbehelfen, die noch im Ursprungsmitglied- und solchen, die im Vollstreckungsmitgliedstaat erhoben werden können, einzuteilen.

### 1. Rechtsschutz im Ursprungsmitgliedstaat

Inwiefern Gläubiger und Schuldner im Ursprungsmitgliedstaat Rechtsschutz genießen, bestimmt die EuVTVO unterschiedlich. Geregelt sind lediglich die

428 Ausnahme: Festsetzungsbeschlüsse im vereinfachten Verfahren über den Unterhalt Minderjähriger und Vollstreckungsbescheide gemäß § 253 I FamFG und § 699 III ZPO.

429 Stellungnahme der Kommission, KOM (2004) 90 endg., unter 3.2.2. zu Art. 5a.

430 Rauscher/Rauscher/Pabst, EuZPR II, Art. 7 EuVTVO Rn. 1.

Rechtsbehelfe, die der Schuldner bei Ausstellung der Bestätigung als Europäischer Vollstreckungstitel einlegen kann. Dagegen richten sich die Rechte des Gläubigers nach autonomem Recht.

### *a) Rechtsschutz des Gläubigers*

Wird die Bestätigung als Europäischer Vollstreckungstitle erteilt, so kann im Ursprungsmitgliedstaat dem Gläubiger unter bestimmten Voraussetzungen das Recht zustehen, gemäß Art. 10 Abs. 1 lit. a) EuVTVO einen Antrag auf Berichtigung zu stellen[431].

Im Übrigen ist der Gläubiger nur dann rechtsschutzbedürftig, wenn die Bestätigung als Europäischer Vollstreckungstitel nicht erteilt wird.

In der EuVTVO sind – wie bereits erwähnt – die Rechtsschutzmöglichkeiten gegen die Versagung der Bestätigung nicht geregelt, so dass sie nach Maßgabe des Rechts des Ursprungsmitgliedstaates anfechtbar ist[432]. Für das Bestätigungsverfahren in Deutschland regelt § 1080 Abs. 2 ZPO, dass bei einer Zurückweisung des Antrages auf Ausstellung der Bestätigung die Vorschriften über die Anfechtung der Entscheidung über die Erteilung einer Vollstreckungsklausel entsprechend anzuwenden sind. Das bedeutet, dass der Gläubiger bei einer Entscheidung des Rechtspflegers des Amts- oder Landgerichts in der ersten Instanz sofortige Beschwerde gemäß §§ 567 ff. ZPO, § 11 Abs. 1 RPflG, sonst die befristete Erinnerung nach § 11 Abs. 2 RPflG einlegen kann[433]. Wird die Ausstellung der Bestätigung durch den Notar versagt, ist die Beschwerde entsprechend § 54 BeurkG, über die das Landgericht im Verfahren der freiwilligen Gerichtsbarkeit entscheidet, statthaft[434]. Gleiches gilt gemäß § 1 Abs. 2 BeurkG für die Versagung der Ausstellung der Bestätigung durch das Jugendamt.

### *b) Rechtsschutz des Schuldners*

Welche Rechtsschutzmöglichkeiten für den Schuldner im Ursprungsmitgliedstaat bestehen, regelt Art. 10 EuVTVO. Vom Wortlaut her bezieht sich Art. 10 EuVTVO unmittelbar nur auf *Entscheidungen*, die als Europäische Vollstreckungstitel bestätigt wurden[435]. Gemäß Art. 24 Abs. 3 EuVTVO findet die Vorschrift auf bestätigte gerichtliche Vergleiche und gemäß Art. 25 Abs. 3 EuVTVO auf öffentliche Urkunden jedoch entsprechende Anwendung.

---

431 Vgl. ausführlich zum Berichtigungsantrages unter Teil 2 B. VI. 1. b) aa).

432 Vgl. Mitteilung der KOM (2004) 90 endg., unter 3.2.2. zu Art. 7 (1), (4), Art. 8; ferner Pfeiffer, BauR 2005, S. 1541, 1548.

433 Zöller/Stöber, § 724 ZPO Rn. 13; Thomas/Putzo/Hüßtege, § 724 ZPO Rn. 14 a.

434 Zöller/Stöber, § 797 ZPO Rn. 12; Thomas/Putzo/Hüßtege, § 797 ZPO Rn. 11.

435 Vgl. Art. 10 I lit. a) EuVTVO.

Art. 10 EuVTVO ist von seiner Formulierung her nicht gelungen. Art. 10 Abs. 4 EuVTVO sieht vor, dass gegen die Ausstellung einer Bestätigung als Europäischer Vollstreckungstitel kein Rechtsbehelf gegeben ist. Dies lässt den Anschein zu, dass der Schuldner im Bestätigungsverfahren völlig schutzlos ist. Zutreffend ist dies nicht. Jedenfalls hat der Schuldner die Möglichkeit, die Bestätigung als Europäischer Vollstreckungstitel durch einen entsprechenden Antrag berichtigen oder widerrufen zu lassen. Weitere unklare Formulierungen erschweren die Handhabung des Art. 10 EuVTVO. Zum Beispiel ist nicht definiert, wann eine Abweisung aufgrund eines „materiellen" Fehlers vorliegt (Abs. 1 lit. a). Gleiches gilt für die Frage, wann die Bestätigung *eindeutig* zu Unrecht erteilt wurde (Abs. 1 lit. b). Diese Fragen gilt es im Folgenden zu klären.

aa) Antrag auf Berichtigung der Bestätigung (Art. 10 Abs. 1 lit. a) EuVTVO)

Nach Art. 10 Abs. 1 lit. a) EuVTVO kann der Schuldner beantragen, dass die Bestätigung als Europäischer Vollstreckungstitel berichtigt wird, wenn die Entscheidung und die Bestätigung aufgrund eines *materiellen* Fehlers voneinander abweichen. Was unter einem materiellen Fehler zu verstehen ist, ist nicht eindeutig geregelt. Nach der Stellungnahme der Kommission muss es sich um inhaltliche Fehler in der Bestätigung handeln[436]. Es muss eine Diskrepanz zwischen der Bestätigung und dem zugrunde liegenden Titel vorliegen. *Stein* hat hierzu treffend ausgeführt, dass es „um die falsche Wiedergabe des Entscheidungsinhalts in der Bescheinigung und damit um Fehler bei der Übertragung des Urteilsinhalts in die Bescheinigung geht, wie sie nach deutschem Zivilprozessrecht Gegenstand eines Berichtigungsverfahrens nach § 319 ZPO wären"[437]. Beispiele hierfür sind Schreibfehler.

Der Antrag auf Berichtigung ist gemäß Art. 10 Abs. 1 EuVTVO an das Ursprungsgericht im Sinne des Art. 4 Nr. 6 EuVTVO zu richten bzw. an die Stelle, die den gerichtlichen Vergleich gebilligt bzw. geschaffen hat (Art. 24 Abs. 3 i. V. m. Art. 10 Abs. 1 lit. a) EuVTVO). Adressat des Antrages bei öffentlichen Urkunden ist die Stelle, von der die Urkunde stammt (Art. 25 Abs. 3 i. V. m. Art. 10 Abs. 1 lit. a) EuVTVO). Art. 10 Abs. 1 EuVTVO bestimmt wie auch Art. 6 Abs. 1 EuVTVO das für die Entgegennahme zuständige Gericht. Welches Gericht letztlich über den Antrag inhaltlich entscheidet, überlässt die Verordnung dem Recht der Mitgliedstaaten, Art. 10 Abs. 2 EuVTVO.

Gemäß Art. 10 Abs. 3 EuVTVO kann der Antrag auf Berichtigung – wie auch der Antrag auf Widerruf – unter Verwendung des Formblattes in Anhang VI gestellt werden. Dies gilt jedoch nur fakultativ und ist keine zwingende Vo-

436 Mitteilung der Kommission, KOM (2004) 90 endg., unter 3.1.

437 Stein, IPRax 2004, S. 181, 190.

raussetzung für den Berichtigungsantrag. Das Formblatt dient lediglich der Vereinfachung. Im Übrigen regeln die Einzelheiten des Berichtigungsverfahrens die Mitgliedstaaten selbst. Hierzu gehören nicht nur – wie eben beschrieben – die Entscheidungszuständigkeit, sondern auch die Fristen für den Antrag sowie Rechtsbehelfe gegen die Entscheidung über den Berichtigungsantrag.

bb) Antrag auf Widerruf der Bestätigung (Art. 10 Abs. 1 lit. b) EuVTVO)

Den Antrag auf Widerruf der Bestätigung nach Art. 10 Abs. 1 lit. b) EuVTVO wird in der Praxis zwangsläufig nur der Schuldner stellen, obwohl der Wortlaut dies nicht hergibt.

Zwingende Voraussetzung für den Erfolg dieses Antrages ist, dass die Bestätigung als Europäischer Vollstreckungstitel hinsichtlich der in der EuVTVO festgelegten Voraussetzungen *eindeutig zu Unrecht* erteilt worden ist. Das Erfordernis der Eindeutigkeit ist wiederum zu unbestimmt, was eine einheitliche Handhabung in den Mitgliedstaaten erschweren dürfte. Unter Berücksichtigung der Tatsache, dass der Antrag auf Widerruf der einzige Rechtsbehelf ist, der dem Schuldner im Ursprungsmitgliedstaat zur Verfügung gestellt wird, sollten keine allzu hohen Anforderungen an diese Voraussetzung gestellt werden. Erforderlich sollte lediglich sein, dass das Fehlen einer für die Bestätigung aufgestellten Voraussetzung zweifelsfrei festgestellt worden ist. Dies sollte sich nicht zwingend aus der Bestätigung selbst ergeben müssen[438].

Gegenstand des Widerrufsverfahrens bilden demnach alle in der Verordnung enthaltenen Voraussetzungen, die zur Erteilung der Bestätigung zwingend erfüllt sein müssen[439]. In Betracht kommen zum Beispiel Verstöße gegen Art. 2 EuVTVO über den Anwendungsbereich der Verordnung oder gegen Art. 3 EuVTVO, weil die Forderung nicht unbestritten ist. Gleiches gilt beispielsweise für Verstöße gegen Art. 12 ff. EuVTVO, weil bei Säumnisentscheidungen die Mindestvorschriften nicht eingehalten wurden[440].

An wen der Antrag zu richten ist, bestimmt ebenfalls Art. 10 Abs. 1 EuVTVO. Hier kann auf die Ausführungen zum Antrag auf Berichtigung der Bestätigung verwiesen werden[441]. Gleiches gilt für die Fragen, wer über ihn entscheidet und wie das Verfahren ausgestaltet ist. Eine klare Trennlinie zwischen beiden Verfahren zieht die EuVTVO nicht, auch nicht § 1081 ZPO. Zu berücksichtigen ist lediglich, dass anders als der Berichtigungsantrag der Antrag auf Widerruf

438 Vgl. hierzu Rauscher/Rauscher/Pabst, EuZPR II, Art. 10 EuVTVO Rn. 16; Rauscher, EuVT, Rn. 168.
439 Pfeiffer, BauR 2005, S. 1541, 1548; Kropholler, Art. 10 EuVTVO Rn. 6.
440 Luckey, ZGS 2005, S. 420, 422 f..
441 Vgl. die Ausführungen zu Teil 2 B.

nach autonomem deutschem Recht gemäß § 1081 Abs. 2 ZPO fristgebunden ist. Hierauf wird im Rahmen des EG-Vollstreckungstitel-Durchführungsgesetzes genauer eingegangen werden.

#### cc) Antrag auf Bestätigung der Nichtvollstreckbarkeit bzw. Beschränkung der Vollstreckbarkeit (Art. 6 Abs. 2 EuVTVO)

Es ist durchaus möglich, dass eine als Europäischer Vollstreckungstitel bestätigte Entscheidung im Ursprungsmitgliedstaat *ipso iure* oder wegen Aufhebung nach einem Rechtsbehelf des Schuldners nicht mehr vollstreckbar ist. In diesem Fall ist der Schuldner – im Regelfall wird nur er ein Interesse hieran haben – berechtigt, nach Art. 6 Abs. 2 EuVTVO einen Antrag mittels des Formblatts im Anhang IV an das Ursprungsgericht auf Bestätigung der Nichtvollstreckbarkeit zu stellen.

In gleicher Weise kann der Schuldner die Beschränkung der Vollstreckbarkeit der Entscheidung bestätigen lassen, wenn zum Beispiel die Vollstreckung einstweilig ausgesetzt ist[442].

Auf diese Weise kann sich der Schuldner eine Gegenbestätigung verschaffen, um so die Vollstreckung zu verhindern. In Deutschland ist bei Vorlage einer solchen Gegenbestätigung gemäß § 1085 ZPO die Zwangsvollstreckung entsprechend § 775 ZPO einzustellen bzw. zu beschränken[443].

Nach dem Wortlaut des Art. 6 Abs. 2 EuVTVO gilt dieser Rechtsbehelf nur bei Entscheidungen. Jedoch lassen die Verweisungsnormen Art. 24 Abs. 3 EuVTVO und Art. 25 Abs. 3 EuVTVO den Antrag auf Bestätigung der Nichtvollstreckbarkeit bzw. der Beschränkung der Vollstreckbarkeit auch dann zu, wenn ein gerichtlicher Vergleich oder eine öffentliche Urkunde als Europäischer Vollstreckungstitel bestätigt wurden.

#### dd) Rechtsbehelfe des Schuldners bei Versagung der Berichtigung oder des Widerrufs

Wenn der Schuldner einen Antrag auf Berichtigung oder Widerruf der Bestätigung stellt, hängt die Entscheidung hierüber davon ab, ob die Voraussetzungen erfüllt sind. Sind sie es, wird dem Antrag entsprochen. Fehlt eine oder fehlen mehrere Voraussetzungen, wird der Antrag zurückgewiesen. Hieran knüpft sich die Frage, ob gegen diese Entscheidungen ein Rechtsbehelf statthaft ist.

Die EuVTVO enthält hierzu keine Informationen. Die nähere Ausgestaltung des Berichtigungs- und Widerrufsverfahrens obliegt den einzelnen Mitgliedstaa-

---

442 Vgl. die abschließende Aufzählung der Möglichkeiten im Formblatt des Anhangs IV der Verordnung unter 5.2.

443 Dazu unter Teil 2 B. VII. 2. c) dd).

ten (Art. 10 Abs. 2 EuVTVO), so dass deren Verfahrensrecht bestimmt, ob ein Rechtsbehelf in diesen Fällen statthaft ist oder nicht. In Deutschland regelt eine analoge Anwendung des § 319 Abs. 3 ZPO die Frage nach den möglichen Rechtsbehelfen (Art. 1081 Abs. 3 ZPO)[444].

## 2. Rechtsschutz im Vollstreckungsmitgliedstaat

Nach Art. 20 Abs. 1 EuVTVO untersteht die eigentliche Zwangsvollstreckung dem Recht des Vollstreckungsmitgliedstaates. Hiernach richten sich auch die Rechtsbehelfe gegen die Vollstreckung. Die Rechtbehelfe nach der EuVTVO im Vollstreckungsmitgliedstaat sind auf solche des Schuldners beschränkt und in Art. 21 EuVTVO bis Art. 23 EuVTVO geregelt. Die EuVTVO lässt insoweit nur wenige Rechtsbehelfe zu.

### *a) Antrag auf Verweigerung der Vollstreckung (Art. 21 EuVTVO)*

Als erstes zu nennen ist der Antrag auf Verweigerung der Vollstreckung nach Art. 21 EuVTVO. Dieser Antrag ist statthaft, wenn die als Europäischer Vollstreckungstitel bestätigte Entscheidung mit einer früheren Entscheidung unvereinbar ist, die in einem Mitgliedstaat oder einem Drittstaat ergangen ist. Der Wortlaut erinnert an Art. 34 Nr. 3 und Nr. 4 EuGVVO, weicht aber in wesentlichen Einzelheiten von diesem Vorbild ab.

Anders als die EuGVVO differenziert Art. 21 Abs. 1 EuVTVO nicht zwischen der Unvereinbarkeit mit einer inländischen Entscheidung (Art. 34 Nr. 3 EuGVVO) und einer anzuerkennenden ausländischen Entscheidung (Art. 34 Nr. 4 EuGVVO). Entscheidungen aus dem Vollstreckungsmitgliedstaat werden nicht mehr bevorzugt[445]. Für alle unvereinbaren Entscheidungen, gleich in welchem Land sie ergangen sind, gilt dieselbe Vorschrift[446].

Nach Art. 21 Abs. 1 lit. a) EuVTVO muss die frühere Entscheidung zwischen denselben Parteien ergangen sein und außerdem denselben Streitgegenstand betreffen. Erforderlich ist Partei- und Anspruchsidentität. Die Begriffe sind gemeinschaftsrechtliche autonom auszulegen. Eine Anlehnung an Art. 34 Nr. 4 EuGVVO ist möglich.

Zusätzlich („und") wird verlangt, dass die frühere Entscheidung im Vollstreckungsmitgliedstaat ergangen ist oder die notwendigen Voraussetzungen für ihre Anerkennung im Vollstreckungsmitgliedstaat erfüllt sind (lit. b)). Welche notwendigen Voraussetzungen erfüllt sein müssen, hängt davon ab, wo die frühere Entscheidung ergangen ist. Ist dies in einem anderen Mitgliedstaat ge-

444 Vgl. hierzu die Ausführungen unter Teil 2 B. VII. 2. b) dd) (2).
445 Vorschlag der Kommission, KOM (2002) 159 endg., unter 3. zu Art. 22.
446 Vorschlag der Kommission, KOM (2002) 159 endg., unter 3. zu Art. 22.

wesen, ergeben sich die Anerkennungsvoraussetzungen aus der EuGVVO. Ist die Entscheidung dagegen in einem Drittstaat ergangen, können sich die Voraussetzungen aus einem Staatsvertrag oder aus dem autonomen Recht des Vollstreckungsmitgliedstaates ergeben.

Schließlich wird nach Art. 21 Abs. 1 lit. c) EuVTVO verlangt, dass die Unvereinbarkeit in dem gerichtlichen Verfahren des Ursprungsmitgliedstaates nicht geltend gemacht worden ist und auch nicht geltend gemacht werden konnte. Durch diese Einschränkung soll der Schuldner angehalten werden, sich möglichst frühzeitig – bereits im Erkenntnisverfahren in dem Ursprungsmitgliedstaat – auf die Unvereinbarkeit zu berufen[447]. Hier ergeben sich für den Schuldner unterschiedliche Pflichten. Sofern die frühere Entscheidung bereits rechtskräftig gewesen ist, müsste er sich im Erkenntnisverfahren auf die entgegenstehende Rechtskraft berufen, sonst auf die entgegenstehende Rechtshängigkeit.

*b) Übereinkommen mit Drittstaaten (Art. 22 EuVTVO)*

Art. 22 EuVTVO ermöglicht es Mitgliedstaaten, die mit Drittstaaten Übereinkommen zur Nicht-Anerkennung von Entscheidungen nach Maßgabe des Art. 59 EuGVÜ abgeschlossen haben, ihren völkerrechtlichen Verpflichtungen aus diesen Verträgen weiterhin nachzukommen. Sowohl die EuGVVO als auch die EuVTVO respektieren diese Verpflichtungen, die vor deren Inkrafttreten eingegangen wurden. Nach Art. 22 EuVTVO können Entscheidungen gegen Beklagte mit Wohnsitz in bestimmten Drittländern unter den in diesem Artikel genannten Umständen weder anerkannt noch vollstreckt werden. Für die Bundesrepublik Deutschland kommt diese Norm kaum zum Tragen, da Deutschland einen solchen Staatsvertrag mit Drittländern nicht abgeschlossen hat. Bedeutung hat Art. 22 EuVTVO für das Verhältnis zwischen Großbritannien und Kanada. Sollte eine deutsche Entscheidung im Vereinten Königreich vollstreckt werden, könnte die Vollstreckung ausnahmsweise an Art. 22 EuVTVO scheitern[448].

*c) Antrag auf Aussetzung oder Beschränkung der Vollstreckung (Art. 23 EuVTVO)*

Größere Bedeutung für den Schuldner hat die Vorschrift des Art. 23 EuVTVO. Bereits unter Teil 2 B. VI 1. b) wurde im Einzelnen ausgeführt, dass der Schuldner im Ursprungsmitgliedstaat bestimmte Rechtsbehelfe einlegen kann, die dann zu einer Einstellung oder Beschränkung der Vollstreckbarkeit des Titels führen können. Unter der in Art. 23 EuVTVO genannten Voraussetzung der Einlegung bestimmter Rechtsbehelfe kann der Schuldner darüber hinaus im Vollstre

447 Vorschlag der Kommission, KOM (2002) 159 endg., unter 3. zu Art. 22.
448 Wagner, IPRax 2005, S. 189, 198.

ckungsmitgliedstaat durch Anrufung der Gerichte dieses Staates die Beschränkung oder Aussetzung der Vollstreckbarkeit beantragen. Die Vorschrift verdeutlicht das Grundprinzip der EuVTVO, wonach sich der Schuldner gegen den Titel nur im Ursprungsmitgliedstaat zur Wehr setzen kann[449] Praktisch relevant wird diese Vorschrift dort, wo die Einlegung der Rechtsbehelfe nicht schon ihrerseits gemäß Art. 11 und Art. 6 Abs. 2 EuVTVO im Ursprungsmitgliedstaat zu einer Beschränkung der Vollstreckbarkeit des Titels geführt hat.

aa) Voraussetzungen

Nach dem Wortlaut des Art. 23 EuVTVO muss der Schuldner zunächst – alternativ – zwei Voraussetzungen bereits im Ursprungsmitgliedstaat erfüllt haben, damit das zuständige Gericht oder die sonst befugte Stelle im Vollstreckungsmitgliedstaat das Vollstreckungsverfahren beschränken oder aussetzen kann.

Der Schuldner muss gegen eine als Europäischer Vollstreckungstitel bestätigte Entscheidung einen Rechtsbehelf eingelegt haben, wozu auch ein Antrag auf Überprüfung im Sinne des Art. 19 EuVTVO gehört. Mit Ausnahme der ausdrücklichen Einbeziehung des Antrages auf Überprüfung der als Europäischer Vollstreckungstitel bestätigten Entscheidung, fehlt es an jeglicher Konkretisierung. Welche Rechtsbehelfe die Voraussetzung erfüllten, lässt der Wortlaut nicht erkennen. Zählen zum Beispiel die Verfassungsbeschwerde des deutschen Rechts oder die Individualbeschwerde zum Europäischen Gerichtshof für Menschenrechte gemäß Art. 34 EMRK zu den Rechtsbehelfen des Art. 23 EuVTVO? Obwohl sie durchaus geeignet sind, die Entscheidung des Ursprungsmitgliedstaates zu Fall zu bringen, gehören sie offensichtlich nicht zur Gruppe der gemeinten Rechtsbehelfe. Weder aus den Erwägungsgründen noch aus den Kommissionsvorschlägen ist zu entnehmen, dass der Kreis der zulässigen Rechtsbehelfe derart weit gefasst werden solle. Vielmehr ist aufgrund des Gesamtbildes der EuVTVO davon auszugehen, dass lediglich die im nationalen Recht des Ursprungsmitgliedstaates und in der EuVTVO vorgesehenen Rechtsbehelfe erfasst sein sollen[450]. Eine solche Auslegung folgt aus der zweiten alternativ zu erfüllenden Voraussetzung des Art. 23 EuVTVO. Danach ist als weiterer Rechtsbehelf der Antrag auf Berichtigung oder Widerruf einer Bestätigung als europäischer Vollstreckungstitel gemäß Art. 10 zulässig.

449 Becker, Grundrechtsschutz, S. 194.

450 So auch Kropholler, Art. 23 Rn. 3; Wagner, IPRax 2005, S. 189, 198; a. A. Rauscher/Rauscher/Pabst, EuZPR II, Art. 23 EuVTVO Rn. 2; Rauscher, EuVT, Rn. 181; Matscher, Fs. für Kollhosser, S. 427, 431 ff.; Portmann, EuVT, S. 65.

bb) Entscheidung

Hat der Schuldner einen Rechtsbehelf eingelegt, so kann das zuständige Gericht im Vollstreckungsmitgliedstaat eine der in lit. a) bis c) beschriebenen Maßnahmen ergreifen.

Da es sich um eine Ermessensentscheidung handelt, muss das Gericht die einzelnen Interessen der Betroffenen, namentlich die des Gläubigers an der uneingeschränkten Vollstreckbarkeit und die des Schuldners an einer Beschränkung oder Aussetzung der Vollstreckbarkeit abwägen. Insoweit wird dabei insbesondere zu berücksichtigen sein, ob der Schuldner im Ursprungsmitgliedstaat mit seinem eingelegten Rechtsbehelf Erfolg haben könnte oder nicht. Wesentlich wird auch sein, welche Folgen eine uneingeschränkte Vollstreckung für den Schuldner haben könnte, insbesondere, ob möglicherweise ein nicht wieder gutzumachender Schaden entstehen könnte[451].

Nach Abwägung der Interessen wird das Gericht entweder keine Maßnahmen ergreifen oder aber – wie es lit. a) bis c) vorsehen – das Vollstreckungsverfahren auf Sicherungsmaßnahmen beschränken, die Vollstreckung von der Leistung einer von dem Gericht oder der befugten Stelle zu bestimmenden Sicherheit abhängig machen oder unter außergewöhnlichen Umständen das Vollstreckungsverfahren aussetzen. Durch ausdrückliche Verwendung der Formulierung „unter außergewöhnlichen Umständen" wird deutlich, dass aufgrund der den Gläubiger schwer treffenden Aussetzung der Vollstreckung diese Maßnahme nur ausnahmsweise zulässig ist.

## VII. EG-Vollstreckungstitel-Durchführungsgesetz

Grundsätzlich sind EG-Verordnungen im jeweiligen Mitgliedstaat per se unmittelbar anwendbar und entfalten unmittelbar Wirkung. Gleichwohl ist es unerlässlich, zur Anpassung und vereinfachten Verfahrensweise sogenannte Durchführungsgesetze im nationalen Recht zu erlassen.

Das für die EuVTVO entsprechende Durchführungsgesetz[452] wurde am 12. Mai 2005 vom Deutschen Bundestag verabschiedet. Der Bundesrat stimmte in seiner Sitzung vom 17. Juni 2005 gemäß Art. 84 Abs. 1 GG diesem Gesetz zu[453]. Das Durchführungsgesetz trat am 21. Oktober 2005 in Kraft.

Im Rahmen der Darstellung einzelner Bereiche der EuVTVO wurde bereits vereinzelt ausgeführt, welche Vorschriften für das Verfahren in Deutschland maßgeblich sind. Festzustellen ist, dass die genannten Vorschriften in dem 11.

451 Vorschlag der Kommission, KOM (2002) 159 endg. unter 3. zu Art. 23.
452 EG-Vollstreckungstitel-Durchführungsgesetz – BT-Drucks. 15/5222.
453 BR-Drucks. 375/05.

Buch der ZPO verankert sind. Genau genommen ist im 11. Buch der ZPO ein neuer „Abschnitt 4“ entstanden, der die §§ 1079 bis 1086 ZPO umfasst. Diese wurden in Umsetzung der neuen EG-Verordnung angehängt.

Das Gesetz sieht zum einen Änderungen in den Büchern 1 und 2 der ZPO vor. Ergänzt werden hier die Belehrungspflichten gegenüber dem Schuldner. Zum anderen fügt es – wie bereits erwähnt – in das 11. Buch einen neuen Abschnitt ein, der spezifische Zuständigkeits- und Verfahrensvorschriften enthält.

## 1. Integration in das AVAG?

Im Bemühen um die Schaffung innerstaatlicher Verfahrensvorschriften zur Ergänzung der EuVTVO ging die Überlegung zunächst dahin, die Durchführungsvorschriften in das AVAG zu integrieren. Das AVAG ergänzt in Deutschland das Vollstreckbarerklärungsverfahren nach der EuGVVO und enthält zum Beispiel für die Einleitung des Vollstreckbarerklärungsverfahrens und die Rechtsbehelfe des Schuldners einige Ergänzungen. Auch das Durchführungsgesetz zur EuVTVO ergänzt im Grundsatz deren Vorschriften unter anderem zur Einleitung des Verfahrens auf Bestätigung einer Entscheidung oder die Rechtsbehelfe der Parteien. Dennoch hat man sich davon distanziert, diese Vorschriften in das AVAG einzustellen. Es wäre kontraproduktiv, ein Gesetz zu einer Verordnung zu ergänzen und zu erweitern, welches gerade durch die EuVTVO abgeschafft werden soll und möglicherweise in Zukunft überhaupt nicht mehr zur Anwendung kommen wird. Folglich hat man ein eigenständiges Gesetz zur Durchführung der EuVTVO entworfen und schließlich auch erlassen.

## 2. Inhalt des EG-Vollstreckungstitel-Durchführungsgesetzes

Art. 1 des Durchführungsgesetzes nimmt die entsprechenden Änderungen der Zivilprozessordnung vor. Es regelt im Wesentlichen drei große Bereiche, die für die neue Verordnung relevant sind. Zum einen enthält das Gesetz Vorschriften zur Bestätigung inländischer Titel als Europäische Vollstreckungstitel, die in anderen Mitgliedstaaten vollstreckt werden sollen. Zum anderen regelt das Durchführungsgesetz die Verfahrensweise bei Titeln, die in anderen Mitgliedstaaten als Europäische Vollstreckungstitel bestätigt worden sind und in der Bundesrepublik Deutschland vollstreckt werden sollen. Der dritte wichtige Bereich betrifft Änderungen in den Büchern 1 und 2 der ZPO. Diese ergänzenden Bestimmungen sollen sicherstellen, dass möglichst viele deutsche Titel als Europäische Vollstreckungstitel bestätigt werden[454]. Weitere Erleichterungen aus

454 Begründung zum EG-Vollstreckungstitel-Durchführungsgesetz, BR-Drucks. 88/05, S. 14.

dem Durchführungsgesetz ergeben sich für die Vollstreckung dynamisierter deutscher Unterhaltstitel im Ausland. Schließlich wird zur Rechtsbereinigung § 791 ZPO betreffend die Zwangsvollstreckung im Ausland aufgehoben.

Art. 2 des Durchführungsgesetzes regelt die Folgeänderungen im Rechtspflegergesetz, Arbeitsgerichtsgesetz, Gerichtskostengesetz sowie in der Kostenordnung. In der Praxis relevant und für Rechtsanwälte und Rechtsanwältinnen von besonderem Interesse ist die Änderung im Rechtsanwaltsvergütungsgesetz durch Art. 2 Abs. 5 des Durchführungsgesetzes. Danach wird § 18 Nr. 8 RVG neu gefasst und § 19 Abs. 1 S. 2 RVG geändert. Auch das Vergütungsverzeichnis wird erneut geändert. Durch die Änderung der Angabe „§ 307 Abs. 2“ durch die Angabe „ § 307“ in Abs. 1 Nr. 1 der Anmerkung zu Nr. 3104 wird nunmehr klargestellt, dass die Terminsgebühr auch dann anfällt, wenn in einem Verfahren, für das mündliche Verhandlung vorgeschrieben ist, gemäß § 307 ZPO ohne mündliche Verhandlung entschieden oder ein schriftlicher Vergleich geschlossen wird. Bisher bestand aufgrund der ursprünglichen Angabe Unsicherheit. Schließlich ist in der Anmerkung Abs. 1 S. 3 zu Nr. 1000 die Angabe „4143“ durch die Angabe „4147“ für Einigungen im Privatklageverfahren ersetzt worden.

Auf diese Folgeänderungen soll im weiteren Verlauf nicht näher eingegangen werden. Interessanter ist die Frage nach den durch Art. 1 des Durchführungsgesetzes erfolgten Änderungen, insbesondere nach den im Vordergrund stehenden Anfügung der §§ 1079 bis 1086 ZPO.

### *a) Anpassungsbedarf*

Wie bereits ausgeführt[455], bedarf es zur Bestätigung als Europäischer Vollstreckungstitel der Einhaltung von Mindestvorschriften für Säumnisentscheidungen, die in Art. 12 ff. EuVTVO geregelt sind. Diese Mindeststandards müssen im Erkenntnisverfahren beachtet werden, so dass den Mitgliedstaaten daran gelegen ist, ihre nationalen Vorschriften anzupassen, damit ihre eigenen Titel in den anderen Mitgliedstaaten ohne vorheriges Vollstreckbarerklärungsverfahren vollstreckt werden können.

Hinsichtlich der in Art. 12 bis 15 EuVTVO geregelten Zustellungsanforderungen bedarf es in Deutschland keiner Änderung. Die §§ 166 ff. ZPO genügen den aufgestellten Standards, so dass in diesem Bereich keine Änderungen vorgenommen worden sind.

In Bezug auf die in Art. 17 lit. b) und Art. 18 Abs. 1 lit. b) EuVTVO vorgeschriebene Belehrung über die Konsequenzen des Nichtbestreitens, Nichterscheinens bzw. Nichteinlegens eines Einspruchs gegen die Säumnisentscheidung

455 Vgl. die Ausführungen zu Teil 2 B. IV. 2. d).

wurden die §§ 215 Abs. 1, 276 Abs. 2 und §§ 338 ZPO n. F. entsprechend angepasst. § 215 Abs. 1 ZPO n. F. sieht nunmehr vor, dass in der Ladung zur mündlichen Verhandlung über die Folgen einer Versäumung des Termins zu belehren ist (§§ 330 bis 331 a ZPO n. F.). Dabei hat sich die Belehrung auch auf die Rechtsfolgen aus den §§ 91 und 708 Nr. 2 ZPO zu erstrecken. In § 276 Abs. 2 ZPO wurde ein neuer Satz 2 angefügt, wonach die Belehrung über die Möglichkeit des Erlasses eines Versäumnisurteils nach § 331 Abs. 3 ZPO ebenfalls die Rechtsfolgen aus den §§ 91 und 708 Nr. 2 ZPO zu umfassen hat. Kostengünstig und sinnvoll wäre es, diese Belehrungen schon in die Vordrucke für die Ladungen aufzunehmen. Schließlich ist zur Umsetzung des Art. 18 Abs. 1 lit. b) EuVTVO in § 338 ZPO ein neuer Satz 2 angefügt worden, wonach die Partei mit der Zustellung des Versäumnisurteils darauf hinzuweisen ist, dass ihr gegen das Urteil der Einspruch zusteht. Dabei sind das Gericht, bei dem der Einspruch einzulegen ist, und die einzuhaltende Frist und Form mitzuteilen.

Art. 17 lit. a) EuVTVO sieht eine Belehrung des Schuldners über die zum Bestreiten der Forderung erforderlichen Verfahrensschritte vor. So muss unter anderem die Information erteilt sein, ob die Vertretung durch einen Rechtsanwalt zu erfolgen hat. Aus der Verwendung des Wortes „ob“ folgt, dass sowohl bei einem Anwaltsprozess als auch bei einem Parteiprozess entsprechend zu belehren ist[456]. Diesem Erfordernis genügt § 499 Abs. 1 n. F. ZPO. Der bisherige Regelungsgehalt des § 499 ZPO wurde unverändert in den neuen Absatz 2 übernommen.

Keinen Anpassungsbedarf sah der deutsche Gesetzgeber für die Mindestvorschriften für eine Überprüfung in Ausnahmefällen in Art. 19 EuVTVO vor. Nach § 338 und § 700 ZPO ist ein Einspruch gegen ein Versäumnisurteil bzw. einen Vollstreckungsbescheid unabhängig von einem Verschulden zulässig[457].

Neu ist § 245 Abs. 1 FamFG („Bezifferung dynamisierter Unterhaltstitel zur Zwangsvollstreckung im Ausland“). Grundsätzlich können dynamisierte Unterhaltstitel nach § 1612a BGB nicht als Europäische Vollstreckungstitel bestätigt werden, da sie mangels konkreter Bezifferung (Art. 4 Nr. 2 EuVTVO) nicht in den Anwendungsbereich der Verordnung fallen. Der Unterhalt wird als Vomhundertsatz des Regelbetrages in den Tenor aufgenommen. Der Anwendungsbereich der EuVTVO setzt eine Forderung auf eine *bestimmte* Geldsumme (Art. 3 Abs. 1 in Verbindung mit Art. 4 Nr. 2 EuVTVO) voraus und nicht nur eine Forderung über *bestimmbare* Geldsummen. Nach § 245 Abs. 1 FamFG ist

456 Begründung zum EG-Vollstreckungstitel-Durchführungsgesetz, BR-Drucks. 88/05, S. 20.

457 Begründung zum EG-Vollstreckungstitel-Durchführungsgesetz, BR-Drucks. 88/05, S. 15.

es nunmehr möglich, dynamisierte Unterhaltstitel beziffern zu lassen und sie somit dem Anwendungsbereich der Verordnung zugänglich zu machen. Dies gilt auch, soweit eine Anrechnung des Kindergeldes (§ 1612b BGB) in dynamisierter Form zulässig ist[458]. Die Bezifferung ist gemäß § 245 Abs. 1 FamFG auf dem Titel zu vermerken. Ein neuer Vollstreckungstitel wird folglich durch die Bezifferung nicht geschaffen[459]. Für die Bezifferung sind die Gerichte, Behörden oder Notare zuständig, denen die Erteilung einer vollstreckbaren Ausfertigung des Titels obliegt (Absatz 2). Funktionell zuständig bei den Gerichten ist der Rechtspfleger gemäß § 20 Nr. 11 RPflG. Für den Gläubiger bedeutet dies eine Verfahrenserleichterung, da er sowohl die Bezifferung als auch die Bestätigung als Europäischer Vollstreckungstitel (vgl. § 1079 ZPO) bei ein- und derselben Stelle beantragen kann[460]. Hinsichtlich der Anfechtung der Entscheidung über die Bezifferung verweist § 245 Abs. 3 FamFG auf die Vorschriften über die Anfechtung der Entscheidung über die Erteilung einer Vollstreckungsklausel.

Schließlich ist mit Art. 1 Nr. 7 des EG-Vollstreckungstitel-Durchführungsgesetzes § 791 ZPO abgeschafft worden. § 791 ZPO regelte die Zwangsvollstreckung im Ausland mittels Rechtshilfe, war praktisch jedoch gegenstandslos, da sowohl die Vollstreckbarerklärung als auch die Einleitung der Zwangsvollstreckung nur auf Antrag des Gläubigers erfolgten. Da sich dies auch nach Einführung des Europäischen Vollstreckungstitels nicht geändert hat, wurde § 791 ZPO zur Vermeidung von Missverständnissen ersatzlos aufgehoben[461].

### *b) Bestätigung inländischer Titel als Europäische Vollstreckungstitel*

Titel 1 des neuen Abschnittes 4 regelt zunächst das Verfahren bei Bestätigung inländischer Titel, die im Ausland vollstreckt werden sollen.

#### aa) Zuständigkeit für die Bestätigung

§ 1079 Nr. 1 ZPO normiert die Zuständigkeit für die Ausstellung der Bestätigung als Europäischer Vollstreckungstitel sowohl für Entscheidungen im Sinne des Art. 6 Abs. 1 EuVTVO als auch für gerichtliche Vergleiche nach Art. 24 Abs. 1 EuVTVO und öffentliche Urkunden nach Art. 25 Abs. 1 EuVTVO.

---

458 Begründung zum EG-Vollstreckungstitel-Durchführungsgesetz, BR-Drucks. 88/05, S. 21.

459 Begründung zum EG-Vollstreckungstitel-Durchführungsgesetz, BR-Drucks. 88/05, S. 21.

460 Hierzu ausführlich unter Teil 2 B. VII. 2. b) aa).

461 Vgl. im Einzelnen die Begründung zum EG-Vollstreckungstitel-Durchführungsgesetz, BR-Drucks. 88/05, S. 22.

Zuständig sind danach die Gerichte, Behörden oder Notare, denen die Erteilung einer vollstreckbaren Ausfertigung des Titels obliegt. Da die Bestätigung ebenso wie die Vollstreckungsklausel den Bestand und die Vollstreckbarkeit des zugrunde liegenden Titels bestimmt, läuft die Zuständigkeitszuweisung parallel. Für Bestätigungen zu gerichtlichen Entscheidungen und Prozessvergleichen sind die Gerichte erster Instanz zuständig. Solange der Rechtsstreit bei einem höheren Gericht anhängig ist, ist dieses Gericht zuständig. Funktionell zuständig wird gemäß § 20 Nr. 11 RPflG der Rechtspfleger sein[462].

Die gleichen Zuständigkeiten gelten gemäß § 1079 Nr. 2 ZPO auch für den Antrag auf Bestätigung der Nichtvollstreckbarkeit bzw. auf Beschränkung der Vollstreckbarkeit nach Art. 6 Abs. 2 EuVTVO sowie für den Antrag auf Ausstellung einer Ersatzbestätigung nach Art. 6 Abs. 3 EuVTVO.

bb) Entscheidung

§ 1080 Abs. 1 ZPO hebt noch einmal den Sinn und Zweck der EuVTVO (Beschleunigung und Vereinfachung) hervor, indem er klarstellt, dass die Bestätigungen nach Art. 9 Abs. 1, Art. 24 Abs. 1, Art. 25 Abs. 1 und Art. 6 Abs. 1 EuVTVO ohne Anhörung des Schuldners auszustellen sind. Im Rahmen der Prüfung der Voraussetzungen für die Bestätigung ist der Rechtspfleger nicht an die tatsächlichen und rechtlichen Feststellungen in dem der Bestätigung zugrunde liegenden Vollstreckungstitel gebunden[463]. Dem Schuldner wird – zur Wahrung der Rechtssicherheit – von Amts wegen lediglich eine Ausfertigung der Bestätigung zugestellt, woraufhin er die Möglichkeit hat, einen Antrag auf Berichtigung und Widerruf nach Art. 10 Abs. 1 EuVTVO, § 1081 ZPO zu stellen. Dem Gläubiger wird die Bestätigung formlos übersandt.

cc) Rechtsbehelfe gegen die Zurückweisung des Antrages auf Bestätigung

Wird der Antrag auf Ausstellung einer Bestätigung zurückgewiesen, so sollen nach Abs. 2 die Vorschriften über die Anfechtung der Entscheidung über die Erteilung einer Vollstreckungsklausel entsprechend Anwendung finden. Diese Verweisung führt zu einer Vereinfachung des Verfahrens, da dem Gläubiger dieselben Rechtsbehelfe zustehen wie bei dem innerstaatlichen Verfahren. Der Wortlaut ist etwas missverständlich, da die Entscheidung über die Erteilung einer Vollstreckungsklausel sowohl positiv als auch negativ sein kann. Da es aber

462 Vgl. Art. 2 Abs. 1 des EG-Vollstreckungstitel-Durchführungsgesetzes, wonach der Rechtspfleger zuständig ist für die Bezifferung eines Unterhaltstitels nach § 245 FamFG sowie für die Ausstellung, Berichtigung und den Widerruf einer Bestätigung nach §§ 1079 bis 1081 ZPO.

463 Zöller/Geimer, § 1080 ZPO Rn. 1.

in § 1080 Abs. 2 ZPO darum geht, dass dem Antrag auf Erteilung der Bestätigung nicht stattgegeben wird, müssen zwangsläufig die Rechtsbehelfe gemeint sein, die gegen die Versagung der Vollstreckungsklausel statthaft sind. Das sind bei gerichtlichen Titel die sofortige Beschwerde, §§ 11 Abs. 1 RPflG, 567 ff. ZPO, bei notariellen Urkunden und solchen des Jugendamtes die Beschwerde, §§ 54 Abs. 1, 1 Abs. 2 BeurkG.

Das soeben zu § 1080 Abs. 2 ZPO dargestellte Verfahren gilt in gleicher Weise für die Zurückweisung des Antrages auf Erlass einer Bestätigung der Nichtvollstreckbarkeit bzw. Beschränkung der Vollstreckbarkeit nach Art. 6 Abs. 2 EuVTVO[464].

dd) Berichtigung und Widerruf

§ 1081 ZPO regelt das Verfahren für die Berichtigung und den Widerruf einer Bestätigung nach Art. 10 Abs. 1 EuVTVO. § 1081 Abs. 1 ZPO bestimmt die Zuständigkeit für den Antrag, Abs. 2 die Frist und Form für einen Antrag auf Widerruf und Abs. 3 in Verbindung mit § 319 Abs. 2, 3 ZPO die Entscheidungsform sowie die statthaften Rechtsmittel.

(1) Verfahren

Eine Berichtigung kommt nach Art. 10 Abs. 1 lit. a) EuVTVO nur in Betracht, wenn die Entscheidung und die Bestätigung aufgrund eines materiellen Fehlers voneinander abweichen. Ein Widerruf setzt dagegen nach Art. 10 Abs. 1 lit. b) EuVTVO voraus, dass die Bestätigung eindeutig zu Unrecht erteilt wurde[465]. Aufgrund der unterschiedlichen Voraussetzungen können theoretisch beide Anträge nebeneinander gestellt werden.

(a) Zuständigkeit

Im Rahmen der Zuständigkeit ist zu unterscheiden zwischen der Stelle, bei der der Antrag einzureichen ist und derjenigen, die über den Antrag entscheidet. Der Antrag auf Berichtigung oder Widerruf einer gerichtlichen Entscheidung ist bei dem Gericht zu stellen, das die Bestätigung ausgestellt hat (Abs. 1 S. 1). Gemäß Absatz 1 Satz 2 entscheidet auch dieses Gericht. Geht es dagegen um eine notarielle oder behördliche Bestätigung, so ist der Antrag bei der Stelle einzureichen, die die Bestätigung ausgestellt hat (Abs. 1 S. 3). Die Notare und Behörden leiten den Antrag dem Amtsgericht, in dessen Bezirk sie ihren Sitz haben, zur *Entscheidung* zu (Abs. 1 S. 4). Funktionell zuständig ist nach § 20 Nr. 11 RPflG der Rechtspfleger.

464 Zöller/Geimer, § 1080 ZPO Rn. 4; Thomas/Putzo/Hüßtege, § 1080 ZPO Rn. 3.

465 Siehe hierzu im Einzelnen die Ausführungen zu Teil 2 B. VI. 1. b) aa) und bb).

(b) Frist

Für den Antrag auf Widerruf einer Bestätigung sieht § 1081 Abs. 2 ZPO – anders als Art. 10 EuVTVO – eine Notfrist vor. Sie beträgt bei Inlandszustellungen einen Monat, bei Zustellung, die im Ausland vorzunehmen sind, zwei Monate. Sie beginnt jeweils mit der Zustellung der Bestätigung, jedoch frühestens mit der Zustellung des Titels, auf den sich die Bestätigung bezieht. Die Länge der Widerrufsfrist entspricht der Rechtsmittelfrist im Vollstreckbarerklärungsverfahren nach Art. 43 Abs. 5 EuGVVO.

Da Art. 10 EuVTVO eine Frist nicht bestimmt, stellt sich die Frage nach der Wirksamkeit der Norm wegen möglicher Unvereinbarkeit mit der EuVTVO. Eine solche Sichtweise ist jedoch abzulehnen. Die Bestimmung einer Frist von einem Monat schränkt die Rechte des Schuldners nicht erheblich ein. Sie dient vielmehr der Rechtssicherheit. Der Gläubiger soll nach einer bestimmten Zeit auf den Bestand der Bestätigung vertrauen dürfen[466]. Berichtigungen sind zu jederzeit möglich. Es soll aber nicht unbefristet dem Schuldner die Möglichkeit gegeben werden, die Bestätigung beseitigen zu lassen. Dies würde dem Sinn und Zweck der EuVTVO widersprechen. Schließlich hat der Schuldner in seinem Antrag auf Widerruf die Gründe anzugeben, weshalb die Bestätigung eindeutig zu Unrecht ergangen sein soll.

(c) Form

§ 1081 Abs. 3 ZPO verweist hinsichtlich der Form, in der die Entscheidung ergeht, zunächst auf § 319 Abs. 2 ZPO. Danach ergeht die Entscheidung durch Beschluss. Dieser ist auf dem der Bestätigung zugrunde liegenden Titel zu vermerken.

(2) Rechtsbehelfe gegen die Zurückweisung des Antrages

Gegen die Ablehnung der Berichtigung oder des Widerrufs durch den Rechtspfleger ist gemäß §§ 1081 Abs. 3, 319 Abs. 3, 1. Hs. ZPO die befristete Erinnerung nach § 11 Abs. 2 RPflG gegeben. Hierüber besteht Einigkeit[467].

Uneinig ist sich die Literatur dagegen bei der Frage nach der Zulässigkeit eines Rechtsbehelfs, wenn dem Antrag stattgegeben wird. *Wagner*[468] lehnt einen Rechtsbehelf ohne Begründung ab. *Geimer*[469] und *Rellermeyer*[470] lassen dagegen

466 So auch Zöller/Geimer, § 1081 ZPO Rn. 5; a. A. Musielak/Lackmann, § 1081 ZPO Rn. 4, Thomas/Putzo/Hüßtege, § 1081 ZPO Rn. 6, die Zweifel an der Unwirksamkeit hegen, ohne dies näher zu begründen.

467 Vgl. z. B. Wagner, IPRax 2005, S. 401, 404; Zöller/Geimer, § 1081 ZPO Rn. 9.

468 Wagner, IPRax 2005, S. 401, 404.

469 Zöller/Geimer, § 1081 ZPO Rn. 8.

die sofortige Beschwerde nach §§ 576 ff, § 11 Abs. 1 RPflG zu. Betrachtet man den Wortlaut des § 319 Abs. 3 ZPO, auf den § 1081 Abs. 3 ZPO verweist, so ist die Ansicht von *Wagner* nicht nachvollziehbar. § 319 Abs. 3 ZPO bestimmt, dass gegen den Beschluss, der eine Berichtigung ausspricht, die sofortige Beschwerde stattfindet. Da weder die EuVTVO noch § 1081 Abs. 3 ZPO Ausnahmen vorsehen, ist § 319 Abs. 3 ZPO uneingeschränkt anzuwenden, so dass der zweiten Auffassung zu folgen ist.

*c) Zwangsvollstreckung aus Europäischen Vollstreckungstiteln im Inland*

Der zweite Titel des neu angefügten Abschnitts befasst sich mit der Zwangsvollstreckung aus Europäischen Vollstreckungstiteln, die in einem anderen Mitgliedstaat geschaffen wurden und nun in Deutschland vollstreckt werden sollen. Er enthält im Grunde nur Art. 20 bis 23 EuVTVO ergänzende und klarstellende Formalien. Weiterhin anwendbar bleiben die deutschen Vollstreckungsvorschriften nach §§ 704 ff. ZPO. Dies folgt aus Art. 20 Abs. 1 EuVTVO.

aa) Vollstreckungstitel

§ 1082 ZPO macht nochmals deutlich, was eigentlich schon aus Art. 5 EuVTVO folgt: Eine Vollstreckungsklausel ist nicht mehr erforderlich. Diese wird ersetzt durch die Bestätigung. Im Übrigen kommen, wie bereits angedeutet, die allgemeinen Vorschriften über die Zwangsvollstreckung aus deutschen Vollstreckungstiteln zur Anwendung.

Sofern beispielsweise die Vollstreckung von einer Sicherheitsleistung durch den Gläubiger abhängt, ist § 751 Abs. 1 ZPO anwendbar. Es darf weiterhin zum Beispiel kein Vollstreckungshindernis nach deutschem Recht gemäß §§ 775, 776 ZPO bestehen. Die nach deutschem Recht statthaften Rechtsbehelfe sind in gleicher Weise gegen einen Europäischen Vollstreckungstitel statthaft wie gegen einen deutschen Titel. So ist gegen die Art und Weise der Zwangsvollstreckung die Erinnerung nach § 766 ZPO einzulegen.

bb) Verfahren

Das nach deutschem Recht zuständige Vollstreckungsorgan prüft vor Beginn der Zwangsvollstreckung nur, ob die nach Art. 20 Abs. 2 EuVTVO erforderlichen Unterlagen (Titelausfertigung aus dem Ursprungsmitgliedstaat, Bestätigung als Europäischer Vollstreckungstitel und ggf. Übersetzung) vorliegen. Ist die Bestätigung nicht in deutscher Sprache abgefasst, so muss nach § 1083 ZPO eine Übersetzung vorgelegt werden. Eine Übersetzung wird nur in seltenen Fällen

470 Rellermeyer, Rpfleger 2005, S. 389, 401; so auch Musielak/Lackmann, § 1081 ZPO Rn. 5.

erforderlich sein, in denen die Bestätigung zusätzliche Angaben enthält, die nicht allein das Einfügen von Namen und Zahlen oder das Ankreuzen von Kästchen in den Formblättern betreffen[471].

Dagegen prüft das Zwangsvollstreckungsorgan nicht, ob die Bestätigung zu Recht erteilt worden ist oder nicht. Dies bestimmt Art. 21 Abs. 2 EuVTVO. Sofern die nach der EuVTVO erforderlichen Voraussetzungen nicht erfüllt sind, ist das Zwangsvollstreckungsorgan dennoch an die Bestätigung gebunden. Nur der Schuldner kann im Ursprungsmitgliedstaat mit einem Antrag auf Widerruf der Bestätigung vorgehen. Der Umfang der Vollstreckbarkeit richtet sich ebenfalls nach dem Ursprungsmitgliedstaat. Sollte dort der Vollstreckungstitel aufgehoben oder eingeschränkt werden, so ist dies für den Vollstreckungsmitgliedstaat verbindlich, Art. 6 Abs. 2 EuVTVO.

cc) Anträge nach Art. 21 und 23 EuVTVO

Wie bereits an anderer Stelle beschrieben[472], kann unter bestimmten Voraussetzungen die Vollstreckung im Vollstreckungsmitgliedstaat verweigert, unter Umständen auf Sicherungsmaßnahmen beschränkt oder von einer Sicherheit abhängig gemacht oder ganz bzw. teilweise ausgesetzt werden. § 1084 ZPO regelt für diese Fälle die Zuständigkeit für den entsprechenden Antrag und bestimmt, in welcher Form und mit welchem Inhalt die Entscheidung ergeht.

(1) Zuständigkeit

§ 1084 Abs. 1 ZPO erklärt die Amtsgerichte als Vollstreckungsgerichte für die Anträge auf Verweigerung, Aussetzung oder Beschränkung der Vollstreckung für ausschließlich zuständig. Gemäß der Verweisung in § 1084 Abs. 1 S. 2 ZPO, wonach die Vorschriften des achten Buches über die örtliche Zuständigkeit des Vollstreckungsgerichts entsprechend anzuwenden sind, ist örtlich zuständig das Amtsgericht, in dessen Bezirk das Vollstreckungsverfahren stattfinden soll oder stattgefunden hat (§ 764 Abs. 2 ZPO) oder in dessen Bezirk der Schuldner seinen allgemeinen Gerichtsstand hat bzw. nach § 23 ZPO gegen den Schuldner Klage erhoben werden kann (§ 828 Abs. 2 ZPO). Insoweit ist § 1084 Abs. 1 S. 2 ZPO ungenau, da mehrere Gerichtsstände in Betracht kommen. In der Regel werden sie zusammenfallen. Sollte dies jedoch nicht der Fall sein, so ist dem Schuldner ein Wahlrecht nach § 35 ZPO einzuräumen[473]. Auch diese Zuständigkeit ist gemäß § 1084 Abs. 1 S. 3 ZPO ausschließlich.

---

471 Vgl. die Begründung zum EG-Vollstreckungstitel Durchführungsgesetz, BR-Drucks. 88/05, S. 26.

472 Vgl. die Ausführungen zu Teil 2 B. VI. 2.

473 So auch Musielak/Lackmann, § 1084 ZPO Rn. 2.

Funktionell zuständig soll nach der Gesetzesbegründung „wegen der nach Art. 21 EuVTVO zu prüfenden Titelkollision" der Richter sein[474]. Eine Übertragung dieser Aufgabe auf den Rechtspfleger war offensichtlich nicht gewollt, da eine solche Zuständigkeit des Rechtspflegers in dem geänderten § 20 Nr. 11 RPflG nicht enthalten ist.

(2) Entscheidung

Die Entscheidung über den Antrag auf Verweigerung der Zwangsvollstreckung (Art. 21 EuVTVO) ergeht gemäß § 1084 Abs. 2 S. 1 ZPO durch Beschluss. Hinsichtlich des Verfahrens gelten die allgemeinen Grundsätze des Zwangsvollstreckungsverfahrens.

Durch die Verweisung auf § 769 Abs. 1 und Abs. 3 ZPO in § 1084 Abs. 2 S. 2 ZPO sind einstweilige Anordnungen vor der Entscheidung zulässig. § 1084 Abs. 2 S. 3 ZPO lässt auch die Aufhebung einer Vollstreckungsmaßregel ohne Sicherheitsleistung zu. Nach § 1084 Abs. 2 S. 2 ZPO können schließlich in der auf den Antrag hin ergangenen endgültigen Entscheidung Maßnahmen nach § 770 ZPO bestimmt werden. Die einstweiligen Anordnungen sind – wie auch im Fall der direkten Anwendung der §§ 769, 770 ZPO – unanfechtbar, gegen den Beschluss ist jedoch die sofortige Beschwerde (§ 793 ZPO) statthaft[475].

Über den Antrag auf Aussetzung oder Beschränkung der Zwangsvollstreckung (Art. 23 EuVTVO) wird dagegen gemäß § 1084 Abs. 3 S. 1 ZPO durch einstweilige Anordnung entschieden. Auch hier gelten die allgemeinen Verfahrensgrundsätze wie die Gewährung rechtlichen Gehörs. Die Entscheidung ist abschließend. Ein Rechtsmittel ist gemäß § 1084 Abs. 3 S. 2 ZPO nicht statthaft. Die in Deutschland getroffenen einstweiligen Anordnungen werden mit der Entscheidung in der Hauptsache im Ursprungsmitgliedstaat hinfällig[476].

dd) Einstellung der Zwangsvollstreckung

Nach Art. 6 Abs. 2 EuVTVO kann auf Antrag unter Verwendung des Formblatts in Anhang IV eine Bestätigung der Nichtvollstreckbarkeit bzw. der Beschränkung der Vollstreckbarkeit ausgestellt werden, soweit die Voraussetzungen hierfür erfüllt sind.

474 Begründung zum EG-Vollstreckungstitel-Durchführungsgesetz, BR-Drucks. 88/05, S. 28.

475 Begründung zum EG-Vollstreckungstitel-Durchführungsgesetz, BR-Drucks. 88/05, S. 28; Rellermeyer, Rpfleger 2005, S. 389, 402; Wagner, IPRax 2005, S. 401, 404.

476 Begründung zum EG-Vollstreckungstitel-Durchführungsgesetz, BR-Drucks. 88/05, S. 28; Zöller/Geimer, § 1084 ZPO Rn. 5; Wagner, IPRax 2005, S. 401, 404.

Damit diese Bestätigung nicht nur auf dem Papier existiert, wird ihr in der Weise Wirkung verliehen, dass nach § 1085 ZPO bei Vorlage einer solchen Bestätigung die Zwangsvollstreckung eingestellt wird. Welche der Alternativen der §§ 775 und 776 ZPO in Betracht kommt, hängt von der Art der Einstellung oder Beschränkung ab, die in der Bestätigung ausgesprochen wurde. Es ist diejenige Rechtsfolge auszusprechen, die mit dem Inhalt der Bestätigung nach Art. 6 Abs. 2 EuVTVO korrespondiert[477].

Der Wortlaut des § 1085 ZPO („auch dann") lässt eine Einstellung und Beschränkung der Zwangsvollstreckung nach deutschem Recht bei Vorliegen der Voraussetzungen der §§ 775 und 776 ZPO unberührt.

#### ee) Vollstreckungsgegenklage

Durch das EG-Vollstreckungstitel-Durchführungsgesetz ist dem Schuldner durch § 1086 ZPO die Möglichkeit eröffnet worden, gegen Titel aus einem anderen Mitgliedstaat, die als Europäische Vollstreckungstitel bestätigt worden sind, Einwendungen gegen den titulierten Anspruch, die nach Erlass des Titels entstanden sind, mit der Vollstreckungsgegenklage nach § 767 ZPO geltend zu machen.

##### (1) Zulässigkeit

Diese Entscheidung des deutschen Gesetzgebers hat in der Literatur eine lebhafte Diskussion dahingehend entfacht, ob die Zulassung der Vollstreckungsgegenklage mit der EuVTVO vereinbar ist, insbesondere nicht einen Verstoß gegen Art. 21 Abs. 2 EuVTVO begründet, wonach eine Überprüfung in der Sache selbst im Vollstreckungsstaat nicht erfolgen darf[478]. Widerstand gegen die Berücksichtigung der Vollstreckungsgegenklage im Rahmen der EuVTVO hatte sich erhoben, da es bei der Vollstreckungsgegenklage einerseits um Fragen des materiellen Rechts geht, andererseits sie ihren Standort im zwangsvollstreckungsrechtlichen Teil der Zivilprozessordnung hat[479].

Für diese Diskussion besteht tatsächlich kein Anlass: Der deutsche Gesetzgeber hat sich für die Zulässigkeit der Vollstreckungsgegenklage ausgesprochen. Zudem steht die EuVTVO der Zulassung der Vollstreckungsgegenklage nicht

---

477 Begründung zum EG-Vollstreckungstitel-Durchführungsgesetz, BR-Drucks. 88/05, S. 28.

478 Kritisch hierzu insbesondere Heß, IPRax 2004, S. 493, 494. Zu den verschiedenen Auslegungsmethoden im Zusammenhang mit Art. 21 II EuVTVO ausführlich Gerling, Gleichstellung ausländischer mit inländischen Titeln, S. 134 ff..

479 Vgl. Heß, IPRax 2004, S. 493 f.; B/L/A/H, § 767 ZPO Rn. 1.

entgegen[480]. Die Befürchtung, dass hierdurch eine unzulässige *révision au fond* stattfindet, ist nicht begründet, da bei Erlass des Titels im Ursprungsmitgliedstaat diese – erst nachträglich entstandenen – Einwendungen noch gar nicht berücksichtigt werden konnten[481]. Außerdem ist die Vollstreckungsgegenklage nach ganz überwiegender Meinung eine prozessuale Gestaltungsklage, die die Vollstreckbarkeit des Titels, nicht aber den Titel selbst beseitigt[482]. Schließlich ist zu berücksichtigen, dass nach Art. 20 Abs. 1 S. 1 EuVTVO für das Vollstreckungsverfahren das Recht des Vollstreckungsmitgliedstaates gilt, so dass die Klage nach § 767 ZPO auf Europäische Vollstreckungstitel genauso anwendbar ist wie auf inländische Titel[483]. Anderntalls würde dies eine Schlechterstellung und Diskriminierung des Schuldners gegenüber dem Schuldner eines inländischen Titels bedeuten, die jedoch von Art. 20 Abs. 1 EuVTVO explizit untersagt werden[484].

(2) Zuständigkeit

Die internationale Zuständigkeit Deutschlands für die Vollstreckungsgegenklage folgt aus Art. 22 Nr. 5 EuGVVO. Örtlich ausschließlich zuständig ist nach § 1086 Abs. 1 ZPO das Gericht, in dessen Bezirk der Schuldner seinen Wohnsitz hat, oder hilfsweise in dessen Bezirk die Zwangsvollstreckung stattfinden soll oder stattgefunden hat. Der Sitz von Gesellschaften oder juristischen Personen steht dem Wohnsitz gleich.

---

480 So auch z. B. Saenger/Saenger, § 1086 ZPO Rn. 1; B/L/A/H, § 1086 ZPO Rn. 1; Rellermeyer, Rpfleger 2005, S. 389, 403; Yessiou-Faltsi, in: Gottwald, Perspektiven der justiziellen Zusammenarbeit, S. 213, 243; ausführlich unter Berücksichtigung der Entwicklung vom EuGVÜ über die EuGVVO zur EuVTVO: Wagner, IPRax 2005, S. 401, 405 ff..

481 Begründung zum EG-Vollstreckungstitel-Durchführungsgesetz, BR-Drucks. 88/05, S. 29; in diesem Sinne auch Coester-Waltjen, Jura 2005, S. 394, 397; für Statthaftigkeit der Vollstreckungsgegenklage Hüßtege, Fs. für Jayme, S. 371, 384; Klippstein, in: Gebauer/Wiedmann, Zivilrecht unter europäischem Einfluss, Kap. 31 Rn. 58; Röthel/Sparmann, WM 2006, S. 2285, 2292.

482 Z. B. Thran, JuS 1995, S. 1111, 1112.

483 B/L/A/H, § 1086 ZPO Rn. 1; Hüßtege, Fs. für Jayme, S. 371, 384; Münzberg, Fs. für Geimer, S. 745, 757.

484 Portmann, EuVT, S. 84.

### (3) Präklusion

Grundsätzlich ist die Präklusionsvorschrift des § 767 Abs. 2 ZPO nicht auf solche Titel anwendbar, die nicht der Rechtskraft fähig sind[485]. Dies gilt insbesondere für Prozessvergleiche, öffentliche Urkunden und Kostenfestsetzungsbeschlüsse.

Anders sieht es dagegen aus bei gerichtlichen Vergleichen und öffentlichen Urkunden aus einem anderen Mitgliedstaat. Aufgrund des in Art. 24 Abs. 2 und 25 Abs. 2 EuVTVO geregelten Verbots der Anfechtbarkeit der Vollstreckbarkeit eines gerichtlichen Vergleichs und einer öffentlichen Urkunde findet gemäß § 1086 Abs. 2 ZPO auf diese Titel § 767 Abs. 2 ZPO entsprechende Anwendung. Im Zuge der Umsetzung der EuVTVO war der deutsche Gesetzgeber zur Beachtung dieser Vorgaben im Rahmen seiner Durchführungsvorschriften gezwungen[486]. Hierdurch soll verhindert werden, dass in die Entscheidung des Mitgliedstaates eingegriffen wird. Soweit also Einwendungen vor Erlass des Titels entstanden waren, kann der Schuldner diese nur im Ursprungsmitgliedstaat geltend machen.

485 Zum Umfang der Präklusion in einigen Mitgliedstaaten Yessiou-Faltsi, in:Gottwald, Perspektiven der justiziellen Zusammenarbeit, S. 213, 243.

486 Pfeiffer, BauR 2005, S. 1541, 1550; Rellermeyer, Rpfleger 2005, S. 389, 403.

# Teil 3:
# Abschließende Gesamtbetrachtung

# A. Kritische Würdigung

Vor Inkrafttreten der EuVTVO galt im Verhältnis der Mitgliedstaaten untereinander im Wesentlichen die EuGVVO. Bevor mit einem deutschen Titel im Ausland die Zwangsvollstreckung betrieben werden konnte, musste dieser Titel durch das zuständige Gericht im Vollstreckungsstaat anerkannt und für vollstreckbar erklärt werden. Dieses Exequaturverfahren war mühsam, zeitaufwendig und kostspielig. Das Europäische Parlament hatte es sich zum Ziel gemacht, mit der neuen Verordnung ein vereinfachtes und kostengünstiges Verfahren zur zwangsweisen Durchsetzung von im Inland erlangten Titeln zu schaffen.

Kostengünstig ist dieses Verfahren. Die Gebühr für die Ausstellung der Bestätigung als Europäischer Vollstreckungstitel, die der Antragsteller zu tragen hat, beträgt 15 Euro, in arbeitsgerichtlichen Verfahren 12 Euro. Ob dieses Verfahren aber auch in der Tat einfacher und effizienter ist, wird die Zukunft noch zeigen müssen. Die EuVTVO ist noch relativ neu und „gewöhnungsbedürftig". Es wird nicht auszuschließen sein, dass der eine oder andere Fehler im Rahmen des Bestätigungsverfahrens unterlaufen wird. Hierfür wird zum einen der Text der neuen Verordnung, zum anderen ihre Handhabe ursächlich sein. Es bestehen noch Unsicherheiten, die zu lösen hauptsächlich Aufgabe der Gerichte sein wird.

An dieser Stelle sollen einige Eckpfeiler der Verordnung einer kritischen Würdigung unterzogen werden.

## I. Einschränkung des Schuldnerschutzes

Für den Gläubiger bedeutet die Einführung eines Europäischen Vollstreckungstitels neben dem Verfahren nach der EuGVVO eine große Erleichterung im Hinblick auf eine kostengünstige, schnelle und effektive Zwangsvollsteckung in einem anderen Mitgliedstaat. Besonders reizvoll ist dieses Verfahren, wenn der Gläubiger mit dem Gedanken spielt, gleich in mehreren EU-Ländern die Vollstreckung zu betreiben. Hier genügt eine Bestätigung als Europäischer Vollstreckungstitel, wohingegen nach der EuGVVO in jedem Mitgliedstaat das Vollstreckbarerklärungsverfahren durchzuführen wäre. Der Schuldner wird damit kaum noch eine Möglichkeit haben, sein Vermögen zu verlagern und damit die Zwangsvollstreckung zu verzögern oder sogar ganz zu verhindern.

So sehr dies auf den ersten Blick gerechtfertigt scheint, so muss doch auch erkannt werden, dass mit Wegfall des Vollstreckbarerklärungsverfahrens eine Schutzmauer für den Schuldner weggefallen ist[487]. Im Rahmen des Vollstreckbarerklärungsverfahrens nach der EuGVVO hatten die Gerichte im Vollstre-

487 Kritisch auch Roth, EuZW 2005, S. 167, 168.

ckungsstaat noch eine Kontroll- und Eingriffsmöglichkeit. Lagen die Voraussetzungen nach den Art. 34 und 35 EuGVVO nicht vor, konnten die Anerkennung und Vollstreckung versagt werden. Insbesondere konnte eklatanten Verstößen gegen rechtsstaatliche Prinzipien mit dem *ordre public*-Vorbehalt ein Riegel vorgeschoben werden. Waren die Voraussetzungen für die Vollstreckbarerklärung erfüllt, erfolgte die Zwangsvollstreckung immerhin noch aufgrund der Vollstreckbarerklärung, die eigens in dem Vollstreckungsstaat geschaffen wurde.

Nach der EuVTVO kann sich der Gläubiger, der im Besitz einer Bestätigung des zu vollstreckenden Titels als Europäischer Vollstreckungstitel ist, unmittelbar an die Zwangsvollstreckungsorgane des Vollstreckungsmitgliedstaates wenden. Diese sind an die Bestätigung und die darin bescheinigte Vollstreckbarkeit des Titels gebunden. Sicherstellen müssen sie nur, dass ihr eigenes Zwangsvollstreckungsrecht eingehalten wird. Zu bedenken ist hierbei, dass das Vollstreckungsrecht der Mitgliedstaaten sehr unterschiedlich ist oder sein kann, was zu unterschiedlichen Ergebnissen führen kann, so etwa im Hinblick auf die Voraussetzungen einer einstweiligen Einstellung der Zwangsvollstreckung. Für die Praxis bedeutet dies eine genaue und sorgfältige Überprüfung des Vollstreckungsrechts und des Vollstreckungsschutzes in den einzelnen Mitgliedstaaten. Die Rechtsbehelfe des Schuldners im Vollstreckungsmitgliedstaat sind – wie aufgezeigt[488] – beschränkt. Im Vollstreckungsmitgliedstaat kann weder der Titel noch die Bestätigung angegriffen oder überprüft werden. Ist die Entscheidung im Ursprungsmitgliedstaat erst einmal bestätigt worden, tritt ein Automatismus ein, dessen Folge die Vollstreckung der Entscheidung im Vollstreckungsmitgliedstaat ist, auch wenn dies den dort bestehenden *ordre public* verletzt. Die einzige Möglichkeit für den Schuldner, die Zwangsvollstreckung zu verhindern, besteht in einem Antrag auf Verweigerung der Zwangsvollstreckung nach Art. 21 Abs. 1 EuVTVO. Im Übrigen bleibt ihm nur der Schutz, den die Vollstreckungsregeln des Vollstreckungsmitgliedstaates vorsehen, solange damit keine Überprüfung des Titels selbst oder der Bestätigung einhergeht.

Der Kompromiss, den die EuGVVO zwischen Verfahrensbeschleunigung und Schuldnerschutz noch vorsah, wird mit der EuVTVO gänzlich aufgehoben. Der Schuldner droht überrollt zu werden. Er ist verpflichtet, seine Einwände bereits im Ursprungsmitgliedstaat geltend zu machen. Ist das Bestätigungsverfahren eingeleitet, so bleibt ihm nichts anderes übrig, als darauf zu vertrauen, dass das zuständige Organ alle Voraussetzungen umfassend und sorgfältig prüft.

Auch die Frage, wann ein Titel überhaupt vollstreckbar ist (Art. 6 Abs. 1 lit. a) EuVTVO), hängt entscheidend von dem Recht des Staates ab, aus dem der

488 Vgl. die Ausführungen zu Teil 2 B. VI. 2.

Titel stammt. Insoweit spielt auch das nationale Recht der einzelnen Mitgliedstaaten eine tragende Rolle. Gerade im Hinblick auf die neuen Mitgliedstaaten bestehen große Bedenken, ob ihr Zivilverfahrens- und Vollstreckungsrecht soweit den europarechtlichen Anforderungen angepasst ist, dass Europäische Vollstreckungstitel aus und in diesen Ländern ohne Bedenken vollstreckt werden können[489]. Im Zuge der Unterzeichnung der Beitrittsverträge mit Bulgarien und Rumänien herrschte vereinzelt Unmut hierüber. Nicht nur Korruption und organisierte Kriminalität insbesondere in Rumänien, sondern auch Defizite in der Justiz bereiten Sorgen, die zu beseitigen die Priorität dieser Staaten ist[490]. Trotz dieses Unbehagens findet nun auch im Verhältnis dieser Staaten die EuVTVO Anwendung. Ob das Bestätigungsverfahren ordentlich abläuft und umgekehrt ein Europäischer Vollstreckungstitel aus einem anderen Mitgliedstaat mit rechten Mitteln vollstreckt werden wird, muss abgewartet werden.

## II. Sprachproblem

Ein weiteres Problem, welches mit der EuVTVO – anders als vorgesehen – nicht behoben wurde, berechtigt zu weiterer Kritik. Soweit sich ein Zivilprozess grenzüberschreitend abspielt und Zustellungen in einem anderen Mitgliedstaat zu erfolgen haben, spielt das rechtliche Gehör des Beklagten und dessen Schutz eine noch essentiellere Rolle.

Art. 13 ff. EuVTVO sehen für die Zustellung des verfahrenseinleitenden Schriftstücks und Belehrung des Schuldners über die Folgen des Nichtbestreitens der Forderung Mindeststandards vor, die im Rahmen des gerichtlichen Verfahrens im Ursprungsmitgliedstaat erfüllt sein müssen, damit eine Säumnisentscheidung über eine unbestrittene Forderung im Sinne von Art. 3 Abs. 1 lit. b) oder c) als Europäischer Vollstreckungstitel bestätigt werden kann. Die EuVTVO regelt allerdings nicht, in welcher Sprache die Zustellung und Belehrung zu erfolgen hat. Mangels eigener Sprachregelung galten daher bisher für grenzüberschreitende Zustellungen innerhalb der Europäischen Union - außer Dänemark – gemäß Art. 28 EuVTVO die Vorschriften der EuZustVO[491].

Das Problem besteht darin, dass der Schuldner, dem das Schriftstück zugestellt wurde, dessen Inhalt, insbesondere die Belehrung, nicht verstehen könnte. Dieses Problem hat schon die EuZustVO nicht hinreichend gelöst und wird mit

489 Zum prozessualen Risikopotenzial im Hinblick auf die Erweiterung der Union Rehm, Fs. für Heldrich, S. 955, 964.

490 Bedenken wegen der Osterweiterung hat auch Stadler, IPRax 2004, S. 2, 7.

491 Verordnung (EG) Nr. 1348/2000 des Rates vom 29.5.2000 über die Zustellung gerichtlicher und außergerichtlicher Schriftstücke in Zivil- oder Handelssachen in den Mitgliedstaaten, ABl. EG v. 30.06.2000, Nr. L 160, S. 37.

der EuVTVO nur noch weiter getragen[492]. Art. 8 Abs. 1 EuZustVO sieht vor, dass der Schuldner die Annahme des zuzustellenden Schriftstücks verweigern darf, wenn dieses in einer anderen als der Amtssprache des Empfangsmitgliedstaates oder einer Sprache des Übermittlungsstaates, die der Empfänger versteht, abgefasst ist[493]. Daraus folgt, dass es zur Wirksamkeit der Zustellung nicht zwingend der Beifügung einer Übersetzung der Klageschrift bedarf[494]. Dieses Annahmeverweigerungsrecht muss dem Schuldner nicht immer bekannt sein, so dass er die Annahme nicht verweigert, sondern darauf vertraut, dass eine Überprüfung in seinem Land erfolgt, die aber durch die EuVTVO abgeschafft wurde[495]. Mangels Exequaturverfahrens hat der Schuldner auch nicht mehr die Möglichkeit, die Verletzung rechtlichen Gehörs im Vollstreckungsstaat geltend zu machen. Und wenn der Schuldner die Annahme doch verweigern sollte und damit die Zustellung nicht erfolgt, obliegt es dem für die Zustellung verantwortlichen Gericht, zu prüfen, ob die Annahme des Schriftstücks zu Recht oder zu Unrecht verweigert wurde, was sich oft als schwierig erweist[496]. In gleicher Weise wird es der die Bestätigung ausstellenden Stelle schwer fallen, zu entscheiden, ob eine Zustellung oder Belehrung ordnungsgemäß erfolgt ist. In erster Linie wird es nur darauf ankommen, ob die Vorschriften der Art. 13 ff. EuVTVO eingehalten worden sind, die Zustellung also ordnungsgemäß im Sinne der EuVTVO bewirkt wurde. Ob aber der Schuldner tatsächlich den Inhalt des Schriftstücks oder die Belehrung verstanden hat und die Zustellung nach der EuZustVO ordnungsgemäß war, wird die zuständige Stelle im Ursprungsmitgliedstaat kaum feststellen können. Überprüfungsmöglichkeiten bestehen keine, rechtliches Gehör erhält der Beklagte bekanntlich vor Erteilung der Bestätigung nicht. Selbst wenn die Mindeststandards über die Zustellung und Belehrung nicht eingehalten worden sind und dies auch – wenn auch nur selten – festgestellt worden ist, so kann immer noch gemäß Art. 18 EuVTVO eine Heilung eintreten. Auch vor diesem Hintergrund ist der Schuldnerschutz minimal. Jeder Schuldner, der ein Schriftstück erhält, dessen Inhalt er nicht zu verstehen vermag, wird – um dem Risiko der Vollstreckung aus einem ausländischen Titel nicht ausgesetzt zu sein – gezwungen sein, selbst für eine – möglicherweise –

492 Zu dieser Problematik mit einem ausführlichen Beispielsfall Stadler, RIW 2004, S. 801, 807 f..

493 Zu den Rechtsfolgen des Annahmeverweigerungsrechts Urteil des EuGH v. 8.11.2005 – C-443/03, Leffler ./. Berlin Chemie AG, NJW 2006, S. 491 ff..

494 So auch Rösler/Siepmann, NJW 2006, S. 475; Heldrich, EuZW 2005, S. 743 f..

495 So auch Saenger/Saenger, Anhang zu § 1086 ZPO, Rn. 2; Röthel/Sparmann, WM 2006, S. 2285, 2287.

496 Röthel/Sparmann, WM 2006, S. 2885, 2887 ff. (Beispiel 2).

teuere Übersetzung zu sorgen[497]. Damit werden ihm Obliegenheiten auferlegt, obwohl sein Schutz unter der EuVTVO bereits gemindert ist.

Das Europäische Parlament hatte diese Sprachproblem, welches in der Literatur zunehmend kritisiert wurde[498], gesehen. Wohlmöglich aus diesem Grund hat es eine neue Verordnung erlassen, die Verordnung (EG) Nr. 1393/2007 des Europäischen Parlaments und des Rates vom 13. November 2007 über die Zustellung gerichtlicher und außergerichtlicher Schriftstücke in Zivil- oder Handelssachen in den Mitgliedstaaten („Zustellung von Schriftstücken") und zur Aufhebung der Verordnung (EG) 1348/2000[499]. Art. 8 Abs. 1 der Verordnung (EG) Nr. 1393/2007 sieht nunmehr vor, dass der Empfänger die Annahme des zuzustellenden Schriftstücks bei der Zustellung verweigern bzw. zurücksenden darf, wenn das Schriftstück nicht in einer Sprache abgefasst ist, die er versteht, oder der Amtssprache des Empfangsmitgliedstaates entspricht. Die Wahrscheinlichkeit, dass der Empfänger das Schriftstück versteht, ist zwar damit leicht erhöht. Jedenfalls gewährleistet die nunmehr mittels eines Formblattes vorzunehmende Belehrung des Empfängers über den Inhalt und die Modalitäten zur Ausübung des Ausnahmeverweigerungsrechts eine höhere Sicherheit. Damit wird das Defizit beseitigt, welches darin bestand, dass im Zeitpunkt der tatsächlichen Entgegennahme des Schriftstücks der Empfänger ohne Kenntnis des Inhalts des Schreibens überhaupt nicht in der Lage war, zu prüfen und darüber zu entscheiden, ob ihm ein Annahmeverweigerungsrecht zusteht oder nicht[500]. Allerdings wird die Situation des Schuldners wiederum dadurch verschärft, dass er gemäß Art. 8 Abs. 1 der Verordnung (EG) 1393/2007 bei zunächst erfolgter Annahme die Zustellung des Schriftstücks durch dessen Rücksendung binnen einer Frist von lediglich einer Woche verweigern kann. Diese einheitliche Regelung zur Frist erhöht zwar die Rechtssicherheit und Einheitlichkeit, da eine rasche, das Verfahren beschleunigende Abklärung der Sprachkenntnisse des Empfängers möglich wird[501]. Viele Fragen bleiben jedoch weiterhin offen[502]. Nach welchen Kriterien soll eine ausreichende Sprachkenntnis des Empfängers gemessen werden? Wer soll die Beweislast für eine ausreichende Sprachkenntnis tragen? Kann im Rahmen von Beziehungen zwischen international tätigen Unternehmen wegen fehlender Übersetzung die Annahme eines in englischer Sprache abge-

497 So auch Stadler, RIW 2004, S. 801, 808; Saenger/Saenger, Anhang zu § 1086 ZPO, Rn. 2; Matscher, IPRax 1999, S. 274, 275.

498 Z. B. Saenger/Saenger, Anhang zu § 1086 ZPO, Rn. 2; ausführlich mit Beispielsfall Stadler, RIW 2004, S. 801, 807 f..

499 ABl. EU v. 10.12.2007, Nr. L 324, S. 79.

500 Schmidt, IPRax 2004, S. 13, 18; Portmann, EuVT, S. 111.

501 Jastrow, IPRax 2004, S. 11, 12.

502 Eingehend Portmann, EuVT, S. 114.

fassten Schriftstücks ebenfalls verweigert werden[503]? Im Hinblick auf den Grundsatz des fairen Verfahrens nach Art. 6 EMRK, welcher unter anderem verlangt, dass der Betroffene seine Rechte wirksam vertreten kann, ist nach alledem zweifelhaft, ob das Sprachproblem mit der neuen Verordnung tatsächlich bewältigt ist. Worin die „zahlreichen Verbesserungen“ dieser Verordnung liegen sollen, die *Mansel*, *Thorn* und *Wagner*[504] anpreisen, ist derzeit jedenfalls nicht ersichtlich.

## III. Einbeziehung von Säumnisentscheidungen

Kritik hat die EuVTVO auch insoweit erfahren, als nicht tatsächlich rein unbestrittene Forderungen wie Anerkenntnisentscheidungen oder Vergleiche einer Bestätigung als Europäischer Vollstreckungstitel zugänglich sind, sondern auch solche, die ohne Mitwirkung des Schuldners ergangen sind[505]. Insbesondere die *nicht mehr unbestrittenen* Forderungen, die nach Art. 3 Abs. 2 EuVTVO in den sachlichen Anwendungsbereich einbezogenen sind, dürften dem Wortlaut des Art. 3 Abs. 1 EuVTVO nach nicht als Europäische Vollstreckungstitel ergehen. Dies hätte zur Folge, dass der Gläubiger nach der bisher geltenden EuGVVO das Exequaturverfahren wieder von neuem beginnen müsste. Gerade dies soll mit der Einbeziehung von Entscheidungen im Sinne des Art. 3 Abs. 2 EuVTVO vermieden werden. Es sei unzumutbar, den Europäischen Vollstreckungstitel für ungültig zu erklären und den Gläubiger zu zwingen, ein neues Verfahren anzustrengen. Der Schuldner könnte auf diese Weise durch die Einlegung – offensichtlich unbegründeter – Rechtsbehelfe im Ursprungsmitgliedstaat die Vollstreckung verzögern und das Ziel der EuVTVO zunichte machen[506]. Trotz dieser nicht von der Hand zu weisenden Argumentation darf der Schuldnerschutz nicht völlig aufgegeben werden. Zugegebenermaßen hält die EuVTVO einige Schutzmechanismen bereit, so zum Beispiel das Erfordernis der Einhaltung von bestimmten Zustellungsanforderungen als Mindeststandards. Wie eben jedoch beschrieben, kann keine Garantie dafür gewährleistet werden, dass die Zustellung regelmäßig ordnungsgemäß verläuft, der Schuldner insbesondere den Inhalt der Schriftstücke versteht. Als Pilotprojekt wäre es sicherlich für die Gerichte einfacher gewesen, zunächst über klar definierte unbestrittene Forderungen wie in Art. 3 Abs. 1 S. 2 lit. a) und d) EuVTVO beschrieben zu entscheiden.

503 Bejahend Schmidt, IPRax 2004, S. 13, 18; verneinend Schlosser, EU-ZPR, Art. 8 EuZVO Rn. 2a; Lindacher, ZZP 114, S. 179, 187; Mätscher, IPRax 1999, S. 274, 275.

504 Mansel/Thorn/Wagner, IPRax 2009, S. 1, 5.

505 Ausführlich Stein, IPRax 2004, S. 181, 187 ff..

506 So die Mitteilung der Kommission, KOM (2004) 90 endg., unter 3.1.

# IV. Anwendungs- und Auslegungsprobleme

Der Wortlaut der EuVTVO ist noch nicht ganz ausgefeilt. Als Pilotprojekt und relativ neue Verordnung wird es im Rahmen ihrer Anwendung sicherlich unterschiedliche Meinungen geben. In Deutschland sehen sich vor allem die Rechtspfleger mit neuen anspruchsvollen Aufgaben, aber auch mit Fehlerquellen konfrontiert. *Hess* und *Bittmann* sehen gerade deshalb in der neuen Verordnung einen „Wertungswiderspruch“[507]: die beschleunigte und standardisierte Kontrolle nach der EuGVVO obliegt dem Vorsitzenden Richter am Landgericht, die substanziell anspruchsvolle Fehlerkontrolle nach der EuVTVO dagegen dem Rechtspfleger.

## 1. Entscheidung des Oberlandesgerichts Stuttgart zur Bestätigung von Kostenfestsetzungsbeschlüssen

Nach § 20 Nr. 11 RPflG ist der Rechtspfleger unter anderem für die Ausstellung, Berichtigung, und den Widerruf einer Bestätigung nach den §§ 1079 bis 1081 ZPO zuständig. Der Rechtspfleger wird die Voraussetzungen der jeweiligen Maßnahme genauestens prüfen müssen und wird es dabei nicht selten mit entgegen gesetzten Auffassungen zu tun haben. So war es in dem Fall, den das Oberlandesgericht Stuttgart[508] zu entscheiden hatte:

Die Antragstellerin hatte gegen die Antragsgegnerin vor dem Landgericht Ravensburg den Erlass einer einstweiligen Verfügung auf Unterlassung von Wettbewerbshandlungen ohne vorangegangene mündliche Verhandlung (§ 937 Abs. 2 ZPO) und ohne ihre schriftliche Anhörung erwirkt. Die Kosten des Verfahrens hatte die Antragsgegnerin zu tragen. Die Antragstellerin beantragte entsprechend, die Kosten gemäß § 103 Abs. 2 ZPO festzusetzen. Gegen den auf den Kostenfestsetzungsantrag nach Gewährung rechtlichen Gehörs ergangenen Kostenfestsetzungsbeschluss der Rechtspflegerin des Landgerichts hatte die Antragsgegnerin keinen Rechtsbehelf eingelegt. Auf Antrag der Antragstellerin bestätigte die Rechtspflegerin den Kostenfestsetzungsbeschluss gemäß Art. 4 Nr. 1, 6, 9 EuVTVO, § 20 Nr. 11 RPflG, § 1079 ZPO als Europäischer Vollstreckungstitel. Die Antragsgegnerin beantragte ihrerseits den Widerruf der Bestätigung, dem die Rechtspflegerin gemäß Art. 10 Abs. 1 lit. b) EuVTVO, § 20 Nr. 11 RPflG, § 1081 Abs. 1 ZPO entsprach, da die Bestätigung ihrer Auffassung nach *eindeutig zu Unrecht* ergangen war. Auf die gegen den Widerrufsbeschluss

507 Hess/Bittmann, IPRax 2007, S. 277, 279.

508 OLG Stuttgart, IPRax 2008, S. 260 ff.; hierzu Roth, IPRax 2008, S. 235 ff.; zur Bestätigung eines Kostenfestsetzungsbeschlusses ferner OLG München, NJW-RR 2007, S. 1582 f..

hin eingelegte sofortige Beschwerde der Antragstellerin hob das Oberlandesgericht Stuttgart den Widerrufsbeschluss auf und wies den Widerrufsantrag zurück.

Die Rechtspflegerin war davon ausgegangen, dass der Kostenfestsetzungsbeschluss nicht isoliert von der Kostengrundentscheidung, die in der einstweiligen Verfügung enthalten war, betrachtet werden könne. Dies hätte zur Folge, dass bei dieser Gesamtbetrachtung der Kostenfestsetzungsbeschluss nur dann als Europäischer Vollstreckungstitel bestätigt werden könne, wenn die Kostengrundentscheidung ihrerseits eine Entscheidung im Sinne des Art. 3 und 4 EuVTVO darstellt, also auf Zahlung einer bestimmten Summe gerichtet ist und zudem den Mindeststandards entspricht. Diese Voraussetzungen waren hier nicht erfüllt. Die einstweilige Verfügung zielte auf eine Unterlassung ab. Darüber hinaus war sie ohne vorherige Anhörung der Antragsgegnerin ergangen.

Das Oberlandesgericht Stuttgart hat diese Gesamtbetrachtung abgelehnt. Der Sinn und Zweck der EuVTVO bestehe nicht darin, Kostenfestsetzungsbeschlüsse, die auf Feststellungs- und Gestaltungsurteilen beruhen, aus dem Anwendungsbereich zu nehmen, weil die Hauptsache keine unbestrittene Geldforderung betrifft. Außerdem lasse Art. 8 EuVTVO die Bestätigung einer Entscheidung als Europäischer Vollstreckungstitel in Teilen zu, wenn nur diese die Voraussetzungen der Verordnung erfüllen. Auch die Tatsache, dass das Verfahren zur einstweiligen Verfügung auf den ersten Blick die Mindestanforderung nicht erfüllt, stehe dem nicht entgegen. Das einstweilige Verfügungsverfahren stelle einen Sonderfall dar. Auch wenn die Entscheidung gemäß § 937 Abs. 2 ZPO ohne mündliche Verhandlung ergehen kann, so hätte der Antragsgegner doch die Möglichkeit, gegen die Eilentscheidung Widerspruch einzulegen, mit der Folge, dass eine mündliche Verhandlung anberaumt wird. Wenn jedoch von dieser Möglichkeit wie in diesem Fall kein Gebrauch gemacht wird, ist die Situation einem Anerkenntnis oder einer bewussten Säumnis gleichzusetzen.

Der Auffassung des Oberlandesgerichts ist zu folgen. Eine andere Betrachtungsweise würde dazu führen, dass der Schuldner durch seine Untätigkeit die Vollstreckung der gegen ihn gesetzten Kosten verhindern könnte. Dies würde dem ureigensten Zweck der Verordnung – Beschleunigung und Vereinfachung – zuwider laufen. Für die isolierte Betrachtung spricht außerdem Art. 4 Nr. 1 EuVTVO, der zu den *Entscheidungen* im Sinne des Art. 3 Abs. 1 EuVTVO auch Kostenfestsetzungsbeschlüsse zählt, ohne dabei eine Verbindung mit der dem Beschluss zugrunde liegenden Entscheidung herzustellen.

## 2. Entscheidung des Oberlandesgerichts Stuttgart zur Zustellung

Auch das Zusammenspiel zwischen der Verordnung und den deutschen Vorschriften bereitet Schwierigkeiten und erfordert eine genaue Überprüfung insbesondere der Zustellungsanforderungen. So hatte – wiederum – das Oberlandesgericht Stuttgart über eine sofortige Beschwerde gegen die Zurückweisung des Antrages auf Bestätigung eines Urteils, der das erstinstanzliche Landgericht Rottweil nicht abgeholfen hatte, zu entscheiden[509]. In der Sache ging es um eine Kaufpreisforderung in Höhe von 15.330,00 €. Die Klage wurde dem Beklagten ordnungsgemäß zugestellt und zwar in der Weise, dass die Schriftstücke in einem verschlossenen Briefumschlag im Briefkasten des Schuldners hinterlegt wurden (Art. 14 Abs. 1 lit. c), Abs. 3 EuVTVO). Das Landgericht hatte Termin zur Güteverhandlung und zur mündlichen Verhandlung anberaumt und das persönliche Erscheinen des Beklagten angeordnet. Die Ladung erfolgte auf einfachem Postwege durch Aufgabe zur Post gemäß § 184 Abs. 2 ZPO. Der Beklagte erschien nicht, so dass das Landgericht ein Versäumnisurteil erließ und der Klage zum größten Teil stattgab. Das Urteil wurde ebenfalls durch Aufgabe zur Post zugestellt. Die Klägerin begehrte nun die Bestätigung des Versäumnisurteils als Europäischer Vollstreckungstitel. Der Rechtspfleger lehnte dies jedoch ab. Gegen den Beschluss legte die Klägerin gemäß §§ 1080 Abs. 2, 567 Abs. 1, 569 Abs. 1 ZPO in Verbindung mit § 11 Abs. 1 RPflG sofortige Beschwerde ein. Das Oberlandesgericht Stuttgart hat – nachdem das Landgericht der Beschwerde nicht abgeholfen und sie ihm zur Entscheidung vorgelegt hatte – die sofortige Beschwerde zurückgewiesen. Die Begründung ist einfach. Die Mindestanforderung nach Art. 6 Abs. 1 lit. c) in Verbindung mit Art. 12 ff. EuVTVO waren nicht erfüllt. Nach Art. 13 Abs. 2 EuVTVO muss auch die Ladung zu einer Gerichtsverhandlung förmlich zugestellt werden, wobei nach Art. 14 EuVTVO eine Ersatzzustellung ausreicht. Eine Zustellung durch einfache Aufgabe zur Post ohne Nachweis einer Bescheinigung über die Zustellung gemäß Art. 14 Abs. 3 EuVTVO genügt nach Art. 14 Abs. 1 lit. e) EuVTVO jedoch nur dann den Mindestanforderungen, wenn der Schuldner seine Anschrift im Ursprungsmitgliedstaat hat. Dies war im vorliegenden Fall jedoch nicht gegeben. Der Schuldner hatte seinen Wohnsitz in den Niederlanden. Da auch die Voraussetzungen für die Heilung im Sinne des Art. 18 EuVTVO nicht erfüllt waren, war die sofortige Beschwerde zurückzuweisen.

Diese beiden Entscheidungen des Oberlandesgerichts Stuttgarts zeigen, dass trotz des vermeintlich eindeutigen Wortlauts der Verordnung die Rechtspfleger nicht immer genau wissen, welche Voraussetzungen im Einzelnen erfüllt sein

509 OLG Stuttgart, Rpfleger 2008, S. 319 f..

müssen, damit sie ihre Entscheidungen – sei es die Bestätigung als Europäischer Vollstreckungstitel oder deren Widerruf – richtig treffen können. Derartige Anwendungs- und Auslegungsprobleme werden sich nicht vermeiden lassen, insbesondere vor dem Hintergrund, dass das nationale Zivilprozessrecht in allen Mitgliedstaaten noch lange nicht miteinander harmoniert.

Es wurde bereits erörtert, dass der Schuldnerschutz zunehmend eingeschränkt wurde. Aus diesem Grund ist es von essentieller Bedeutung, dass zumindest die für ihn wichtigen Vorschriften nach den Art. 12 ff. EuVTVO betreffend die Mindeststandards, insbesondere die Belehrungsvoraussetzungen eingehalten werden und im Rahmen des jeweiligen nationalen Rechts keine Defizite bestehen. Nur auf diese Weise kann sichergestellt werden, dass nicht leichtfertig zu Unrecht Bestätigungen als Europäische Vollstreckungstitel ausgestellt werden. Schließlich ist eine Überprüfung der Entscheidung im Vollstreckungsmitgliedstaat ausgeschlossen. Österreich war offensichtlich davon ausgegangen, dass sein Prozessrecht den Mindestanforderungen genügte. Es hatte in einer Novelle[510] lediglich die Gleichstellung des Europäischen Vollstreckungstitels mit inländischen Vollstreckungstiteln verfügt und Zuständigkeitsvorschriften ergänzt, mehr nicht. Eine Anpassung von Belehrungsvorschriften hatte man nicht für erforderlich gehalten. Erst eine Entscheidung des Landgerichts Wels vom 5. Juni 2006[511] hat das österreichische Justizministerium dazu bewegt, die Belehrungsanforderungen einschließlich der Formulare im eigenen Land zu überarbeiten. Sicherlich ist Österreich nicht das einzige Land, das seine nationalen Vorschriften soweit der Verordnung anpassen muss, dass das Verfahren reibungslos ablaufen kann. Ob es vielleicht einmal eine „Europäische" Zivilprozessordnung geben wird, wird die Zukunft zeigen.

# B. Ausblick

Mit der EuVTVO ist dem zentralen Anliegen des Europäischen Gesetzgebers, die für den grenzüberschreitenden Handel und damit für die Funktionsfähigkeit des Binnenmarktes absolut notwendige rasche Beitreibung ausstehender Forderungen voran zu treiben, Genüge getan worden. Die Einführung eines Europäischen Vollstreckungstitels stellt wohl die einschneidendste Neuerung im europäischen Zivilprozessrecht dar. Nach Einschätzung des Wirtschafts- und Sozialausschusses beziehen sich ca. 90 % der in anderen Mitgliedstaaten zu vollstreckenden gerichtlichen Entscheidungen auf unbestrittene Forderungen im Sinne

510 öBGBl. I 68/2005, hierzu die kritischen Anmerkungen von König, IPRax 2008, S. 141 f..

511 Landgericht Wels, Beschluss v. 5.6.2006 – Az. 1 Cg 159/06m (unveröffentlicht).

der EuVTVO[512]. Der zentrale Unterscheid zu den bestehenden Regelungen zur Anerkennung und Vollstreckung gerichtlicher Entscheidungen in Zivil- und Handelssachen besteht in dem Verzicht auf das sogenannte Exequaturverfahren im Vollstreckungsstaat. Dieses Zwischenverfahren, in dem die Gerichte des Vollstreckungsstaates eine gewisse Kontroll- und Eingriffsmöglichkeit bei ihrer Entscheidung über die Vollstreckbarerklärung haben, ist weggefallen. Der Gläubiger hat nunmehr die Möglichkeit, in einem einzigen Verfahren im Ursprungsmitgliedstaat einen Titel zu erlangen, der in allen Mitgliedstaaten – mit Ausnahme von Dänemark – vollstreckbar ist. Die Geltendmachung von bestimmten Anerkennungs- und Vollstreckungshindernissen wie beispielsweise der Verstoß gegen den inländischen *ordre public* ist dem Vollstreckungsschuldner nunmehr verwehrt. Einwendungen muss der Schuldner grundsätzlich vor den Gerichten des Ursprungsmitgliedstaates geltend machen. Dasselbe gilt für die Einlegung von Rechtsbehelfen. Dies und der eingeschränkte Schuldnerschutz insgesamt dürften die Vollstreckung von Forderungen in den anderen Mitgliedstaaten für die Gläubiger auch geringerer Forderung durchaus attraktiver machen, den Schutz des Schuldners aber dezimieren.

# I. Allgemeines

Der deutsche Gesetzgeber hat mit dem EG-Vollstreckungstitel-Durchführungsgesetz den Rechtspflegern viel anvertraut. Auf sie kommen neue anspruchsvolle Aufgaben zu. Auf eine deutsche Exequaturentscheidung können sie sich nun nicht mehr stützten, sondern müssen bei einer Vollstreckung in Deutschland aus einem ausländischen Titel, welches bestätigt wurde, selbständig prüfen, ob die Voraussetzungen erfüllt sind. Um ihre Aufgaben (ordentlich) bewältigen zu können, werden sie verstärkt die Rechtsprechung des Europäischen Gerichtshofs, aber auch die Rechtsprechung der Gerichte anderer Mitgliedstaaten beachten müssen. Bislang war die EuVTVO noch nicht Gegenstand einer Entscheidung des EuGH. Die angeführten Judikate des Oberlandesgerichts Stuttgarts haben jedoch gezeigt, dass das Zusammenspiel zwischen der EuVTVO und dem nationalen Verfahrensrecht noch nicht ganz ausgefeilt ist und daher im Vordergrund der Entscheidungen liegt[513].

---

512 Stellungnahme des Europäischen Wirtschafts- und Sozialausschusses vom 11./12.12.2002 zu dem „Vorschlag für eine Verordnung des Rates zur Einführung eines Europäischen Vollstreckungstitels für unbestrittene Forderungen", ABl. EU v. 8.4.2003, Nr. C 85, S. 1.

513 Vgl. auch Mansel/Thorn/Wagner, IPRax 2009, S. 1, 16 f..

## II. Weitere EG-Verordnungen im Bereich der justiziellen Zusammenarbeit in Zivilsachen

Die EuVTVO erscheint als ein erster großer Schritt in Richtung „Freizügigkeit" von Entscheidungen im Binnenmarkt und Schaffung eines aktiven Vollstreckungsraumes. Wie sehr dem Europäischen Gesetzgeber daran gelegen ist, nicht nur den Warenverkehr im europäischen Binnenmarkt zu vereinfachen, sondern Bürgern auch zu ihrem Recht zu verhelfen und zu diesem Zweck das Funktionieren des Binnenmarktes weiter zu verbessern, haben bereits die zahlreichen Rechtsakte aus der Vergangenheit gezeigt. Diese haben die Marktteilnehmer immer weiter ermuntert, auch grenzüberschreitend aktiv zu werden. Das Europäische Parlament sieht jedoch mit der Einführung eines Europäischen Vollstreckungstitels seine Aufgabe noch nicht als erfüllt an. Denn mit der EuVTVO ist noch kein Verfahren geschaffen worden, aus dem unmittelbar eine Entscheidung hervorgeht. Ziel des „Europäisierungsprozesses" ist es, genau dies zu erreichen: einen effizienten Zugang zum Recht. Daher hatte die Europäische Kommission weitere Vorgaben auf ihrer Agenda stehen, welche deutlich machen, dass das gegenseitige Vertrauen zwischen den Mitgliedstaaten kontinuierlich weiter wächst und gestärkt wird.

### 1. Europäisches Mahnverfahren

Am 31. Dezember 2006 ist die Verordnung (EG) Nr. 1896/2006 des Europäischen Parlaments und des Rates vom 12. Dezember 2006 zur Einführung eines Europäschen Mahnverfahrens (nachfolgend: EuMahnVO) bei grenzüberschreitenden Rechtssachen in Kraft getreten[514]. Mit Ausnahme einiger Informationspflichten, die schon seit dem 12. Juni 2008 zu beachten sind, gelten die Vorschriften dieser Verordnung seit dem 12. Dezember 2008 in allen Mitgliedstaaten der Europäischen Union mit Ausnahme Dänemarks[515].

Die Überlegungen hinsichtlich eines Europäischen Mahnverfahrens sind – ähnlich wie die Idee eines Europäischen Vollstreckungstitels – nicht neu. Erste Bestrebungen gab es schon im Jahr 1987 im Rahmen des VIII. Internationalen Kongresses für Prozessrecht in Utrecht[516]. Schon in Art. 25 EuGVÜ ist ausdrücklich klargestellt worden, dass auch der Vollstreckungsbefehl als „Entscheidung" anzusehen und damit als Titel sowohl der Anerkennung als auch der Vollstreckung zugänglich ist.

---

514 ABl. EU v. 30.12.2006, Nr. L 399, S. 1.

515 Vgl. Erwägungsgrund Nr. 32 der EuMahnVO.

516 Ausführlich Schollmeyer, IPRax 2002, S. 478, 479 f..

Mit der Einführung dieses Europäischen Mahnverfahrens soll die grenzüberschreitende Geltendmachung unbestrittener Forderungen weiter vereinfacht und beschleunigt werden sowie der Verringerung der Verfahrenskosten dienen[517]. Aus diesem Grund verlangt die EuMahnVO wie auch die EuVTVO weitgehend die Verwendung von Formblättern. Das in der EuMahnVO festgeschriebene Verfahren ähnelt dem deutschen Mahnverfahren. Abweichend von dem uns bekannten Verfahren ist das Europäische Mahnverfahren allerdings einstufig und fakultativ[518]. Dem Antragsteller steht es frei, sich für die im nationalen Recht vorgesehenen Verfahren zu entscheiden[519]. Der dem Europäischen Mahnverfahren zugrunde liegende Titel wird als *Europäischer Zahlungsbefehl* bezeichnet. Er wird auf Antrag bei dem zuständigen Gericht des *Ursprungsmitgliedstaates*[520] unter Verwendung eines Formblatts erteilt, soweit die Mindestvorschriften, die in der EuMahnVO im Einzelnen vorgegeben sind, eingehalten sind. Der Antrag muss die in Art. 7 EuMahnVO aufgeführten Angaben enthalten. Das mit dem Antrag befasste Gericht prüft lediglich, ob die Forderung begründet erscheint, nicht aber, ob die Forderung tatsächlich besteht. Die Vorgehensweise entspricht folglich dem Mahnverfahren nach deutschem Recht. Soweit der Schuldner nicht innerhalb von dreißig Tagen ab der Zustellung[521] des Zahlungsbefehls Einspruch hiergegen einlegt, erklärt das Gericht den Zahlungsbefehl unverzüglich für vollstreckbar. Der Europäische Zahlungsbefehl ist sodann in allen Mitgliedstaaten mit Ausnahme Dänemarks vollstreckbar, ohne dass es einer Vollstreckbarerklärung im Vollstreckungsmitgliedstaat bedarf und ohne dass seine Anerkennung angefochten werden kann (Art. 19 EuMahnVO). Ebenso entfällt das Erfordernis einer Bestätigung als Europäischer Vollstreckungstitel nach der EuVTVO. Das Vollstreckungsverfahren richtet sich dann nach dem Recht des Vollstreckungsmitgliedstaates (Art. 21 Abs. 1 EuMahnVO). Erhebt der Antragsgegner dagegen rechtzeitig Einspruch, so wird das Verfahren vor den zuständigen Gerichten des Ursprungsmitgliedstaates gemäß den Regeln eines ordentlichen Zivilprozesses weitergeführt, es sei denn, der Antragsteller hat

517 Vgl. Erwägungsgrund Nr. 9 der EuMahnVO.

518 Ausführlich zum Anwendungsbereich, zur Zuständigkeit und zum Verfahren nach der EuMahnVO Hess/Bittmann, IPRax 2008, S. 305, 306 ff.; Einhaus, IPRax 2008, S. 323, 324 ff..

519 Vgl. Erwägungsgrund Nr. 10 der EuMahnVO.

520 „Ursprungsmitgliedstaat" bezeichnet den Mitgliedstaat, in dem ein Europäischer Vollstreckungstitel erlassen wird, Art. 5 Nr. 1 EuMahnVO.

521 Die Berechnung der Fristen sollte nach Erwägungsgrund Nr. 28 der EuMahnVO nach Maßgabe der Verordnung (EWG, Euratom) Nr. 1182/71 des Rates v. 3.6.1971, ABl. EU v. 8.6.1971, Nr. L 124, S. 1.

ausdrücklich beantragt, das Verfahren in einem solchen Fall zu beenden (Art. 17 Abs. 1 EuMahnVO).

Als Vorbild für diese neue Verordnung diente offensichtlich die EuVTVO. Es lassen sich viele Gemeinsamkeit feststellen, die die Anwendung der EuMahnVO erleichtern. Auch die Rechtsbehelfe des Antragsgegners im Vollstreckungsmitgliedstaat sind denjenigen nach der EuVTVO nachgebildet[522]. Die EuMahnVO macht es in Zukunft möglich, Forderungen ohne großen bürokratischen Aufwand in anderen Mitgliedstaaten zu vollstrecken.

## 2. Verfahren für geringfügige Forderungen

Seit dem 1. August 2007 ist es für Bürger der Europäischen Union auch einfacher, geringfügige Forderungen innerhalb der Europäischen Union nicht nur beizutreiben, sondern auch einzuklagen. Die Verordnung (EG) Nr. 861/2007 des Europäischen Parlaments und des Rates vom 11. Juli 2007 zur Einführung eines europäischen Verfahrens für geringfügige Forderungen (nachfolgend: EuGFVO) wurde am 13. Juni 2007 erlassen und ist am 1. August 2007 in Kraft getreten[523]. Die Bestimmungen der Verordnung gelten, wiederum mit Ausnahme einiger Informationspflichten, seit dem 1. Januar 2009. Diese Verordnung schafft für Sachverhalte mit Auslandsbezug ein einheitliches europäisches kontradiktorisches Zivilverfahren, in dem Forderungen bis zu 2.000 € geltend gemacht werden können. Der wesentliche Unterschied zur EuVTVO und zur EuMahnVO besteht darin, dass dieses Verfahren ein reguläres Zivilverfahren darstellt und auch streitige Forderungen geltend gemacht werden können. Auch dieses Verfahren soll zur Rechtssicherheit im grenzüberschreitenden Rechtsraum beitragen und die Marktaktivität im europäischen Raum steigern. Wesentliches Ziel dieser Verordnung ist außerdem der erleichterte Zugang zur Justiz[524]. Dieses Verfahren ist – wie schon das Verfahren zur Erlangung eines Europäischen Zahlungsbefehls – ebenfalls fakultativ und tritt neben den Möglichkeiten, die nach dem Recht der Mitgliedstaaten bestehen[525]. Soweit das europäische Verfahren für geringfügige Forderungen beschritten wird, gelten die Vorschriften wie bei allen EG-Verordnungen gemäß Art. 249 EGV unmittelbar. Nur wenn die Verordnung keine Regelung trifft, gilt nach Art. 19 EuGFVO das Verfahrensrecht des Mitgliedstaates, in dem der Prozess geführt wird.

---

522 Vgl. Art. 22 und 23 EuMahnVO; ausführlich zu den Rechtsschutzmöglichkeiten des Schuldners gegen den Europäischen Zahlungsbefehl Freitag, IPRax 2007, S. 509 ff..

523 ABl. EU v. 31.7.2007, Nr. L 199, S. 1; auch „Small-Claims-Verordnung“ genannt.

524 Vgl. Erwägungsgrund Nr. 7 EuGFVO.

525 Vgl. Erwägungsgrund Nr. 8 EuGFVO sowie deren Art. 1.

Das Verfahren nach der EuGFVO ist formalisiert[526]. Eingeleitet wird das Verfahren, indem der Kläger das in Anhang I vorgegebene Klageformblatt A ausgefüllt direkt beim zuständigen Gericht einreicht oder auf anderem Wege übermittelt, der in dem Mitgliedstaat, in dem das Verfahren stattfinden wird, zulässig ist (Art. 4 Abs. 1 EuGFVO). Das Verfahren soll schriftlich durchgeführt werden, sofern nicht das Gericht eine mündliche Verhandlung für erforderlich hält oder eine der Parteien diese beantragt; den Antrag kann das Gericht ablehnen[527]. Das in diesem Verfahren erlassene Urteil sollte im Hinblick auf die schnelle Durchsetzbarkeit ohne Rücksicht auf seine Anfechtbarkeit und ohne Sicherheitsleistung vollstreckbar sein, sofern die Verordnung nichts anderes vorsieht[528]. Das Urteil wird in anderen Mitgliedstaaten anerkannt und vollstreckt, ohne dass es einer Vollstreckbarerklärung bedarf und ohne dass die Anerkennung angefochten werden kann. Insoweit werden die Prinzipien der EuVTVO und der EuMahnVO fortgesetzt. Das Urteil hat in Deutschland die gleichen Wirkungen wie ein anderer hier erlassener Titel und wird wie dieser vollstreckt. Nach Art. 17 Abs. 1 EuGFVO sollen die Mitgliedstaaten der Kommission mitteilen, ob ihr Verfahrensrecht ein Rechtsmittel gegen das ergangene Urteil zulässt und innerhalb welcher Frist das Rechtsmittel einzulegen ist. Das Rechtsmittelrecht wird sich folglich nach den innerstaatlichen Vorschriften richten. Insgesamt fällt bei dieser Verordnung auf, dass sie ein zügiges Verfahren zum Gegenstand hat. Es sieht für einzelne Maßnahmen viele Fristen vor, so zum Beispiel in Art. 5 Abs. 3, wonach der Kläger innerhalb von 30 Tagen nach Zustellung des Klageblattformulars zu erwidern hat. Innerhalb von 14 Tagen nach Eingang der Antwort des Beklagten ist eine Kopie der Antwort gegebenenfalls mit weiteren Unterlagen an den Kläger weiterzuleiten (Abs. 4).

Die Verordnung fügt sich in die Reihe von Neuerungen auf dem Gebiet des europäischen Zivilprozessrechts ein und ist insoweit ein historisches Novum, da es Gläubigern erstmals gestattet ist, auch für streitige Forderungen grenzüberschreitend einen Titel zu erlangen und zu vollstrecken. Eine Begünstigung von grenzüberschreitenden Geschäften und des Außenhandels ist damit sicherlich verbunden.

526 Ausführlich zum Verfahren nach der EuGFVO Hess/Bittmann, IPRax 2008, S. 305, 311 ff..

527 Vgl. Erwägungsgrund Nr. 14 EuGFVO.

528 Vgl. Erwägungsgrund Nr. 25 EuGFVO.

## 3. Verfahren für die grenzüberschreitende Zustellung von Schriftstücken

Wie bereits an anderer Stelle erwähnt[529], gilt seit dem 13. November 2008 – wiederum mit Ausnahme einiger Informationspflichten – die Verordnung (EG) Nr. 1393/2007 des Europäischen Parlaments und des Rates vom 13. November 2007 über die Zustellung gerichtlicher und außergerichtlicher Schriftstücke in Zivil- oder Handelssachen in den Mitgliedstaaten („Zustellung von Schriftstücken") und zur Aufhebung der Verordnung (EG) Nr. 1348/2000[530]. Anders als die vorgenannten Verordnungen findet diese Verordnung aufgrund des Abkommens zwischen der Europäischen Gemeinschaft und dem Königreich Dänemark über die Zustellung gerichtlicher und außergerichtlicher Schriftstücke in Zivil- oder Handelssachen vom 19. Oktober 2005[531] auch im Verhältnis zu Dänemark Anwendung.

Sinn und Zweck dieser Verordnung soll die schnelle Übermittlung grenzüberschreitender Schriftstücke zwischen den Mitgliedstaaten sein, um die Wirksamkeit und Effizienz der gerichtlichen Verfahren sicher zu stellen[532]. Hierzu werden klar definierte Fristen für die Bearbeitung der Zustellungsanträge durch die jeweilige Empfangsstelle vorgegeben (Art. 7 Abs. 2). Die Möglichkeit, die Zustellung von Schriftstücken zu verweigern, soll auf Ausnahmefälle beschränkt werden[533]. Das Problem der Sprache bei der Zustellung wurde bereits erörtert[534]. Insbesondere wurde kritisiert, dass der Schuldner in dieser Hinsicht den Inhalt des Schriftstückes nicht versteht und damit zunächst schutzlos einem Verfahren ausgesetzt ist.

## 4. Gesetz zur Verbesserung der grenzüberschreitenden Forderungsdurchsetzung und Zustellung

Am 20. Juni 2008 hat der Deutsche Bundestag ein Gesetz zu besseren Durchsetzung von Forderungen innerhalb der Europäischen Union verabschiedet[535]. Mit diesem Gesetz werden die deutschen Ausführungsbestimmungen für die drei

529 Vgl. die Ausführungen zu Teil 3 A. II.

530 ABl. EU v. 10.12.2007, Nr. L 324, S. 79.

531 ABl. EU v. 17.11.2005, Nr. L 300, S. 55. Dänemark hat der Europäischen Kommission nach Art. 3 dieses Abkommens mitgeteilt, dass die durch die Neufassung der Zustellungsordnung eintretenden Änderungen fristgerecht umgesetzt werden.

532 Vgl. Erwägungsgrund Nr. 6 der neuen Verordnung.

533 Vgl. Erwägungsgrund Nr. 10 der neuen Verordnung.

534 Vgl. Ausführungen zu Teil 3 A. II.

535 BT-Drucks. 16/8839.

neuen EG-Verordnungen geschaffen bzw. die bereits vorhandenen Durchführungsbestimmungen an die neuen Verordnungen angepasst. Die Vorschriften zu den Verordnungen (EG) Nr. 1896/2006 und Nr. 861/2007 werden in das Buch 11 als Abschnitte 5 und 6 nach den Vorschriften zur EuVTVO eingefügt. Die im Abschnitt 1 des Buches 11 vorhandenen Vorschriften zur Durchführung der EuZustVO werden an die Regelungen der neuen Verordnung (EG) Nr. 1393/2007 angepasst. Zur Durchführung der EG-Verordnungen werden wiederum Änderungen in der Zivilprozessordnung, im Arbeitsgerichtsgesetz, im Bürgerlichen Gesetzbuch, im Rechtspflegergesetz und im Gerichtskostengesetz sowie Kostenverzeichnis erforderlich sein. Die Neufassung des § 183 ZPO über die Zustellung im Ausland beinhaltet ein klare Regelung des Verhältnisses der in § 183 ZPO genannte Zustellungsarten und trägt damit weitgehend der Rechtssicherheit im internationalen Rechtsverkehr im Bereich der Auslandszustellungen Rechnung. Das Gesetz gilt mit Ausnahme einiger weniger Artikel, die am 1. Januar 2009 in Kraft getreten sind, seit dem 12. Dezember 2008.

## III. Die Zukunft

Das Europäische Parlament macht – was die Effizienz der Vollstreckung eines Titels betrifft – vor nichts Halt. Obwohl das europäische Zivilprozessrecht bereits durch eine Vielzahl von Verordnungen in den letzten Jahren doch weit fortgeschritten ist, zeigt die letzte Entwicklung der EuVTVO, dass die Vollstreckung von Forderungen in einem anderen Mitgliedstaat offensichtlich noch Schwierigkeiten bereitet und die Möglichkeiten noch nicht ausgeschöpft sind. Die Endstufe für die gegenseitige Anerkennung in Europa scheint noch nicht erreicht zu sein. Im Bereich des Zivil- und Handelsrecht zeichnet sich die EuVTVO als Pilotprojekt und Vorbild für immer weiterreichende Rechtsakte zum Abbau des Exequatur ab. Jedoch darf die Effizienz der Vollstreckung von Forderungen im grenzüberschreitenden Rechtsraum nicht das einzige Ziel des Europäischen Parlaments sein. Insoweit ist die oben angesprochene Kritik durchaus berechtigt. Mit der EuVTVO hat das Europäische Parlament sich erneut auf ein neues Terrain begeben. Es ist zu erwarten, dass die Einführung dieses neuen Rechtsinstituts zwar keinen Anstieg grenzüberschreitender Sachverhalte mit sich bringen, aber zu einem veränderten Verhalten der Gläubiger führen wird. Jedenfalls brauchen sich Forderungsinhaber nicht mehr davon abschrecken lassen, dass der Gegner vollstreckbares Vermögen in einem anderen Mitgliedstaat hat. Die Zahlungsmoral wird verbessert, die Zahl der ohne sachlichen Grund säumigen Schuldner gesenkt. Andererseits wird vor dem Hintergrund des Wegfalls des Vollstreckbarerklärungsverfahrens der Schuldner vor neue Pflichten gestellt, wenn er keine Vollstreckung riskieren will. Im Laufe der

Zeit wird sich sicherlich noch die eine oder andere Auslegungsfrage ergeben. Ein Zuwachs der Anfragen beim Europäischen Gerichtshof wird sich nicht vermeiden lassen. Ob das Verfahren der EuVTVO, welches theoretisch gesehen einfach zu handhaben scheint, auch in der Praxis tatsächlich den erhofften Erfolg bringen wird, bleibt abzuwarten. Ihre Bewährung wird jedenfalls einen entscheidenden Einfluss auf die zukünftige Rechtsentwicklung im Bereich des Zivilprozessrechts in Europa und in Richtung „Europäisierung“ haben.

Aufgrund der weitgehenden Vorgaben des Europäischen Rates auf seiner Tagung vom 15. und 16. Oktober 1999 in Tampere wird sich das europäische Zivilprozessrecht ungeachtet dessen in den kommenden Jahren weiter fortentwickeln. Ob die zunehmende Vielfalt an europäischen Verfahren auf dem Gebiet des europäischen Zivilprozessrechts tatsächlich den gewünschten Effekt bringen und die Rechtsanwendung erleichtern wird, wird die Zukunft zeigen. Betrachtet man Inhalt und Ziel der EuVTVO, der EuMahnVO sowie der EuGFVO, so stellt sich schon vor dem Hintergrund ihres fast identischen Anwendungsbereichs die Frage nach dem Sinn und der Notwendigkeit dieser Parallelinstrumente[536]. Die Wahrscheinlichkeit, dass mehr Verwirrung als Klarheit gestiftet wird, ist groß[537]. Ohne weitgehende Harmonisierung des Verfahrensrechts wird jedenfalls ein Gleichlauf von prozessuale Gerechtigkeit und Recht auf ein faires Verfahren innerhalb der Europäischen Union kaum verwirklicht werden können. Zweifelhaft ist, ob die EuVTVO angesichts der inzwischen neu erlassenen Verordnung weitreichende Bedeutung haben wird. Die einzelnen Maßnahmen sind jedenfalls rational zu betrachten.

536 So auch Hess/Bittmann, IPRax 2008, S. 305, 314.

537 So auch Rehm, Fs. für Heldrich, S. 955, 964.

# Literaturverzeichnis


| | |
|---|---|
| *Baumbach, Adolf*<br>*Lauterbach, Wolfgang*<br>*Albers, Jan*<br>*Hartmann, Peter* | Zivilprozessordnung – Kurzkommentar<br>69. Auflage<br>München 2011<br>(zit.: B/L/A/H, § ZPO, Rn.) |
| *Basedow, Jürgen* | The communitarization of the conflict of laws under the treaty of Amsterdam<br>in: CMLR 2000, S. 686 – 708 |
| *Becker, Ulrich* | Grundrechtsschutz bei der Anerkennung und Vollstreckbarerklärung im europäischen Zivilverfahrensrecht<br>Frankfurt am Main 2004 |
| *Besse, Dirk* | Die justizielle Zusammenarbeit in Zivilsachen nach dem Vertrag von Amsterdam und das EuGVÜ<br>in: ZEuP 1999, S. 107 – 122 |
| *Bieber, Roland*<br>*Epiney, Astrid*<br>*Haag, Marcel* | Die Europäische Union – Europarecht und Politik<br>8. Auflage<br>Baden-Baden 2009<br>(zit.: Bieber/Epiney/Haag, §, Rn.) |
| *Coester-Waltjen, Dagmar* | Der neue europäische Vollstreckungstitel<br>in: Jura 2005, S. 394 – 397 |
| *Dolinar, Hans* | Vollstreckung aus einem ausländischen, einen Schiedsspruch bestätigenden Exequatururteil – Gedanken zur Merger-Theorie<br>in: Festschrift für Rolf A. Schütze zum 65. Geburtstag, S. 187 – 204<br>München 1999 |

*Drappatz, Thomas* — Die Überführung des internationalen Zivilverfahrensrechts in eine Gemeinschaftskompetenz nach Art. 65 EGV
Tübingen 2002

*Einhaus, David* — Qual der Wahl: Europäisches oder internationales deutsches Mahnverfahren?
in: IPRax 2008, S. 323 – 330

*Fischer, Walther* — Einwendungen, die den Anspruch selbst betreffen, und Widerklagen im Verfahren auf Gewährung der Vollstreckbarkeit
in: ZZP 43, S. 87 – 109

*Francke, W.* — Die Entscheidungen ausländischer Gerichte über bürgerliche Rechtsstreitigkeiten in ihrer Wirksamkeit nach Deutschem Reichsrecht
in: ZZP 8, S. 1 – 127

*Freitag, Robert* — Rechtsschutz des Schuldners gegen den Europäischen Zahlungsbefehl nach der EuMahnVO
in: IPRax 2007, S. 509 – 514

*Gebauer, Katharina* — Der Europäische Vollstreckungstitel für unbestrittene Forderungen
in: NJ 2006, S. 103 – 106

*Geiger, Rudolf* — Vertrag über die Europäische Union und Vertrag zur Gründung der Europäischen Gemeinschaft – Kommentar
4. Auflage
München 2004
(zit.: Geiger, Art. EGV, Rn.)

*Geimer, Reinhold* — Internationales Zivilprozessrecht
6. Auflage
Köln 2009
(zit.: Geimer, IZPR, Rn.)

*ders.* Anerkennung ausländischer Entscheidungen in Deutschland
München 1995
(zit.: Geimer, Anerkennung ausländischer Entscheidungen, S.)

*ders.* Das EuGVVO-Beschwerdeverfahren an der Schnittstelle von europäischem Gemeinschaftsrecht und nationalem Recht
in: IPRax 2003, S. 337 – 339
(zit.: Geimer, IPRax 2003, S. 337, ...)

*ders.* Salut für die Verordnung (EG) Nr. 44/2001 (Brüssel-I)
in: IPRax 2002, S. 69 – 74
(zit.: Geimer, IPRax 2002, S. 69, ...)

*ders.* Freizügigkeit vollstreckbarer Urkunden im Europäischen Wirtschaftsraum
in: IPRax 2000, S. 366 – 369
(zit.: Geimer, IPRax 2000, S. 366, ...)

*ders.* Exequaturverfahren
in: Festschrift für Apostolos Georgiades zum 70. Geburtstag, S. 489 – 509
München 2006
(zit.: Geimer, Fs. für Georgiades, S. 489, ...)

*Geimer, Reinhold*
*Schütze, Rolf A.* Europäisches Zivilverfahrensrecht – Kommentar
3. Auflage
München 2010
(zit.: Geimer/Schütze/Bearbeiter, Art. EuGVVO, Rn.)

*dies.* Internationale Urteilsanerkennung
Band I
1. Halbband: Das EWG-Übereinkommen über die gerichtliche Zuständigkeit und die Vollstreckung gerichtlicher Entscheidungen in Zivil- und Handelssachen
München 1983
(zit.: Geimer/Schütze/Bearbeiter, Internationale Urteilsanerkennung I/1, S.)

*dies.* Internationale Urteilsanerkennung
Band I
2. Halbband: Allgemeine Grundsätze und autonomes deutsches Recht
München 1984
(zit.: Geimer/Schütze/Bearbeiter, Internationale Urteilsanerkennung I/2, S.)

*Gerling, Sarah* Die Gleichstellung ausländischer mit inländischen Titeln durch die Verordnung zur Einführung eines Europäischen Vollstreckungstitels für unbestrittene Forderungen – Im Vergleich zum bisherigen Recht und zur Rechtslage in den USA
Frankfurt am Main 2006

*Gottwald, Peter* Die internationale Zwangsvollstreckung
in: IPRax 1991, S. 285 – 292

*Grunsky, Wolfgang* Lex fori und Verfahrensrecht
in: ZZP 89, S. 241 – 259

*Habscheid, Walther* Die Präklusionswirkung des rechtskräftigen Urteils
in: AcP 152, S. 169 – 182

*Heidrich, Thomas* Amts- und Parteizustellungen im internationalen Rahmen: Status quo und Reformbedarf
in: EuZW 2005, S. 743 – 747

*Heldrich, Andreas* Aktuelle Probleme des internationalen Zivilprozeßrechts unter besonderer Berücksichtigung des Verhältnisses zu den USA
in: Heldrich, Andreas/Kono, Toshiyuki (Hrsg.) Herausforderungen des Internationalen Zivilverfahrensrechts, S. 1 – 14
Tübingen 1994

*Hellwig, Konrad* Anspruch und Klagerecht
Leipzig 1924
(zit.: Hellwig, Anspruch und Klagerecht, S.)

*ders.* System des deutschen Zivilprozessrechts
1919
(zit.: Hellwig, System des. dt. ZPR, S.)

*Heß, Burkhard* Aktuelle Perspektiven der europäischen Prozessrechtsangleichung
in: JZ 2001, S. 573 – 583
(zit.: Heß, JZ 2001, S. 573, …)

*ders.* Die "Europäisierung" des internationalen Zivilprozessrechts durch den Amsterdamer Vertrag – Chancen und Gefahren
in: NJW 2000, S. 23 – 32
(zit.: Heß, NJW 2000, S. 23, …)

*ders.* Europäischer Vollstreckungstitel und nationale Vollstreckungsgegenklage
in: IPRax 2004, S. 493 – 494
(zit.: Heß, IPRax 2004, S. 493, …)

*Hess, Burkhard*
*Bittmann, David* Die Verordnung zur Einführung eines Europäischen Mahnverfahrens und eines Europäischen Verfahrens für geringfügige Forderungen – ein substanzieller Integrationsschritt im Europäischen Zivilprozessrecht
in: IPRax 2008, S. 305 – 314
(zit.: Hess/Bittmann, IPRax 2008, S. 305, ...)

*dies.*
Die Effektuierung des Exequaturverfahrens nach der Europäischen Gerichtsstand- und Vollstreckungsverordnung
in: IPRax 2007, S. 277 – 281
(zit.: Hess/Bittmann, IPRax 2007, S. 277, ...)

*Hub, Torsten*
Die Neuregelung der Anerkennung und Vollstreckung in Zivil- und Handelssachen und das familienrechtliche Anerkennungs- und Vollstreckungsverfahren
in: NJW 2001, S. 3145 – 3151

*Hüßtege, Rainer*
Brauch die Verordnung über den europäischen Vollstreckungstitel eine ordre-public-Klausel?
in: Festschrift für Erik Jayme, S. 371 – 385
Band I
München 2004
(zit.: Hüßtege, Fs. für Jayme, S. 371, …)

*ders.*
Der europäische Vollstreckungstitel
in: Gottwald, Peter (Hrsg.)
Perspektiven der justiziellen Zusammenarbeit in Zivilsachen in der Europäischen Union, S. 113 – 212
Bielefeld 2004
(zit.: Hüßtege, in: Gottwald, Perspektiven der justiziellen Zusammenarbeit, S. 113, …)

*Jastrow, Serge-Daniel*
Europäische Zustellung und Beweisaufnahme 2004 – Neuregelungen im deutschen Recht und konsularische Beweisaufnahme
in: IPRax 2004, S. 11 – 13

*Jayme, Erkik*
*Kohler, Christian*
Europäisches Kollisionsrecht 2002: Zur Wiederkehr des Internationalen Privatrechts
in: IPRax 2002, S. 461 – 471
(zit.: Jayme/Kohler, IPRax 2002, S. 461, ...)

*dies.* Europäisches Kollisionsrecht 2004: Territoriale Erweiterung und methodische Rückgriffe
in: IPRax 2004, S. 481 – 493
(zit.: Jayme/Kohler, IPRax 2004, S. 481, ...)

*Kegel, Gerhard* Exequatur sur exequatur ne vaut
in: Festschrift für Wolfram Müller-Freienfels, S. 377 – 393
1. Auflage
Baden Baden 1986

*Kindl, Johann* Ausländisches Recht vor deutschen Gerichten
in: ZZP 111, S. 177 – 203

*Klippstein, Thomas* Verordnung über den Europäischen Vollstreckungstitel (EuVTVO)
in: Gebauer, Martin/Wiedmann, Thomas (Hrsg.)
Zivilrecht unter europäischem Einfluss
Die richtlinienkonforme Auslegung des BGB und anderer Gesetze – Erläuterungen der wichtigsten EG-Verordnungen
1. Auflage
Stuttgart 2005
(zit.: Klippstein, in: Gebauer/Wiedmann, Zivilrecht unter europäischem Einfluss, Kap. 31, Rn.)

*Koch, Harald* Einführung in das europäische Zivilprozessrecht
in: JuS 2003, S. 105 – 111

*Kohler, Christian* Der europäische Justizraum für Zivilsachen und das Gemeinschaftskollisionsrecht
in: IPRax 2003, S. 401 – 412
(zit.: Kohler, IPRax 2003, S. 401, …)

*ders.* Systemwechsel im europäischen Anerkennungsrecht: Von der EuGVVO zur Abschaffung des Exequaturs
in: Baur, Jürgen/Mansel, Heinz-Peter (Hrsg.)
Systemwechsel im europäischen Kollisionsrecht – Fachtagung der Bayer-Stiftung für deutsches und internationales Arbeits- und Wirtschaftsrecht am 17. und 18. Mai 2001, S. 147 – 163
München 2002
(zit.: Kohler, in: Baur/Mansel, Systemwechsel im europäischen Kollisionsrecht, S. 147, …)

*ders.* Von der EuGVVO zum Europäischen Vollstreckungstitel – Entwicklungen und Tendenzen im Recht der Anerkennung und Vollstreckung ausländischer Entscheidungen –
in: Reichelt, Gerte/Rechberger, Walter H. (Hrsg.)
Europäisches Kollisionsrecht, S. 63 – 112
Wien 2004
(zit.: Kohler, in: Reichelt/Rechberger, Europäisches Kollisionsrecht, S. 63, …)

*König, Bernhard* EuVTVO: Belehrungserfordernisse und Anwendungsbereich
Anmerkung zu LG Wels, 5.6.2006 – 1 Cg 159/06m und OLG Linz, 4.7.2007 – 1 R 124/07x)
in: IPRax 2008, S. 141 – 142

*Kropholler, Jan* Europäisches Zivilprozessrecht – Kommentar zu EuGVO, Lugano-Übereinkommen und Europäischem Vollstreckungstitel
8. Auflage
Frankfurt am Main 2005
(zit.: Kropholler, Art. EuGVVO/Art. EuVTVO, Rn.)

*ders.* Internationales Privatrecht
6. Auflage
Tübingen 2006
(zit.: Kropholler, IPR, S.)

*Laborde, Jacques* Anmerkung zu OLG Celle, Beschluss vom 29.2.1988 – 8 W 729/87
in: RIW 1988, S. 566 – 567
(zit.: Laborde, RIW 1988, S. 566, ...)

*ders.* Anmerkung zu LG Stuttgart, Beschluss vom 28.3.1988 – 2 T 1001/87
in: RIW 1988, S. 564 – 565
(zit.: Laborde, RIW 1988, S. 564, ...)

*Laptew, Alexej* Abschaffung der anerkennungsrechtlichen Ordre public-Kontrolle in Osteuropa: Vorbild für die EU?
in: IPRax 2004, S. 495 – 498

*Leipold, Dieter* Das anwendbare Recht bei der Abänderungsklage gegen ausländische Urteile
in: Festschrift für Heinrich Nagel zum 75. Geburtstag, S. 189 – 298
Münster 1987
(zit.: Leipold, Fs. für Nagel, S. 189, ...)

*ders.* Neuere Erkenntnisse des EuGH und des BGH zum anerkennungsrechtlichen ordre public
in: Festschrift für Hans Stoll zum 75. Geburtstag,
S. 625 – 646
Tübingen 2001
(zit.: Leipold, Fs. für Stoll, S. 625, ...)

*Lenz, Carl Otto*
*Borchard, Klaus-Dieter*
(Hrsg.)
EU- und EG-Vertrag
Kommentar zu dem Vertrag über die Europäische Union und zu dem Vertrag zur Gründung der Europäischen Gemeinschaften, jeweils in der durch den Vertrag von Nizza geänderten Fassung
4. Auflage
Köln 2006
(zit.: Lenz/Borchard/Bearbeiter, Art. EGV, Rn.)

*Lindacher, Walter*
Europäisches Zustellungsrecht – Die VO (EG) Nr. 1348/2000: Fortschritt, Auslegungsbedarf, Problemausblendung
in: ZZP 114, S. 179 – 194

*Luckey, Jan*
Der Europäische Vollstreckungstitel (EG-VO Nr. 805/2004)
in: ZGS 2005, S. 420 – 424

*Mankowski, Peter*
Entwicklungen im Internationalen Privat- und Prozessrecht 2003/2004 (Teil 2)
in: RIW 2004, S. 587 – 602

*Mansel, Heinz-Peter*
Vollstreckung eines französischen Garantieurteils bei gesellschaftsrechtlicher Rechtsnachfolge und andere vollstreckungsrechtliche Fragen des EuGVÜ
in: IPRax 1995, S. 362 – 365

*Mansel, Heinz-Peter*
*Thorn, Karsten*
*Wagner, Rolf*
Europäisches Kollisionsrecht 2008: Fundamente der Europäischen IPR-Kodifikation
in: IPRax 2009, S. 1 – 23

*Martiny, Dieter*
Anerkennung ausländischer Entscheidungen nach autonomem Recht
in: Handbuch des Internationales Zivilverfahrensrechts
Band III/1
Tübingen 1984
(zit.: Martiny, in: Handbuch IZVR III/1, S.)

*ders.* — Anerkennung nach multilateralen Staatsverträgen
in: Handbuch des Internationales Zivilverfahrensrechts
Band III/2
Tübingen 1984
(zit.: Martiny, in: Handbuch IZVR III/2, S.)

*Matscher, Franz* — Die indirekte Wirkung des Art. 6 EMRK bei der Anerkennung und Vollstreckung ausländischer Entscheidungen
in: Festschrift für Helmut Kollhosser zum 70. Geburtstag, S. 427 – 445
Band II: Zivilrecht
Karlsruhe 2004
(zit.: Matscher, Fs. für Kollhosser, S. 427, ...)

*ders.* — Sprache der Auslandszustellung und Art. 6 EMRK
in: IPRax 1999, S. 274- 276
(zit.: Matscher, IPRax 1999, S. 274, ...)

*Mennicke, Petra* — Berücksichtigung einer Schutzschrift des Antragsgegners bei der Entscheidung über die Vollstreckbarerklärung nach EuGVÜ
in: IPRax 2000, S. 294 – 300

*Micklitz, Hans-W.*
*Rott, Peter* — Vergemeinschaftung des EuGVÜ in der Verordnung (EG) Nr. 44/2001
in: EuZW 2002, S. 15 – 24

*Münchener Kommentar* — siehe Rauscher, Thomas/Wax, Peter/Wenzel, Joachim (Hrsg.)

*Münzberg, Wolfgang* — Berücksichtigung oder Präklusion sachlicher Einwendungen im Exequaturverfahren trotz Art. 45 Abs. 1 VO (EG) Nr. 44/2001?
in: Festschrift für Reinhold Geimer zum 65. Geburtstag, S. 745 – 759
München 2002

*Munz, Martin* Anmerkung zu BGH, Beschluss vom 28.10.1996 – X ARZ 1071/96
in: RIW 1997, S. 240 – 242

*Musielak, Hans-Joachim* Kommentar zur Zivilprozessordnung
7. Auflage
München 2009
(zit.: Musielak/Bearbeiter, § ZPO/Art. EuGVVO/§ AVAG, Rn.)

*Nagel, Heinrich*
*Gottwald, Peter* Internationales Zivilprozessrecht
6. Auflage
Köln 2007

*Nelle, Andreas* Anspruch, Titel und Vollstreckung im internationalen Rechtsverkehr
Tübingen 2000

*Neureuter, Hans* Zur Vollstreckungsgegenklage gegen ausländische Urteile
Köln 1941

*Nussbaum, Arthur* Deutsches Internationales Privatrecht
Tübingen 1932

*Pfeiffer, Thomas* Einheitliche unmittelbare und unbedingte Urteilsgeltung in Europa
in: Festschrift für Erik Jayme, S. 675 – 690
Band I
München 2004
(zit.: Pfeiffer, Fs. für Jayme, S. 675, …)

*ders.* Europa als einheitlicher Vollstreckungsraum – Die Verordnung über den europäischen Vollstreckungstitel
in: BauR 2005, S. 1541 – 1550
(zit.: Pfeiffer, BauR 2005, S. 1541, ...)

*Piltz, Burghard* Vom EuGVÜ zur Brüssel-I-Verordnung
in: NJW 2002, S. 789 – 794

| | |
|---|---|
| *Portmann, Friederike* | Die Verordnung (EG) 805/2004 zur Einführung eines europäischen Vollstreckungstitels für unbestrittene Forderungen (EuVTVO) und ihre Konsequenzen für den Schuldnerschutz<br>Münster 2007 |
| *Rausch, Hans* | Vereinfachte Vollstreckung in der EU mit dem neuen Europäischen Vollstreckungstitel<br>in: FuR 2005, S. 437 – 442 |
| *Rauscher, Thomas*<br>(Hrsg.) | Europäisches Zivilprozessrecht – Kommentar<br>Band I und II<br>2. Auflage<br>München 2006<br>(zit.: Rauscher/Bearbeiter, EuZPR I/II, Art. EuGVVO/Art. EuVTVO, Rn.) |
| *ders.* | Der Europäische Vollstreckungstitel für unbestrittene Forderungen<br>München 2004<br>(zit.: Rauscher, EuVT, Rn.) |
| *Rauscher, Thomas*<br>*Wax, Peter*<br>*Wenzel, Joachim*<br>(Hrsg.) | Münchener Kommentar zur Zivilprozessordnung<br>Band 2: §§ 511 – 945<br>3. Auflage<br>München 2007<br>(zit.: MüKo/Bearbeiter, § ZPO, Rn.) |
| *Rechberger, Walter H.*<br>*Frauenberger-Pfeiler, Ulrike* | Der Europäische Vollstreckungstitel – Eine Annäherung<br>in: Festschrift für Peter Fischer, S. 399 – 413<br>Wien 2004 |
| *Rehm, Gebhard M.* | Auf dem Weg zu einer Europäischen Zivilprozessordnung und Instanzengerichtsbarkeit?<br>in: Festschrift für Andreas Heldrich zum 70. Geburtstag, S. 955 – 971<br>München 2005 |

| | |
|---|---|
| *Rellermeyer, Klaus* | Der Europäische Vollstreckungstitel für unbestrittene Forderungen<br>in: Rpfleger 2005, S. 389 – 404 |
| *Riezler, Erwin* | Internationales Zivilprozessrecht und prozessuales Fremdenrecht<br>in: Beiträge zum ausländischen und internationalen Privatrecht<br>Band 20<br>Tübingen 1949 |
| *Rintelen* | Zwei Streitfragen, betreffend die Zwangsvollstreckung aus Urtheilen ausländischer Gerichte<br>in: ZZP 9, S. 191 – 213 |
| *Rosenberg, Leo*<br>*Schwab, Karl Heinz*<br>*Gottwald, Peter* | Zivilprozessrecht<br>17. Auflage<br>München 2010 |
| *Rösler, Hannes*<br>*Siepmann, Verena* | Zum Sprachenproblem im Europäischen Zustellungsrecht<br>in: NJW 2008, S. 475 – 477 |
| *Röthel, Anne*<br>*Sparmann, Ingo* | Der europäische Vollstreckungstitel für unbestritteneForderungen<br>in: WM 2006, S. 2285 – 2293 |
| *Roth, Herbert* | Der Kostenfestsetzungsbeschluss für eine einstweilige Verfügung als Anwendungsfall des Europäischen Vollstreckungstitels für unbestrittene Forderungen<br>in: IPRax 2008, S. 235 – 237<br>(zit.: Roth, IPRax 2008, S. 235 ff.) |
| *ders.* | Anerkennung von Entscheidungen nach Art. 34 Nr. 2 EuGVVO bei Verweigerung der Annahme des zuzustellenden Schriftstücks (Art. 8 EuZVO)<br>in: IPRax 2005, S. 438 – 439<br>(zit.: Roth, IPRax 2005, S. 438, 439) |

*ders.*
Besprechung des Buches „Anspruch, Titel und Vollstreckung im internationalen Rechtsverkehr" von Andreas Nelle, Tübingen 2000
in: RabelsZ 2004, S. 379 – 385
(zit.: Roth, RabelsZ 2004, S. 379, ...)

*Saenger, Ingo* (Hrsg.)
Zivilprozessordnung – Handkommentar
3. Auflage
Baden-Baden 2009
(zit.: Saenger/Bearbeiter, § ZPO/ Art. EuGVVO, Rn.)

*Schack, Haimo*
Internationales Zivilverfahrensrecht
5. Auflage
München 2010
(zit.: Schack, IZVR, Rn.)

*ders.*
Die EG-Kommission auf dem Holzweg von Amsterdam
in: ZEuP 1999, S. 805 – 808
(zit.: Schack, ZEuP 1999, S. 805, …)

*Schlosser, Peter*
EU-Zivilprozessrecht – Kommentar
3. Auflage
München 2009
(zit.: Schlosser, EU-ZPR, Art. EuZVO, Rn.)

*ders.*
Das Recht der internationalen privaten Schiedsgerichtsbarkeit
1. Band: Systematische Darstellung
Tübingen 1975
(zit.: Schlosser, Recht der internationalen privaten Schiedsgerichtsbarkeit I, Nr., S.)

*Schmidt, Holger*
Parteizustellung im Ausland durch Einschreiben mit Rückschein – Ein gangbarer Weg?
in: IPRax 2004, S. 13 – 20

*Schollmeyer, Eberhard*
Europäisches Mahnverfahren
in: IPRax 2002, S. 478 – 484

*Schütze, Rolf A.* Die Anerkennung und Vollstreckung ausländischer Zivilurteile in der Bundesrepublik Deutschland als verfahrensrechtliches Problem
Bonn 1960
(zit.: Schütze, Anerkennung und Vollstreckung ausländischer Zivilurteile, S.)

*ders.* Die Doppelexequierung ausländischer Zivilurteile
in: ZZP 77, S. 287 – 292
(zit.: Schütze, ZZP 77, S. 287, …)

*ders.* Deutsches Internationales Zivilprozessrecht unter Einschluss des Europäischen Zivilprozessrechts
2. Auflage
Berlin 2005
(zit.: Schütze, Dt. IZPR, Rn.)

*Schwarze, Jürgen* EU-Kommentar
2. Auflage
Baden-Baden 2009
(zit.: Schwarze/Bearbeiter, Art. EGV, Rn.)

*Siehr, Kurt* Ausländische Unterhaltsentscheidungen und ihre Abänderung im Inland wegen veränderter Umstände
in: Festschrift für Friedrich Wilhelm Bosch zum 65. Geburtstag, S. 927 – 962
Bielefeld 1976

*Stadler, Astrid* Das Europäische Zivilprozessrecht – Wie viel Beschleunigung verträgt Europa?
Kritisches zur Verordnung über den Europäischen Vollstreckungstitel und ihrer Grundidee
in: IPRax 2004, S. 2 – 11
(zit.: Stadler, IPRax 2004, S. 2, …)

*dies.* Kritische Anmerkungen zum Europäischen Vollstreckungstitel
in: RIW 2004, S. 801 – 808
(zit.: Stadler, RIW 2004, S. 801, ...)

*dies.* Ordnungsgemäße Zustellung im Wege der remise au parquet und Heilung von Zustellungsfehlern nach der Europäischen Zustellungsverordnung
in: IPRax 2006, S. 116 – 123
(zit.: Stadler, IPRax 2006, S. 116, ...)

*Stein, Andreas* Der Europäische Vollstreckungstitel für unbestrittene Forderungen – Einstieg in den Ausstieg aus dem Exequaturverfahren bei Auslandsvollstreckung
in: EuZW 2004, S. 679 – 682
(zit.: Stein, EuZW 2004, S. 679, ...)

*ders.* Der Europäische Vollstreckungstitel für unbestrittene Forderungen tritt in Kraft – Aufruf zu einer nüchternen Betrachtung
in: IPRax 2004, S. 181 – 191
(zit.: Stein, IPRax 2004, S. 181, ...)

*Stein, Friedrich*
*Jonas, Martin* Kommentar zur Zivilprozessordnung
Band 7: §§ 704 – 827
22. Auflage
Tübingen 2002
(zit.: Stein/Jonas/Bearbeiter, § ZPO, Rn.)

*Storme, Marcel* Ein einheitlicher Europäischer Vollstreckungstitel als Vorbote eines weltweiten Titels
in: Festschrift für Hideo Nakamura zum 70. Geburtstag am 2. März 1996, S. 581 – 598
Tokyo 1996

*Streinz, Rudolf* Der Vertrag von Amsterdam
in: EuZW 1998, S. 137 – 147

*Thomas, Heinz*
*Putzo, Hans*
Zivilprozessordnung – Kommentar
31. Auflage
München 2010
(zit.: Thomas/Putzo/Bearbeiter, § ZPO/Art. EuGVVO, Rn.)

*Thran, Martin*
Die Vollstreckungsgegenklage nach § 767 ZPO
in: JuS 1995, S. 1111 – 1115

*Trittmann, Rolf*
*Merz, Christian*
Die Durchsetzbarkeit des Anwaltsvergleichs gemäß §§ 796 a ff. ZPO im Rahmen des EuGVÜ/LugÜ
in: IPRax 2001, S. 178 – 183

*von der Groeben, Hans*
*Thiesing, Jochen*
*Ehlermann, Claus-Dieter*
(Hrsg.)
Kommentar zum EU- / EG-Vertrag
Band 5: Art. 210 – 248 EGV, Art. H – S EUV
5. Auflage
Baden-Baden 1997
(zit.: v. der Groeben/Thiesing/Ehlermann/Bearbeiter, Art. EGV, Rn.)

*von Hoffmann, Bernd*
*Thorn, Karsten*
Internationales Privatrecht einschließlich der Grundzüge des Internationalen Zivilverfahrensrechts
9. Auflage
München 2007

*Wagner, Rolf*
Vom Brüsseler Übereinkommen über die Brüssel-I-Verordnung zum Europäischen Vollstreckungstitel
in: IPRax 2002, S. 75 – 95
(zit.: Wagner, IPRax 2002, S. 75, …)

*ders.*
Die neue EG-Verordnung zum Europäischen Vollstreckungstitel
in: IPRax 2005, S. 189 – 200
(zit.: Wagner, IPRax 2005, S. 189, …)

*ders.* Das Gesetz zur Durchführung der Verordnung (EG) Nr. 805/2004 zum Europäischen Vollstreckungstitel – unter besonderer Berücksichtigung der Vollstreckungsabwehrklage
in: IPRax 2005, S. 401 – 410
(zit.: Wagner, IPRax 2005, S. 401, ...)

*ders.* Der Europäische Vollstreckungstitel
in: NJW 2005, S. 1157 – 1160
(zit.: Wagner, NJW 2005, S. 1157, ...)

*Wolff, Martin K.* Vollstreckbarerklärung
in: Handbuch des Internationalen Zivilprozessrechts
Band III/2
Tübingen 1984
(zit.: Wolff, in: Handbuch IZVR III/2, S.)

*Yessiou-Faltsi, Pelayia* Die Folgen des Europäischen Vollstreckungstitels für das Vollstreckungsrecht in Europa
in: Gottwald, Peter (Hrsg.)
Perspektiven der justiziellen Zusammenarbeit in Zivilsachen in der Euopäischen Union, S. 213 – 248
Bielefeld 2004
(zit.: Yessiou-Faltsi, in: Gottwald, Perspektiven der justiziellen Zusammenarbeit, S. 213, ...)

*Zöller, Richard* Zivilprozessordnung – Kommentar
28. Auflage
Köln 2010
(zit.: Zöller/Bearbeiter, § ZPO/Art. EuGVVO/§ AVAG, Rn.)

Kolibri 360 GmbH
Ferdinand-Jühlke-Straße 7
99095 Erfurt, Deutschland
produktsicherheit@kolibri360.de